KB175233

감성의 인간학 총서 04

감정의 인식론적 고찰

감성의 인간학 총서 04

감정의 인식론적 고찰

고려대 철학연구소 지음

머리말

근대라고 불리는 지성사의 단계에서 인간을 특징짓는 키워드는 이성이었다. 이성은 계산과 분석 그리고 논증과 추론을 가능케 하는 인간의 지적 능력으로, 이를 사용한 과학·기술의 발전에 힘입어 인류는 수백만 년에 걸친 자신의 역사를 뒤바꿔놓을 정도로 비약적인 물질적 풍요를 누리게 되었다.

이성, 특히 '도구적 합리성'으로 지칭되는 지적 능력이 인류문명의 발전사에서 차지하는 엄청난 중요성에도 불구하고, 인간의 심리적 행복과 삶의 질, 성격과 동기, 그리고 욕망과 행위 촉발력 등의 문제와 관련하여 결정적으로 영향을 미치는 요인이 '감정'이라는 것은 이미 널리 알려진 사실이다. 바로 이러한 이유 때문에 아리스토텔레스·스피노자·데카르트·홉스·흄 등의 서양철학자들뿐 아니라, 맹자·장자·주희·퇴계 등의 동양철학자들 역시 감정 연구에 심혈을 기울였던 것이다.

유럽 대륙에서 태동한 합리주의 사조가 절정을 향해 치닫던 20세기 중반까지 감정에 관한 연구는 별반 철학자들의 관심사가 되지 못했다. 하지만 최근에 들어 감정은 새롭게 철학자들의 관심대상으로 부상하고 있으며, 인지과학, 뇌신경과학, 진화생물학, 동물심리학 등의 분과학문에서 축적해온 연구성과를 도외시하고서는 이제 감정에 관한 연구는 가능하지 않게 되었다.

이 책은 한국연구재단의 지원(KRF-2011-413-A00002)을 받아 고려대학교 철학연구소에서 수행했던 감정에 관한 연구결과 중 1년차와 2년차의 성과를 각기 한 권의 책으로 편집한 것이다. 총 3개년으로 계획된 감정에 관한 연구프로젝트에서, 1년차에는 <감정에 관한 인식론적 고찰>, 2년차에는 <감정에 관한 도덕심리학적 고찰>, 그리고 3년차에는 <감정에 대한 문화철학적 고찰>이라는 주제로 연구를 진행하였다.

제1년차 연구주제인 <감정에 관한 인식론적 고찰>에서는 감정이 가지고 있는 인식론적 위상에 대하여 탐구하였다. 이와 관련된 철학적 물음으로는 다음과 같은 것들이 있다. 예를 들어 "감정(emotion)은 정서나 느낌(feeling)과는 어떻게 구별되는가?" "감정은 감수적(affective)인가 욕동적(conative)인가?" "감정은 인지적 성격을 띠고 있는가, 그저 신체적 동요에 불과한 것일까?" "감정은 필수적으로 지향적 대상을 가지는가?" 그리고 "인간이 다른 동물들과 공유하는 기본 감정에는 어떤 것들이 있는가?" 등의 물음이 이에 해당한다.

제2년차 연구주제인 <감정에 관한 도덕심리학적 고찰>에서는 감정과 도덕심리의 관계에 대해서 제기될 수 있는 근본적인 물음들에 대해 살펴보았다. 예를 들어 "감정은 왜 그리고 어떻게 행위를 촉발하는가?" "감정이 인간의 욕망과 동기를 추동하는 기제는 무엇인가?" "도덕 감정은 진화적 기원을 갖는가?" "인간의 도덕발달은 감정과 어떤 관련이 있는가?" "자연감정과 도덕 감정의 관계는 무엇인가?" "감정의 중절(中節)은 행위자의 도덕판단에 어떻게 기여하는가?" 등의 물음이 그것이다.

앞에 예시된 물음들은 감정과 관련해서 제기될 수 있는 무척이나 근본적이면서도 난해한 질문들이다. 우리는 누구나 감정을 경험하며 살아가지만 정작 감정에 관한 철학적 분석과 심도 있는 성찰은 찾아보기 어려운 것이 국내학계의 현실이며, 동서 철학 간에 유의미한 의사소통이 이루어지기 어려운 것 또한 국내학계가 당면한 현실이다. 다행히 고려대 철학연구소에서는 동양철학과 서양철학 분야에서 수준급의 연구자들을 초빙하여 공동연구를 진행할 수 있어서 모처럼 동서를 횡단하고 과거와 현재를 아우르는 값진 결과물을 산출할 수 있었다. 그동안 함께 연구에 매진해준 연구자들에게 감사드리며, 앞으로 한층 성의 있는 연구로 그 결과물을 사회에 환원할 것을 약속드린다.

2014년 9월 1일

고려대학교 철학연구소 소장 이승환

| 목차 |

주자 기질변화설의 성품윤리적 의미

이승환

1. 문제제기: 주자의 기질지성에 관한 이론은 결정론인가?
2. 기품의 영향으로 인한 재능・인지능력・기질의 차이
3. '기질'은 변화될 수 있는가?
4. 왜 우리는 자신의 성품에 대해 책임이 있는가?
5. 기질변화는 어떻게 가능한가?
6. 주자 기질변화설의 성품윤리적 함의와 철학치료적 의의

1. 문제제기: 주자의 기질지성에 관한 이론은 결정론인가?

이 글의 목적은 주자 수양론에서 '성(性)'에 관한 이론을 성품윤리와 철학치료의 관점에서 새롭게 조명하는 데 있다. 주지하다시피 주자는 인간의 '성'을 두 차원에서 파악한다. '본연지성'과 '기질지성'이 그것이다. '기질지성'은 현실 속의 인간들이 태어날 때 부여받은 기품(氣稟)의 영향으로 제각기 간직한 기질이나 성격의 경향성을 의미하고, '본연지성'은 기질지성 가운데 잠재해 있는 도덕적 본성(義理之性)을 가리킨다. 주자에 의하면 사람들은 잠재적으로 간직한 도덕적 본성에도 불구하고 기질(氣質)의 영향으로 인하여 이를 제대로 발휘하지 못하게 된다. 따라서 주자 수양론의 주요한 목표 중의 하나는 수양을 통하여 기질의 영향을 제거함으로써 잠재적 도덕본성이 제대로 발휘될 수 있도록 '마음의 경향성'을 바꾸는 데 있다.

기질의 영향을 제거하여 마음의 경향성을 바꾸는 일은 곧 느끼고/사고하고/판단하는 마음의 '성향(disposition)'을 바꾸는 일을 의미한다. '성향'을 한층 더 성숙하고 완선한 상태로 변화시켜 나가는 일은 예나 지금이나 '성품윤리'에서 추구하는 핵심과제라고 할 수 있다. 주자 수양론의 궁극적 목표가 기질의 변화를 통한 '성향의 변화'와 '성품의 도야'에 있음에도 불구하고, 현대 중국의 많은 철학사가들은 주자의 사상을 '기품정수론(氣稟定數論)', 즉 '기질결정론'이라고 해석한다.[1] 만약 주자의 '기질지성'에 관한 이론이 이들이 말하는 것처럼 결정론적인 것이라면 주자의 '기질변화설'은 이룰 수 없는 일에 관한 공약(空約)이거나 도학자의 위선적인 허언(虛言)에 불과하게 될 것이다.

이 논문에서는 주자의 기질지성에 관한 이론이 과연 '기질변화'의 가능성을 부인하는 '결정론'인지 검토하는 일에 첫 번째 목표를 둔다. 아울러 주자가 말하는 '기질'은 과연 무엇을 의미하는지, 즉 '기질'이란 개별 인간이 간직한 신체적·생리적인 경향성을 의미하는 것인지 아니면 성격적·심리적 경향성을 의미하는 것인지, 그리고 기질을 바꾸기 위해서는 어떠한 형태의 노력과 수양이 필요한지 규명하는 일은 이 글의 두 번째 목표가 될 것이다. 그리고 '도덕적 본성(본연지성 또는 의리지성)'이라는 형이상학적 개념을 철학치료(clinical philosophy)의 관점에서 현대인들이 이해할 만한 언어로 재해석해 내고, 주자 성품윤리의 현재적 의미를 조명하는 일은 이 글의 궁극적 목표가 될 것이다.

---

1) 張立文, 『朱熹思想硏究』(北京: 社會科學出版社, 1982), 489-494쪽.

2. 기품의 영향으로 인한 재능·인지능력·기질의 차이

주자에 의하면 인간은 (다른 동물도 역시 그러하지만) 태어날 때 인체를 구성하는 '기'의 어두움/밝음(昏明)·맑음/탁함(淸濁)·순수함/잡박함(粹駁)·치우침/바름(偏正)·통함/막힘(通塞) 등의 영향으로 인하여, 재능과 인지능력, 그리고 기질과 성향에 있어서 다양한 편차를 보이게 된다. '기'의 차이와 관련된 다양한 범주들은 서로 간의 조합과 배열을 거쳐 현상세계의 존재물 사이에 무수한 차이를 빚어내게 된다. 예를 들어, 품부받은 '기'가 맑기는 하지만(淸) 순일(醇)하지 못한 사람은 사물에 대한 이해력이 뛰어나기는 하지만 사고와 판단이 사리에 들어맞지 못한다. 이와 대조적으로, 순일하기는 하지만 맑지 않은 '기'를 가지고 태어난 사람은 공손하고 돈후하기는 하지만 사물에 대한 이해력이 부족하게 된다.[2] 품부받은 '기'의 영향으로 인하여, 사람들은 대개 한 가지 방면에만 능통하고 다른 방면에는 막히는 모습을 보인다. 예를 들어, 어떤 사람은 이해(利害)관계에 대해서는 약삭빠르지만 '올바른 도리(義理)'에 대해서는 식견이 없으며, 어떤 사람은 재능이 뛰어나 갖가지 기예에 능하지만 책을 읽고 이해하는 능력이 부족한 경우가 있다.[3]

인체를 구성하는 '기'의 차이는 인지능력이나 재능의 차이뿐 아니라 '기질'의 차이를 빚어낸다. '기질'은 재능이나 인지능력 등과

2) 『朱子語類』 4-71. "或問: 氣稟有淸濁不同. 曰: 氣稟之殊, 其類不一, 非但'淸濁'二字而已. 今人有聰明, 事事曉者, 其氣淸矣, 而所爲未必皆中於理, 則是其氣不醇也. 有謹厚忠信者, 其氣醇矣, 而所知未必皆達於理, 則是其氣不淸也. 推此求之可見."

3) 『朱子語類』 4-76. "氣稟所拘, 只通得一路, 極多樣: 或厚於此而薄於彼, 或通於彼而塞於此. 有人能盡通天下利害而不識義理, 或工於百工技藝而不解讀書." 僩(69 이후).

더불어 '성격'을 구성하는 원재료이다. 기질은 외부 자극에 대한 느낌과 기분, 반응의 습관적인 경향성, 반응의 강도와 민감성 등으로 이루어진 '성격적 특질(Character traits)'을 말한다. 주자는 개별 인간이 지닌 기질의 차이를 인체를 구성하는 다섯 기운(五行)의 '치우침(偏重)'에서 비롯된 것으로 이해한다. 예를 들어, '목기(木氣)'를 편중되게 품부받은 사람은 동정심(측은지심)은 많지만 수오・사양・시비지심은 '목기'에 막혀 발휘되지 못한다. 또한 금기(金氣)를 편중되게 품부받은 사람은 도덕적 수치심과 분노감(수오지심)은 많지만 측은・사양・시비지심은 '금기'에 막혀서 발휘되지 못한다.[4] 즉, 목기를 편중되게 부여받은 사람은 인(仁)이 많고, 금기를 편중되게 부여받은 사람은 의(義)가 많은 성격적 장점을 지니게 된다.[5] 뒤집어서 말하면, 목기를 많이 받고 태어난 사람은 강인하지 못하고, 금기를 많이 받고 태어난 사람은 자상함이 부족하다는 성격적 결함을 지니게 된다.[6] 주자에 의하면, 오행의 다섯 기운을 고루 품부받아야만 중정(中正)한 성품을 갖추게 되며, '성인(聖人)'이라는 존재는 다섯 기운을 고루 품부받은 중정한 성품의 소유자이다.

'기질지성'이란 이렇게 태어날 때부터 신체를 구성하는 '질료적 조건(氣稟)'으로 인하여 개별 인격체가 드러내게 되는 다양한 재능과 기질, 그리고 성격적 경향성을 의미한다. (개별 인격체의 재능과 기질을 구성하는 '질료적 조건'을 현대 과학에서는 뇌신경생리학적

4) 『朱子語類』 4-73. "人性雖同, 稟氣不能無偏重. 有得木氣重者, 則惻隱之心常多, 而羞惡・辭遜・是非之心爲其所塞而不發; 有得金氣重者, 則羞惡之心常多, 而惻隱・辭遜・是非之心爲其所塞而不發. 水火亦然. 唯陰陽合德, 五性全備, 然後中正而爲聖人也." 閎祖(59 이후).

5) 『朱子語類』 4-74. "性有偏者. 如得木氣多者, 仁較多; 金氣多者, 義較多." 揚(54-6세).

6) 『朱子語類』 59-51. "稟得木氣多, 則少剛强; 稟得金氣多, 則少慈祥. 推之皆然." 可學(62세).

구조와 상태의 차이로 설명한다.) 지속적이고 반복적인 사고·느낌·행위의 경향성, 즉 '성향'은 인격체의 '성격'을 구성하는 핵심요소가 된다. '성격'은 (주로 심리학과 같은 학문 영역에서) 가치중립적인 의미로 사용되는 데 비해서, '성품'은 (주로 윤리학과 같은 학문 영역에서) 인격체에 대한 가치평가의 의미로 사용된다. 품급(品級), 품격(品格), 품질(品質) 등의 단어에서 엿볼 수 있듯, 품(品)이라는 글자에는 가치의 높낮이를 표시하는 평가적 의미가 깃들어 있음을 알 수 있다.

재능·기질·성향의 차이를 빚어내는 '기'의 조합은 어떻게 형성되는 것일까? 다양한 범주의 기가 서로 엉키고 흩어지는 변화의 과정에는 주재자에 의한 어떤 '목적'이나 '의도'가 개입되어 있는 것은 아닐까? 우둔함/총명함, 난폭함/온유함, 인자함/단호함 등과 같이 기질과 성향에 있어 다양한 편차를 빚어내는 천지의 조화는 그저 '기'의 맹목적인 운동에 불과한 것일까? 주자에 의하면 각 존재물이 다양한 기의 조합에 의해 생겨나고 다양한 성향적 특징을 갖게 되는 배후에는 어떤 (주재자에 의한) 목적이나 의도도 개입되어 있지 않다. 이 모든 운동과 변화는 '우연'의 소산일 따름이다.[7] 음양오행의 기가 우연적인 취산(聚散) 운동을 전개하는 과정에서, 정영(精英)한 기가 모여 인간이 되고 찌꺼기가 모여 사물이 된다. 그리고 정영한 가운데서도 가장 정영한 기가 모이면 성인이나 현인이 되고, 정영한 가운데서 찌꺼기가 모이면 어리석고 불초한 사람이 된다.[8] 주자는 이처럼 다양한 범주의 기가 응취하여 개별 존

---

7) 『朱子語類』 55-7. "問: 氣稟是偶然否? 曰: 是偶然相値著, 非是有安排等待."

8) 『朱子語類』 14-55. "又云: 只是一箇陰陽五行之氣, 滾在天地中, 精英者爲人, 渣滓者爲物; 精

재에 고유한 기질과 특성을 만들어낸다고 본다.

기질이나 재능 그리고 성향에 관한 주자의 설명이 오늘날의 과학지식과 정확하게 일치하는 것은 아니지만, "재능·기질·성격적 특징은 질료적 조건(氣稟)에 의존한다"라는 그의 견해는 "재능·기질·성격적 특징은 뇌의 신경생리적 상태에 의존한다"라는 뇌신경생리학의 설명과 유형적으로 동일한 것이다. 이 두 견해는 일종의 '수반론'이라고 할 수 있다. 즉, 이 두 견해는 "기질이나 성향과 같은 성격심리적 특징은 신경섬유의 회로나 신경전달물질과 같은 물리적 조건에 수반한다"라는 심리철학적 수반론의 주장과 가족유사성을 띠고 있다.

3. '기질'은 변화될 수 있는가?

인간의 재능이나 기질 그리고 성향은 날 때부터 가지고 태어난 질료적 조건에 의존한다는 주자의 생각은 '결정론'으로 해석될 여지가 다분히 있다. 장립문은 이런 이유에서 주자의 기질지성을 '기품정수론(氣稟定數論)'이라고 해석한다. 장립문은, 날 때부터 품부받은 기의 영향으로 인하여 현우(賢愚)·귀천(貴賤)·빈부(貧富)·요수(夭壽) 등의 차별이 정해지고, 인·의·예·지 등의 도덕적 성품마저 기품에 따라 결정된다고 여기는 '기품정수론'은 봉건지주계급의 농민지배를 위한 형이상학적 무기라고 비판한다.[9] 장립문의

英之中又精英者，爲聖，爲賢；精英之中渣滓者，爲愚，爲不肖." 恪(64세).

9) 張立文,『朱熹思想硏究』(北京: 社會科學出版社, 1982), 489-494쪽 참조.

결정론적 해석과 마찬가지로, 진래(陳來) 역시 주자의 기질지성에 관한 입장을 결정론이라고 해석한다. 그는 주자의 기질에 관한 견해는 도덕과 관련하여 아무런 의미 있는 설명도 이끌어내지 못했을 뿐 아니라 '황당한 이론'이라고 비판한다.

> '기품'은 개인의 지혜와 품질을 결정할 뿐 아니라 사회에서 인간의 제우[際遇: 사회구조 내에서 계급・신분・지위 등과 같은 우연적 현실]와 운명[貧富・夭壽]을 결정한다. [중략] 사실상 장횡거가 기질을 거론할 때 그는 이로써 성품의 강유(剛柔)와 지완(遲緩)을 설명하려고 한 것이었다. 정주학설은 한 걸음 더 나아가 선악의 본질이 여기서 생겨난다고 보았으니, 이러한 견해는 인간의 도덕 본질의 형성과 관련하여 의미 있는 설명을 이끌어내지 못할 뿐 아니라, 이러한 학설은 더욱 세밀해질수록 더욱 황당해진다.[10)]

장립문과 진래의 해석처럼 주자의 기질지성에 관한 입장이 '결정론'에 불과하며 도덕에 아무런 도움이 안 되는 '황당한 이론'이라면 우리는 주자의 '기질변화설'을 어떻게 이해해야 하는가? 주자는 영종 황제에게 진덕(進德) 공부를 하도록 차자(箚子)를 올리면서 "학문을 하는 이유는 기질을 변화시키기 위해서"[11)]라고 강조하였는데, 그의 이러한 발언은 허언(虛言)에 불과하다는 말인가? 만약 인간의 성향이 날 때부터 결정론적으로 고정되어 변할 수 없는 것이라면, 도덕적 책임은 어떻게 성립할 수 있는 것일까? 만약 날 때부터 난폭한 성향을 가지니고 태어난 사람이라면, 우리는 그의

10) 陳來, 『朱子哲學硏究』(華東師範大學出版部, 2000), 200쪽.

11) 『朱熹集』 14-11. 「乞進德箚子」. "君子所以學者, 爲能變化氣質而已." 이는 呂大臨의 말을 인용한 것이다.

성향으로 인해 빚어진 난폭하고 잔혹한 행위에 대해 도덕적 책임을 묻지 말아야 하는 것일까?

'책임'은 어디까지나 통제 가능한 의지적 선택에 대해서만 귀속 가능한 것이다. 만약 '성격'이 인격주체의 의지에 의해 통제 또는 변경이 불가능한 '운수소관(constitutive luck)'[12]이라면, 이렇게 의지와 무관하게 비자발적으로 가지고 태어난 운수소관에 대해 책임을 묻는 일은 마치 타고난 용모나 체격에 대해 비난을 퍼붓는 것처럼 비합리적인 일일 것이다. 과연 주자는 기질의 변화가 불가능하다고 보았는가? 이와 관련하여 주자는 이렇게 말한다.

> 인간의 '본연지성'은 모두 선하지만, 태어나면서 선한 사람도 있고 악한 사람도 있다. 이는 품부받은 기가 같지 않기 때문이다. 천지의 운동변화는 수없이 다양하고 무궁한데, 관찰할 수 있는 것은 다음과 같다. 해와 달이 맑고 밝으며 기후가 온화하고 바른 때에 사람이 이 기운을 품부받으면 맑고 총명하고 돈후한 기질이 되어 반드시 좋은 사람이 된다. 만약 해와 달이 어둡고 추위와 더위가 일상적 질서를 벗어나면 이는 모두 천지의 어그러진 기운(戾氣) 때문이다. 만약 이 기운을 품부받으면 좋지 않은 사람이 되니, [여기에] 무슨 의심이 있겠는가? 사람이 배우는 목적은 바로 '기질'을 변화시키기 위해서이다. 하지만 변화시키는 일은 극히 어렵다.[13]

위 글에서 주자는 해와 달이 맑고 밝으며 기후가 온화하고 정상인 때에 바른 기운을 품부받아 태어나면 총명하고 돈후한 기질을

12) 이는 토마스 네이글의 용어이다. Thomas Nagel, *Moral Questions*(Cambridge: Cambridge University Press, 1979), 26쪽 참조.

13) 『朱子語類』 4-59. "人之性皆善. 然而有生下來善底, 有生下來便惡底, 此是氣稟不同. 且如天地之運, 萬端而無窮, 其可見者, 日月淸明氣候和正之時, 人生而稟此氣, 則爲淸明渾厚之氣, 須做箇好人; 若是日月昏暗, 寒暑反常, 皆是天地之戾氣, 人若稟此氣, 則爲不好底人, 何疑! 人之爲學, 卻是要變化氣稟, 然極難變化."

지닌 사람이 된다고 보고, 해와 달이 어둡고 추위와 더위가 정상적 질서를 벗어난 때에 어그러진 기운(戾氣)을 품부받아 태어나면 좋지 않은 사람이 된다고 말한다. 한 사람이 좋은 기질을 가지고 태어나거나 나쁜 기질을 가지고 태어나는 일은 이렇게 우주의 운동과정에서 발생하는 우연의 소산일 따름이다. 인간의 기질과 성품이 이렇게 우주의 운동과정에서 비자발적으로 우연히 결정된 것인데도 인간은 자신의 기질이나 성품에 책임을 져야 하는가? 자신의 의지에 의해 자발적으로 선택하지도 않은 사항에 대해 책임을 귀속시키는 일은 합당한 일인가? 위 구절에서 주자는 "배움의 목적은 기질을 변화시키기 위해서이다"라고 말함으로써 기질변화의 '당위성'에 대해 언급하기는 하지만, 곧 이어서 "기질을 변화시키는 일은 극히 어렵다"고 말한다. 주자의 이러한 언명은 기질변화의 원천적 불가능성을 의미하는 것일까? 아니면 원리적으로 그 가능성은 인정하되 다만 실천상의 어려움을 토로하는 것일까? 위 구절에서는 이와 관련하여 적절한 해답을 얻기 어렵다. 다음 문장을 더 살펴보기로 하자.

> 누군가 물었다. "만약 '기질'이 선하지 못하다면 가히 변화시킬 수 있습니까?" 답했다. "반드시 변화시켜 [본연지성으로] 되돌려야 한다. 만약 "다른 사람이 하나를 할 때 나는 백을 하고, 다른 사람이 열을 할 때 나는 천을 한다면, 비록 어리석더라도 반드시 밝아질 것이고, 비록 유약하더라도 반드시 강해질 것이다."[14]

14) 『朱子語類』 4-40. "或問: 若是氣質不善, 可以變否? 曰: 須是變化而反之. 如'人一己百, 人十己千', 則'雖愚必明, 雖柔必强.'"(59세).

위에서 주자는 “반드시 [선하지 못한 기질을] 변화시켜 [본연지성으로] 되돌려야 한다”라고 말하고 있다. 여기서 알 수 있듯이, 주자에 있어서 기질을 변화시키는 일은 ‘반드시’ 행하지 않으면 안 되는 ‘배우는 자의 지상과제’이다. 만약 기질을 변화시키는 일이 원천적으로 불가능한 일이라면 학문의 목표를 기질의 변화에 두는 일은 허언에 불과하게 될 것이다. 기질을 변화시키기 위해서는 비록 어렵고 힘들기는 하지만 치열하고도 처절한 노력을 쏟지 않으면 안 된다. 『중용』에서 말하듯이 “다른 사람이 하나를 할 때 나는 백을 하고, 다른 사람이 열을 할 때 나는 천을 하지 않으면 안 된다.” 이렇게 치열한 노력을 거친다면 “비록 어리석더라도 반드시 밝아질 것이고, 비록 유약하더라도 반드시 강해질 것”[15]이라고 주자는 여기는 것이다.

이상의 분석을 통해 볼 때, 주자는 기질이나 성향이 자신의 의지와 무관하게 천부적으로 주어진 것이라고 보기는 하지만, 그럼에도 불구하고 기질의 편중을 제거하고 마음의 성향을 변화시키는 일은 배우는 자가 지향해야 하는 지상의 과제로 여기고 있다. 이로 볼 때 주자의 입장은 기질변화의 가능성을 원천적으로 부정하는 ‘강한 결정론’이라기보다, 비록 어렵기는 하지만 변화의 가능성을 열어두고 있는 ‘약한 결정론’으로 해석될 수 있을 것이다.

---

15) 『中庸章句』 20章. “人一能之, 己百之, 人十能之, 己千之. 君子之學, 不爲則已, 爲則必要其成, 故常百倍其功. 此困而知, 勉而行者也, 勇之事也. 果能此道矣, 雖愚必明, 雖柔必强.”

4. 왜 우리는 자신의 성품에 대해 책임이 있는가?

나를 구성하는 기질이나 성향이 나 자신에 의해 '선택된 것'이 아니라 운수소관에 의해 '주어진 것'이라면 왜 나는 나의 기질이나 성향에 대해 책임을 져야 하는가? 왜 나는 내가 자발적으로 선택하지도 않은 기질이나 성향을 바꾸기 위해 남보다 백배·천배의 노력을 기울여야 하는가? 주자는 '군자'라는 이상(理想) 인격을 제시함으로써 이에 대한 답을 제시한다. 주자에 의하면 기질을 변화시킬 수 있어야 '덕'을 이룰 수 있고, '덕'을 이룬 사람만이 '군자'라고 불릴 자격을 가진다.

> 군자란 '덕'을 이룬 사람을 일컫는 것이다. 군자를 귀하게 여기는 까닭은 품부받은 '기질'의 성향을 변화시킬 수 있기 때문이다. 그렇지 않다면 어찌 군자라고 할 수 있겠는가? 『중용』에서 "비록 어리석더라도 반드시 밝아지고, 비록 유약하더라도 반드시 강해질 것이다"라고 말한 것은 바로 이 뜻이다.[16)]

주자에 의하면 세상에서 군자라고 불릴 만한 사람은 아주 적으며, 이런 까닭에 군자는 대단히 고귀한 존재다. 기질을 변화시키고자 공부에 입문하는 사람은 이미 '군자'라는 자아상(自我像)을 추구하기로 뜻을 세운(立志) 사람들이며, 기질을 변화시킬 수 있는 자유의 가능성은 이러한 길을 걷기로 선택한 사람들에게 전적으로 열려진 것이다. 주자에 의하면 인간은 비록 자신을 구성하는 질료적 조건

---

16) 『朱子語類』 24-52. "君子者, 成德之名也. 所貴乎君子者, 有以化其氣稟之性耳. 不然, 何足以言君子. 中庸言'雖愚必明, 雖柔必强'處, 正是此意." 壯祖(미상).

(氣稟)을 비자발적으로 품부받기는 하였지만, 후천적인 노력에 의해 자신의 기질과 성향을 바꿀 수 있는 '자기결정권(self-determination)'을 가진 존재이다. 그리고 기질을 변화시키는 일이 극히 어려운 일임에도 불구하고 '군자'라고 불리는 사람들은 남보다 백배・천배의 노력을 기울여 이러한 변화를 성취하고 '덕'을 이룬 사람들이다. 이러한 '자기변화'의 노력은 사대부・독서인 계층에게 사회가 요구하고 기대하는 것이기도 하지만, 사대부・독서인 자신이 '군자'가 되기 위하여 스스로에게 부가한 '자기책무(self-obligation)'이기도 하다.

주자에 의하면 품부받은 '기' 가운데 인간의 노력으로 바꿀 수 없는 경우란 삶과 죽음, 그리고 장수와 단명뿐이다. 삶과 죽음, 그리고 장수와 단명은 인간 스스로 선택하거나 변경할 수 없이 그야말로 밖으로부터 '주어진 운명(命)'이다. 하지만 '군자'라는 고귀한 인격주체가 지녀야 할 '덕' 그리고 '덕'의 내면적 토대인 '성향'은 변경이 불가능하도록 '닫힌 운명'이라기보다 인격주체가 스스로 선택하기만 하면 변화의 가능성이 열려 있는 '가소적(可塑的: plastic)인 운명'이다.[17] 여기서 알 수 있듯이, 주자의 '기질지성'에 관한 이론은 일체의 변화 가능성을 부정하는 '강한 결정론'이 아니라 군자가 되기를 염원하고 희구하는 사람에게는 그 가능성이 열려 있는 '약한 결정론'이라고 할 수 있다. 자신의 자아상(自我像)을 '군자'에 두는 사람, 자신의 기질이 더 나은 방향으로 개선되기를 염

17) 『朱子語類』 98-56. "氣之不可變者, 惟死生脩夭而已. 蓋死生脩夭, 富貴貧賤, 這卻還他氣. 至'義之於君臣, 仁之於父子', 所謂'命也, 有性焉, 君子不謂命也.' 這箇卻須由我, 不由他了." 道夫(60 이후).

원하는 사람, 그리고 자신의 성품이 완선해지기를 희구하는 사람에게 변화의 기회는 열려 있다고 보는 것이다.

주자는 로덕장(路德章: 呂東萊의 문인)에게 기질을 변화시키는 일에 공을 들일 것을 권하면서,[18] 기질과 성품이 아름답지 못한데도 이를 변화시키지 못하는 일은 '죄(罪)'라고 나무란다.[19] 즉, '도'를 얻고자 배움의 길에 들어선 사람이 자신의 아름답지 못한 기질을 변화시키지 못하는 일은 '스스로에 대한 책무'를 소홀히 하는 '죄'라고 여기는 것이다. 주자는 로덕장의 스승인 여동래(呂東萊: 名, 祖謙)의 예로 들며, 이를 모범으로 삼아 기질변화를 위해 노력하도록 권고한다.

> 예전에 백공(伯恭: 呂祖謙)을 만났을 때 [이렇게] 말하는 것을 들었소. "젊었을 때에 성질이 거칠어서 음식이 뜻에 맞지 않으면 곧 집안 살림을 때려 부수곤 하였는데, 뒤에 오랫동안 병이 들어 다만『논어』한 권을 아침저녁으로 한가하게 읽다가 홀연히 마음이 한순간에 평온해지는 것을 느끼고는 마침내 죽을 때까지 화를 내지 않게 되었다." 이는 가히 '기질'을 변화시키는 방법이라고 할 수 있을 것이오. 평소에 벗들과 더불어 이 일을 논해본 일이 있는지 모르겠소. 로덕장 그대는 백공을 따라 배운 지 오래되었으니 이 이야기를 들어보지 않았을 리가 없을 텐데, 어찌하여 이를 전혀 배우지 않았소? 이는 제대로 배우지 못했다고 해야 할 것이오.[20]

---

18)『朱熹集』54,「答路德章」3. "大抵德章平日爲學於文字議論上用功多, 於性情義理上用功少, 所以常有憤鬱不平之意, 見於詞氣容貌之間." 이 편지는 淳熙 12년(乙巳, 1185, 56세)에 路德章에게 보낸 것으로 추정된다.

19)『朱熹集』54,「答路德章」4 "此又姿稟不美而無以洗滌變化之罪也" 이 편지는 淳熙 13년(丙午, 1186, 57세)에 路德章에게 보낸 것으로 추정된다.

20)『朱熹集』54,「答路德章」4. "向見伯恭說, 少時性氣粗暴, 嫌飮食不如意, 便敢打破家事, 後因久病. 只將一册論語, 早晚閒看, 忽然覺得意思一時平了, 遂終身無暴怒. 此可爲變化氣質之法, 不知平時曾與朋友說及此事否. 德章從學之久, 不應不聞, 如何 全不學得些子, 是可謂不善學矣."

여동래는 주자의 학문적 동반자라고 할 수 있을 만큼 교유가 깊었다. 그는 주자와 육상산의 아호(鵝湖) 모임을 주선하기도 하였고, 주자와 더불어 『근사록近思錄』을 편집하기도 하였다. 그는 젊었을 때 무척이나 기질이 급박하고 성미가 거칠었던 것 같다. 그러나 병에 걸린 후 한가롭게 『논어』를 읽다가 "스스로에 대한 책망은 엄하게 하고, 남을 책망할 때는 가볍게 한다(躬自厚而薄責於人)"라는 구절을 읽고 문득 깨달음이 있어 마침내 죽을 때까지 화를 내지 않았다고 한다.[21] 여동래에 관한 이러한 일화는 기질변화와 관련된 좋은 예가 된다. 주자에 의하면 '도'를 배우기로 입문한 자가 자신의 기질이나 성품에 간직된 결함을 스스로 알아채지 못해서는 안 되며, 기질이나 성향을 '품부받은 기' 때문이라고 핑계대려고 해서도 안 된다. 배우는 자는 기질이나 성향에 간직된 결점을 스스로 알아채고 변화시켜야 할 책무가 있다.[22] '기질변화'라는 '자기에 대한 책무'를 소홀히 한다면 이는 '스스로를 포기하는 일(自棄)'이며, 스스로에게 불인(不仁)을 저지르는 일이다.[23]

21) 『朱子語類』 46-9. "或問: 君子三戒. 曰: 血氣雖有盛衰, 君子常當隨其偏處警戒, 勿爲血氣所役也." 因論血氣移人, 曰: "疾病亦能移人. 呂伯恭因病後讀'躬自厚而薄責於人', 忽有見, 遂一意向這下來." 大雅(49 이후).

22) 『朱子語類』 4-59. "人一向推托道氣稟不好, 不向前, 又不得; 一向不察氣稟之害, 只昏昏地去, 又不得. 須知氣稟之害, 要力去用功克治, 裁其勝而歸於中乃可." 璘(62세).

23) 『朱熹集』 14-11, 「乞進德箚子」. "君子所以學者爲能變化氣質而已 …今以鹵莽滅裂之學, 或作或輟以求變, 其不美之質及不能變, 則曰: 天質不美非學所能變, 是果於自棄其爲不仁甚矣."

5. 기질변화는 어떻게 가능한가?

주자에 의하면 기질이나 성향은 천부적으로 가지고 태어난 '질료적 조건', 즉 기품(氣稟)에서 유래한 것이다. 그렇다면 기질이나 성향을 변화시키기 위해서는 어떤 방법이 요구되는가? 기질을 변화시키기 위해서는 인체를 구성하는 '질료적 조건', 즉 '기'를 변화시켜야 하는 것일까?

도교에서는 기질을 변화시켜서 진인(眞人)이 되기 위한 방법으로 토납(吐納)·복식(服食) 등의 수련을 통하여 인체를 구성하는 '기'의 양태를 변화시키는 방법을 취한다. 연정화기(鍊精化氣)-연기화신(鍊氣化神)-연신환허(鍊神還虛) 등의 수련과정을 거침으로써 기질의 영향을 제거하고 '천지지성'을 회복할 수 있다고 여기는 것이다.[24] 도교에서 말하는 정(精)·기(氣)·신(神)이 각기 인체를 구성하는 어떠한 성분을 가리키는 것인지 명확하게 알 수는 없지만, 이러한 개념들은 신체나 정신 어느 한쪽에 속하는 것이 아니라, 신체에서 정신에 이르는 존재론적 스펙트럼에 고루 걸쳐 있다고 여겨진다.

신체를 단련시켜 기질에서 연유하는 충동이나 정서 그리고 성향을 변화시킬 수 있다고 믿는 도교의 수련법은 '상향인과(upward causation)'라는 존재론적 전제를 바탕에 깔고 있는 듯하다. 즉, 자아를 구성하는 하부 토대, 즉 '질료적 조건'의 변화가 마음 또는 심

24) 『道藏』(三家本) 4책 364쪽. 「洞眞部」「玉淸金笥青華秘文金室內鍊丹訣」. "形而後有氣質之性, 善反之, 則天地之性存焉. 自爲氣質之性所蔽之後, 如雲掩月, 氣質之性雖定, 先天之性則無有. 然元性微而質性彰 ...今則徐徐剗除, 主於氣質盡而本元始見...."

성의 영역에 인과적으로 영향을 미칠 수 있다고 보는 것이다. 이러한 관점은 뇌신경생리학에서 신경회로(synapse)에 분포된 신경전달물질(neurotransmitter)의 변경을 통해서 심리상태에 모종의 변화를 유발할 수 있다고 여기는 태도와 비슷하다. (예를 들어, 신경정신의학에서는 우울증이나 강박증과 같은 정신질환이 세레토닌이나 도파민과 같은 신경전달물질의 과잉/결핍에서 비롯된다고 보고, 이러한 질환을 치료하기 위해서 뇌의 화학적 변화를 유도하는 약물요법을 사용한다.[25])

주자는 기질의 영향을 제거하기 위해서 도교 수련자나 신경정신과 의사처럼 인체를 구성하는 '질료적 조건'의 변경이 필요하다고 보는가? 과연 주자는 '신체'의 수련을 통하여 인격체의 기질과 성향이 변화되리라고 보았는가? 그러나 주자는 도교의 수련법과 달리, 기질의 영향을 제거하기 위하여 인체의 질료적 조건을 변경하는 약물요법을 권하지 않는다. 주자는 기질의 영향을 제거하기 위하여 건강한 자기상의 확립, 자기지각의 증진, 의지력의 강화, 자기조절과 자기통제, 그리고 인지체계의 개선 등을 방법으로 제시한다.

1) 자기상(自己像)의 확립

자신의 기질과 성향에 간직된 결함을 개선하기 위해서는 먼저 도달하고자 하는 인격의 이상을 설정하는 일이 필요하다. 즉, 이상적인 인격의 표준을 설정함으로써 현재 자신이 지니고 있는 성품

25) 강병조, 「인격과 인격장애의 생물학」, 『생물치료 정신의학』 제1권 제1호(1995), 64쪽 참조.

의 결점과 한계를 지각하고, 더 나은 상태로 나아가기 위해 노력을 쏟는 일이 가능하게 된다. 주자는 이상적인 인격의 표준을 '성인(聖人)'에 둔다. 주자 이전에도 북송시대의 유학자들은 학문의 궁극적 목표를 '성인'이 되는 일에 두었고, 실제로 '성인'이 되고자 다양한 형태의 실천법과 수양법을 강구하였다. 예를 들어, 주렴계는 『통서通書』에서 "성인은 하늘과 같아지기를 희구하고, 현자는 성인이 되기를 희구하며, 선비는 현자가 되기를 희구한다"[26]고 하여 당시 유학자들의 구도적 분위기를 서술하고 있다. 그는 "성인이 되기를 배울 수 있는가?"라는 물음과 관련하여 "배울 수 있다"고 단언한다.[27]

'성인'은 고대부터 한자문화권에서 이상적 인격의 전형으로 간주되어 온 신적인 존재다. 고대의 성인들은 문자와 기호, 불과 농사법, 그리고 제도와 문물을 발명하여 인간을 문명의 길로 들어서게 한 '문화적 영웅(cultural hero)'들을 가리킨다. 원래 '성(聖)'은 문자학적으로 소리를 듣는 데서 보통사람과 구별되는 특출한 능력을 지닌 존재를 가리켰다. 그리고 후에 와서는 보통사람과는 달리 사물을 밝게 볼 수 있는 능력을 지닌 존재로, 때로는 '신(神)'과 동일시되기도 하고 때로는 '하늘(天)'에 버금가는 능력과 성품의 소유자로 여겨져 왔다.[28] 북송대는 다른 시대에 비해 구도적 분위기가 지식인 사회를 한층 강하게 지배하던 시대였다. 불교 수행자들은 좌선수행을 통하여 자기의 본성을 깨달아(見性) 부처가 되고자(成佛) 하였고, 도교 수련자들은 토납(吐納)과 복식(服食) 등의 수련을

26) 『通書』, 「志學」 "聖希天, 賢希聖, 士希賢."

27) 『通書』, 「聖學」 "聖可學乎? 曰: 可."

28) 이승환, 「성(聖)의 기호학」, 한국기호학회, 『기호학연구』 제13집, 특집호 『유교문화와 기호학』(도서출판 월인, 2003), 93-110쪽 참조.

통하여 진인(眞人)이 되고자 하였으며, 유교 지식인들 역시 정좌(靜坐)와 미발체인(未發體認)을 통하여 성인이 되고자 하였다.[29]

주자는 북송대의 이러한 지적 분위기를 이어받아 이미 십여 세 때부터 '성인'이 되기로 뜻을 세웠으며,[30] 모든 독서와 공부의 목적은 오로지 성인의 마음을 체험하는 데 있다고 보았다.[31] 그는 "학문의 목적은 성인이 되기 위한 것이며, 이로써 목표를 삼지 않는다면 마치 갈 곳을 정하지 않고 길을 가는 것과 같다"[32]고 보았다. 이상적인 자아상을 '성인'에 두고 이를 실현하기 위하여 온갖 노력을 경주하는 일은 오늘날 인본주의 심리학에서 말하는 '자기실현(self-actualization)'의 이론과 유사하다. 로저스(Carl Rogers) · 매슬로(Abraham Maslow) · 올포트(Gordon Allport)와 같은 인본주의 심리학자들은 한 인격체가 자기(self)를 어떻게 보는가 하는 '자아상'에 따라 그의 성격은 개선되고 성장할 수 있다고 본다. 로저스의 '자기 개념의 재조직화'[33]라는 개념과 올포트의 '고유 자아(proprium)'[34]라는 개념은 주자의 기질변화설을 이해하는 데 시사적인 도움을 준다. 기질의 영향에 매어 있는 현상적 자아(氣質之性)의 한계를 자각하고 '군자'라는 이상적인 자아상을 확립하는 일

29) 이와 관련해서는 졸고, 「주자는 왜 미발체인에 실패하였는가: 도남학적 수양론의 특징과 전승과정을 중심으로」를 참고하시오.

30) 『朱子語類』 104-4. "某十數歲時讀孟子言聖人與我同類者, 喜不可言, 以爲聖人亦易做. 今方覺得難."揚(54-6세).

31) 『朱子語類』 120-18. "讀書須是以自家之心體驗聖人之心. 少間體驗得熟, 自家之心便是聖人之心."

32) 『朱熹集』 75-16. 「林用中字序」. "學, 所以求爲聖人, 不以是爲標的, 則無所望走而之焉耳."

33) Walter Mischel & Yuichi Shoda et. al., *Introduction to Personality: Toward an Integration*(New York: Wiley, 2003), 손정락 역, 『성격심리학』(서울: 시그마프레스, 2006), 282쪽 참조.

34) L. A. Hjelle & D. J. Ziegler, *Personality Theories: Basic Assumptions, Research and Applications* (McGraw-Hill Book Company, 1981), 이훈구 역, 『성격심리학』(서울: 법문사, 1983), 335쪽 참조.

은 로저스가 말하는 '자기 개념의 재조직화'에 해당한다. 그리고 기질의 영향을 제거하고 본래부터 품부받은 본성(本然之性)을 회복하는 일은 올포트가 말하는 '고유 자아'의 실현에 해당한다. 주자에 의하면 인간의 본래적 성품은 구름이나 안개에 갇혀 그 빛이 드러나지 못하는 해나 달과 같으며,[35] 물속에 잠겨 있는 구슬이나 잿더미 속에 숨어 있는 불씨[36]와도 비슷하다. 이렇게 자아의 심연에 잠재적으로 갖추어진 '고유한 자아'를 계발하여 실현하는 일이 바로 주자 수양론의 목적인 것이다.

인본주의 심리학은 주자의 본연지성에 관한 이론과 마찬가지로 인간에게 고유한 본래적 자아가 잠재되어 있다고 전제한다. 다만 두 이론 사이에 차이가 있다면, 심리학은 상담치료의 기법을 활용하여 상담가와 내담자의 관계 속에서 내담자의 '자기변화'를 유도하는 데 비해서, 주자 수양론에서는 인격체 자신이 스스로의 노력에 의해서 기질의 변화와 성품의 도야를 추구한다는 점이다. 물론 주자 당시의 학문공동체에서 스승과 제자들 간의 대화와 토론을 통해 자기점검과 자기계발을 추구하는 일은 오늘날의 '집단 상담치료'와 유사한 점도 있지만, 아무래도 주자의 기질변화설은 개별 인격주체가 자발적인 노력에 의해 자신의 성격결함과 기질의 장애를 극복하려는 '자기치유'의 성격을 강하게 지닌다.

---

35) 『朱子語類』 4-80. "亞夫曰: 性如日月, 氣濁者如雲霧. 先生以爲然." 節(64 이후).

36) 『朱子語類』 4-81. "人性如一團火, 煨在灰裏, 撥開便明." 椿(59세).

2) 자기지각의 증진

주자에 의하면, 한 인격체가 자신의 기질이나 성격적 결함을 '기품'의 탓으로 돌리고 스스로의 결점에 대해 아무런 자각도 없다면 이는 '스스로에 대한 책무'를 방기하는 일이다. 주자 자신도 "나의 기질이 지닌 병통은 화를 잘 내는 데에 있다"[37]고 고백한 적이 있지만, 기질로 인한 좋지 못한 성향을 개선하기 위해서는 자신의 기질에 대한 '자기지각'이 선결적으로 요청된다.

> 사람이 줄곧 품부받은 기가 좋지 않다고 핑계를 대면서 앞으로 나아가려 하지 않아서는 안 되며, 줄곧 품부받은 기의 결함(害)을 알아채지 못하고 흐리멍덩하게 나아가서도 안 된다. 모름지기 품부받은 '기'의 결함을 알아채서 힘써 노력하여 극복함으로써 그 편중됨을 제거하고 중화(中和)의 상태로 돌아가야 할 것이다.[38]

주자에 의하면 '자기지각'은 누구나에게 가능한 잠재적 능력이다. 인간이라면 누구나 이러한 능력을 지니고 있지만 기품(氣稟)과 인욕(人欲)에 가려 이러한 능력을 제대로 발휘하지 못한다. 따라서 기품과 인욕의 영향을 극복하고 고유한 능력을 계발해나간다면 마침내 대인(大人)이 될 수 있다. 주자에 의하면, 선한 성격의 사람만 이러한 능력을 가진 것이 아니라 악한 사람 역시 이러한 능력을 잠재적으로 갖추고 있다. 지극히 악한 사람이라고 해도 때로는 선한 생각을 할 때가 있기 마련이기 때문이다. 기질이나 성격의 결함을

37) 『朱子語類』 104-56. "某, 氣質有病, 多在忿懥." 閎祖(59 이후).

38) 『朱子語類』 4-59. "人一向推托道氣稟不好, 不向前, 又不得; 一向不察氣稟之害, 只昏昏地去, 又不得. 須知氣稟之害, 要力去用功克治, 裁其勝而歸於中乃可." 璘(62세).

개선하기 위해서는, 순간순간 발현되는 의념과 느낌, 그리고 충동과 욕망에 대한 '자기 지각'이 요청된다. 주자는 '자기 지각의 능력을 계발하는 일'에 대해 이렇게 말한다.

> 누군가 물었다. "[『대학』에 나오는] '밝은 덕을 밝힌다(明明德)'라는 구절은 고요한 때에 본래의 마음이 발현되면 배우는 자들이 본래의 마음이 발현되는 것을 좇아가며 궁구해야 한다는 말 아니겠습니까?" 말했다. "반드시 고요한 때만이 아니라 의식이 활동 중일 때도 역시 발현하는 것이다. (중략) [마음에 갖추어진] 그 덕은 본래 지극히 밝은 것이어서 끝내 [기품이나 물욕으로] 가릴 수가 없으니 반드시 때때로 발현하기 마련이다. 설령 지극히 악한 사람이라 하더라도 때로 선한 생각이 발현하기 마련이다. 배우는 자들은 마땅히 그 밝은 곳으로부터 공부에 착수해서 줄곧 밝혀나가야 하느니, '격물'과 '치지'라는 것도 모두 이 일에 해당한다. 지금 어떤 사람이 한 가지 옳지 않은 일을 하고서 어떤 때는 전혀 알아차리지 못하는데 이것이 곧 어두운 상태다. 그러나 어떤 때는 옳지 않음을 알아차리게 되는데 이것이 바로 밝은 상태다.[39]

주자의 대답에서 볼 수 있듯이, 기질과 성격의 결함을 개선하기 위해서는 결함에 대한 자기지각이 필수적으로 요청됨을 알 수 있다. 위에서 주자가 말하는 '명덕(明德)'이란 인간에게 본래적으로 갖추어진 이치를 인식할 수 있는 능력을 말하고, '명명덕(明明德)'은 이러한 능력을 계발해서 최대한도로 활성화시키는 일을 뜻한다. 격물・치지는 이러한 능력을 계발하기 위한 구체적인 방법 중의

39) 『朱子語類』 14-83. "或問: '明明德', 是於靜中本心發見, 學者因其發見處, 從而窮究之否? 曰: 不特是靜, 雖動中亦發見. (中略) 然而其德本是至明物事, 終是遮不得, 必有時發見. 便教至惡之人, 亦時乎有善念之發. 學者便當因其明處下工夫, 一向明將去. 致知・格物, 皆是事也. 且如今人做得一件事不是, 有時都不知, 便是昏處; 然有時知得不是, 這个便是明處." 子蒙(미상).

하나이다. 격물·치지는 독서와 강론, 그리고 유추와 분석 등을 통한 인지적 공부임에 비해서, 성찰(省察)은 매 순간 일어나는 내면의 느낌과 사고에 대한 반성적 알아차림을 의미한다. 주자는 주렴계를 따라, 극히 미세한 시간의 분절 속에서 드러나는 의식의 지향성을 '기(幾)'라 부르고, 의식의 지향활동이 전개되는 미세한 순간에 시/비와 선/악이 나뉜다고 본다. 따라서 의식의 흐름을 정미하게 살피는 자기점검의 활동, 즉 '성찰'을 통하여 자기지각의 능력이 증진될 수 있다고 본다.

현대 심리치료의 어떤 학파에서는 내담자의 정서장애와 성격결함을 치료하기 위하여 '명상기법'을 도입하기도 한다. 명상을 통하여 내면 깊숙이 가라앉아 있는 무의식적 느낌과 상태에 주의를 집중함으로써 '자기이해'가 증진되고 '자기지각'이 강화되리라고 보는 것이다. 그러나 위에서 본 것처럼, 주자의 경우 '자기지각'은 꼭 명상이나 정좌와 같은 '고요함(靜)'을 통해서만 이루어지는 것은 아니다. 일상생활과 대인관계에서 사고와 판단이 활발하게 전개되고 있는 바로 그 순간에도 수행자는 자신의 느낌과 판단이 옳은지에 대해 그때그때 지각할 수 있어야만 '깨어 있는 상태(惺惺)'라고 할 수 있으며, 이를 통하여 자기지각이 증진될 수 있다고 보는 것이다.

3) 자기통제와 의지력의 강화

인격주체가 자신의 기질과 성격에 내재된 결함을 지각하였다면, 성격개선과 자기실현을 위한 그다음의 과정은 스스로의 의지력을 동원하여 결점이라고 평가된 성향을 개선해나가는 일이다. 소위 자기조절과 자기통제라고 할 수 있는 이러한 과정은 이상적인 자아상에 도달하려는 '치열한 노력(勉强)' 없이는 불가능하다.40) 주자는 이러한 노력을 '지(志)에 의한 기(氣)의 통제'로 설명한다.

> 물었다. "[맹자는] '기'가 하나로 모이면 의지를 움직일 수 있다"고 하였는데, 이때 '기' 자의 의미는 사악한 '기'가 아니겠습니까? 답했다. 꼭 사악한 '기'라고 여길 필요는 없다. 다만 의지를 요동치게 한다면 이는 이미 좋지 않은 '기'일 것이다. 의지가 '기'를 움직이는 경우는 열 가운데 아홉이지만 '기'가 의지를 움직이는 경우는 열 중의 하나이다. 반드시 의지로서 주인을 삼아서 '기'가 제멋대로 움직이게 두어서는 안 된다.41)

위에서 주자가 말하는 '지(志)'에 의한 '기(氣)'의 통제는 풀어서 말하자면 '의지'에 의한 '기질'의 통제라고 할 수 있을 것이다. 여기서 주자는 명도의 말을 인용하여 기질에 의해 의지가 이끌려가는 경우는 열 가운데 하나이고, 열 가운데 아홉은 기질이 의지에 의해 통제된다고 보았다.42) 의지에 의한 기질의 통제 가능성에 대해 주자가 상당한 확신을 가졌음을 알게 해주는 대목이다. 효과적인 자기통제와 자기조절은 개별 인격체가 지닌 '동기'와 '의지'에 의해 좌우된다. 인격체가 장기적인 상위목표(이상적인 자아상)를 얼마나 가치 있게 여기는가에 따라 동기의 힘은 더욱 강해질 것이며, 인격체가 지닌 의지력이 강할수록 기질을 통제하고 성격을 개

---

40) 『朱子語類』 113-1. "問: 氣質弱者, 如何涵養到剛勇? 曰: 只是一箇勉强. 然變化氣質最難." <以下訓德明>.

41) 『朱子語類』 52-76. "問: '氣一則動志', 這'氣'字是厲氣否? 曰: 亦不必把作厲氣. 但動志, 則已是不好底氣了. '志動氣者什九, 氣動志者什一', 須是以志爲主, 無暴其氣." 淳(61 · 70세).

42) 『二程遺書』 11-80. "志動氣者十九, 氣動志者十一."

선하는 일은 더욱 쉬워질 것이다. 주자는 아래 글에서, 자신의 성품을 도야하려는 동기를 '주체(主)'로 보고 극복의 대상이 되는 기질 또는 성향을 '객체(客)'로 설명한다. 즉, 주체(동기와 의지)가 강해질수록 객체(기질과 성향)에 대한 통제도 가능해지며, 주체가 쇠미해질수록 객체의 영향력이 역으로 증가한다고 보는 것이다.

> 물었다. "양심(良心)과 '기'는 원래 서로 의지해서 생겨나지만, 후에 가서는 [어느 한쪽이] 줄어들기도 하고 늘어나기도 하는데, 결국은 '마음'으로 주체를 삼아야 하지 않겠습니까?" 답했다. "주체가 점차 강성해지면 객체가 점차 쇠미해질 것이고, 주체가 쇠미해지면 객체가 점차 강성해질 것이다. 객체가 강성해진 후에는 주체를 이겨먹게 되니, 그래서 명도는 '의지가 기를 움직이는 경우는 열에 아홉이고, 기가 의지를 움직이는 경우는 열에 하나다'라고 말한 것이다." 제자 하손이 말했다. "만약 객체가 주체를 이겨 먹는 상태라면, 필경 주체에게 먼저 병통이 있는 것이겠지요."[43)]

주자는 주체의 '의지'가 강화되면 기질의 영향력이 상대적으로 약화되고, 역으로 기질의 영향력이 증대되면 주체의 의지력이 상대적으로 약화된다고 보았다. 즉, 의지와 기질은 서로 길항관계에 놓여 있다고 본 셈이다. 주자는 의지(志)와 기질(氣) 사이의 상관관계를 덕성(德性)과 기품(氣稟)의 승부(勝負) 관계로 설명하기도 한다.[44)] 즉, 덕성이 기질을 이기면 인격주체의 성향은 덕성에 의해 인도되고, 역으로 덕성이 기질을 이기지 못하면 인격주체의 성향은

43) 『朱子語類』 59-89. "問: 良心與氣, 合下雖是相資而生, 到得後來, 或消或長, 畢竟以心爲主? 曰: 主漸盛則客漸衰, 主漸衰則客漸盛. 客盛然後勝這主, 故曰'志動氣者十九, 氣動志者十一.' 賀孫云: 若是客勝得主, 畢竟主先有病." 賀孫(62 이후).

44) 『朱子語類』 98-55. "德性若不勝那氣稟, 則性命只由那氣; 德性能勝其氣, 則性命都是那德; 兩者相爲勝負." 端蒙(50 이후).

기질이 요구하는 대로 이끌리게 된다고 여기는 것이다. "덕성으로 기질을 이긴다"라는 말은 단지 내면적인 의지의 노력만을 가리키는 것은 아니다. 이러한 노력은 일상생활에서 세세한 부분까지도 범절에 어긋나지 않도록 몸가짐을 단정하게 하려는 '자기검속'의 노력을 통해서 가능해진다. 이른바 '경(敬)' 공부라고 불리는 일상생활에서의 실천이 바로 그것이다. 그는 방경도[45]에게 보낸 편지에서 '경' 공부를 통해 기질을 변화시키도록 권고한다.

> 바라건대, 일상생활에서 말하거나 침묵할 때 그리고 활동하거나 조용히 있을 때에도 또한 스스로 규칙[規程]을 세워 함양에 깊이 힘써서, 빠른 효과를 바라지 말고, '기질'을 변화시키고자 공을 들여야 할 것이오. 정자(程子)가 말한 '경(敬)'이라는 것도 의관을 바르게 하고 생각을 한결같이 하고, 몸가짐을 엄숙하고 가지런하게 하며, 태만하거나 속이지 않는 것에 지나지 않을 뿐이오. 다만 실천적으로 공부를 하여 때로 익혀 게으르지 않는다면 절로 그 의미를 알게 될 것이오.[46]

여기서 주자는 기질을 변화시키기 위한 실천적 방법의 하나로 '경' 공부를 제시하고 있다. '경'은 원래 선진유학에서는 자기 밖에 있는 타인에 대한 공경의 덕을 의미했으나, 주자의 수양론에서는 인격주체 자신에 대한 경외(敬畏)의 태도를 일컫는다. 일상생활에서 말하거나/침묵하거나, 움직이거나/고요한 때를 막론하고 자신의

---

45) 방경도(方耕道)의 호는 곤재(困齋), 소전(蕭田) 사람이다. 일찍이 등과하여 현령이 되었으며, 장충헌(張忠獻)・호담암(胡澹庵)에게 종유(從游)하였으나, 나중에 주자의 제자가 되었다.

46) 『朱熹集』 46-4. 「答方耕道<耒>」. "願更於日用語默動靜之間, 自立規程, 深務涵養, 毋急近效, 要以氣質變化爲功. 若程夫子所謂敬者, 亦不過曰: 正衣冠, 一思慮, 莊整齊肅, 不慢不欺而已. 但實下功夫, 時習不懈, 自見意味."

내면과 외면, 생각과 느낌, 몸가짐과 행동거지를 항시 삼가서 단정하게 유지한다면, 이러한 노력의 습관화를 통하여 기품으로 인한 좋지 않은 성향이 점차 고쳐지게 되리라고 보는 것이다. 이러한 자기조절의 노력이 충분히 몸에 익게 되면 더 이상의 '의도적인 노력' 없이도 자동적으로 자기검속과 자기통제가 가능하게 된다. 인지심리학에서 말하는 '자동화(automatization)'[47] 그리고 체험주의 심리철학에서 말하는 '체화(embodiment)'[48]가 바로 여기에 해당한다.

4) 인지체계의 개선

자기상의 확립, 자기지각의 증진, 의지력의 강화, 자기조절 및 자기통제와 더불어, 기질변화를 위해 요구되는 마지막 사항은 '인지체계'의 개선이다. 인지체계는 밖으로부터 받아들이는 정보의 선택·분석·해석·추론을 통하여 종합적으로 판단을 내리는 정보처리 과정의 소재지를 말한다. 인지체계가 충분히 발달하지 못하면, '자기상'과 관련된 장기적인 목표를 수립하는 일이 불가능해질 뿐 아니라, 나아가서는 기질로부터 연유하는 정서적 요동과 감각적 유혹에 효과적으로 대응하지 못하게 된다. 이상적인 목표를 수립하고 효과적인 전략을 산출할 수 있는 정보처리 능력이 취약하기 때문이다. 따라서 인지체계를 개선하고 정보처리 능력을 증진시키기 위

47) 김수정·성옥련, 「인지적 무의식에 대한 고찰」, 『한국심리학회지』 Vol.6, No.2(1993), 4-5쪽 참조.

48) Hubert L. Dreyfus and Stuart E. Dreyfus, "The Challenge of Merleau-Ponty's Phenomenology of Embodiment for Cognitive Science", in Gail Weiss & Honi Fern Haber ed., *Perspectives on Embodiment*(New York and London: Routledge, 1999), pp.103-120 참조.

해서는 사물(事物) 및 사리(事理)에 대한 이해력과 분석력, 그리고 해석력과 판단력의 계발이 종합적으로 요구된다. 주자 수양론에서 '격물궁리(格物窮理)'라고 불리는 공부가 바로 이에 해당한다. 주자는 독서 및 궁리와 같은 인지적 공부와 더불어 경(敬)이라는 의지적 공부를 통하여 기질의 변화가 가능해진다고 보았다.

> 누군가가 물었다. "여동래(呂東萊)는 '기질을 변화시켜야 비로소 학문을 말할 수 있다'고 하였는데 무슨 뜻인지요?" 답했다. "그 말의 뜻은 참 좋다. 그러나 내 생각으로는 학문을 해야 비로소 '기질'을 변화시킬 수 있다. 만약 독서와 궁리(窮理)를 하지 않고 경(敬)으로 마음을 보존하지도 않으면서, 헛되이 '지난 삶의 그릇됨'과 '오늘의 옳음' 사이에서[49] 쩔쩔매면서 견주어보려고 한다면 아마도 헛수고에 불과하여 아무런 보탬도 되지 않을 것이다.[50]

여동래는 기질을 변화시킨 이후에 비로소 학문을 할 수 있다고 본 데 비해서, 주자는 학문을 통해서 기질을 변화시킬 수 있다고 본다. 즉, 학문의 목적은 이미 기질의 편중됨을 극복한 고아(高雅)한 사람들이 즐기는 지적 유희가 아니라, '기질의 변화'를 통해 자기치유를 이루고자 하는 사람들을 위한 성숙과 도야의 수단으로 보는 것이다. 주자에 의하면, 매번 사태에 직면할 때마다 세밀하게 심사숙고하여 합당한 도리(道理)를 분명하게 인지한다면 '기질'의 영향에서 저절로 벗어나게 된다.[51] 물론 기질의 영향에서 벗어나는

---

49) 이 구절은 도연명의 「歸去來辭」에 나오는 말이다. "實迷途其未遠, 覺今是而昨非."

50) 『朱子語類』 122-5. "或問: 東萊謂變化氣質, 方可言學. 曰: 此意甚善. 但如鄙意, 則以爲學乃能變化氣質耳. 若不讀書窮理, 主敬存心, 而徒切切計較於昨非今是間, 恐亦勞而無補也."

51) 『朱子語類』 18-88. "問: 去私欲・氣稟之累. 曰: 只得逐旋戰退去. 若要合下便做一次排遣, 無此理, 亦不濟得事. 須是當事時子細思量, 認得道理分明, 自然勝得他. 次第這邊分明了, 那邊自然容著他不得. 如今只窮理爲上."

일은 단 한 차례의 깨달음으로 가능한 것이 아니다. 기질의 영향에서 벗어나기 위해서는 지속적이고 반복적으로 인격주체 자신의 인지체계를 개선해나가려는 노력이 필요하다.[52] 주자가 말하는 격물궁리는 단지 외부로부터 정보를 받아들여 지식의 양을 축적하는 일이라기보다, 인격주체가 사물을 바라보는 관점과 사물에 대한 이해력을 증진시키는 일, 즉 '인지체계'의 개선이라고 할 수 있다. 사태를 (기질의 영향에 의해) 왜곡되게 바라보지 않고 투명하게 바라보려면 '널리 배우고(博學)' '깊이 있게 질문을 던지고(審問)' '신중하게 숙고하며(愼思)' '사태를 명확하게 판단하는(明辨)' 능력이 요구된다.

> 이제 학문을 함에 처음 힘써야 할 것은 널리 배우고, 깊이 있게 묻고, 신중하게 생각하고, 명백하게 판단하며, 힘껏 실천하는 데 있으니, 이렇게 한다면 가히 '기질'을 변화시켜서 '도'에 들어갈 수 있는 것이오. 도리어 먼저 스스로 학문을 끊어 배우지도 생각하지도 않은 채, 아무 연유도 없이 홀연히 깨달음이 있기만을 앉아서 기다리고 있으니, 쓸모도 없는 곳에 마음이 빠져 세월을 놀며 보내면서 끝내 성공을 보지 못하는 일이라고 하지 않겠소?[53]

오늘날 심리치료의 한 분과인 인지치료(cognitive therapy 또는 logo therapy)에서는, 내담자의 왜곡된 정서를 유발하는 잘못된 인지체계를 교정하기 위하여, 내담자와의 상담을 통하여 그릇된 신념의 발

52) 『朱子語類』 18-88. "又曰: 氣稟・物欲生來便有, 要無不得, 只逐旋自去理會消磨. 大要只是觀得理分明, 便勝得他." 明作(63 이후).

53) 『朱熹集』 30-7, 「答汪尙書」 7. "今日爲學用力之初, 正當學問思辨, 而力行之, 乃可以變化氣質而入於道. 顧乃先自禁切, 不學不思, 以坐待其無故忽然而有見, 無乃溺心於無用之地, 玩歲愒日而卒不見其成功乎?"

견, 정보처리의 과정에서 일어나는 오류의 수정, 그릇된 추론을 조장하는 핵심신념의 수정, 합리적 추론능력의 증진 등과 같은 치료기법을 도입한다.[54] 이러한 치료의 기법은 사실상 심리치료라기보다는 철학치료에 가까운 것으로서, 주자의 격물궁리 공부법과 상통하는 것이라고 할 수 있다. 인지체계의 개선과 관련하여 주자가 제시하는 다른 하나의 방법은 독서법이다. 주자는 독서법과 관련하여 많은 권고를 남겼는데, 그의 독서법은 오늘날의 독서치료(Bibliotherapy)에 해당하는 기능과 효력을 가진다. 이와 관련하여 주자의 다음 사례를 보자.

> 경지에게 말씀하셨다. "자네는 의기(意氣)가 약해서, 책을 읽어도 이렇듯 망설이며 판단을 못 내리니, 이는 도리를 분명하게 인식하지 못했기 때문인 것 같다." 하손이 물었다. "선생님께서는 전에 경지에게 『맹자』를 읽으라고 권하셨는데, 만약 이 책을 투철하게 읽으면 '기질'이 반드시 절로 변화하지 않겠습니까?" 말씀하셨다. "다만 도리가 분명해지면 저절로 변하기 마련이다. 지금 『맹자』를 읽는다면서, 읽고 난 후에도 여전히 똑같은 모습이라면 읽지 않은 것이나 마찬가지다. 책 속의 의미를 제대로 파악하지 못한 것이니, 맹자는 맹자대로, 자기는 자기대로 따로 놀게 된다.[55]

주자의 언급에서 짐작할 수 있듯이, 경지[愚案: 문인 黃敬之를 가리키는 듯하다]라는 제자는 기질적으로 의기가 심약한 사람이었던 모양이다. 주자는 그의 심약한 기질을 변화시키기 위해서 『맹자』

---

54) Aaron T. Beck, *Cognitive Therapy*(New York: Penguin Books, 1979), pp.213-225 참조.

55) 『朱子語類』 120-27. "語敬之日: 敬之意氣甚弱, 看文字都恁地遲疑不決, 只是不見得道理分明. 賀孫問: 先生向令敬之看孟子. 若讀此書透, 須自變得氣質否? 日: 只是道理明, 自然會變. 今且說讀孟子, 讀了只依舊是這箇人, 便是不曾讀, 便是不曾得他裏面意思, 孟子自是孟子, 自家身己自是自家身己."

를 읽어보라고 권했다. 『맹자』는 옛날부터 문장이 유려하고 기개가 넘치는 책으로 알려져 있다. 특히 호연지기(浩然之氣)와 부동심(不動心)에 관한 장에서는 대장부의 당당한 기상을 호탕한 필치로 그려놓고 있어서 기질이 심약한 사람이 읽으면 기질을 변화시키는 데 도움이 되리라고 주자는 생각했던 것 같다. 주자의 이러한 권고는 전형적인 독서치료의 기법에 속한다. 독서치료는 독서의 힘을 통하여 내담자의 정서적 장애와 심리적 문제를 치료하고자 하는 임상학문이다. 독서치료 안에는 정보제공형, 독서상담형, 자기조력(self-help)형, 시(詩) 음미형, 글쓰기형 등의 분과가 있다. 독서치료에 관한 주자의 입장은 이 가운데 '자기조력형'에 속한다고 보인다. 즉, 독서자가 책과의 자발적인 상호작용을 통하여, 책 안에 담겨 있는 내용과 의미가 독서자의 당면문제를 인식하고 해결하는 데 도움을 주고, 나아가서는 독서자의 정서와 심리에 모종의 의미 있는 변화를 유발할 수 있다고 보는 것이다.

6. 주자 기질변화설의 성품윤리적 함의와 철학치료적 의의

이상에서 우리는 주자의 기질변화설에 내포된 성품윤리적 의미와 철학치료적 의의를 살펴보았다. 주자는 비록 인간의 기질이나 성향이 신체를 구성하는 질료적 조건에 의존한다고 보았지만, 이상적인 자아상의 확립, 자기조절과 자기검속, 그리고 의지력의 강화와 인지체계의 개선을 통하여 '기질의 변화'가 가능하다고 보았다. 물론 그는 기질의 변화가 쉽게 이루어질 수 있다고 보지는 않았지만,[56] 지속적이고 점진적인 노력을 통하여 기질의 변화를 통한 성품의 도야가 가능하다고 보았다. 주자보다 약 5백 년 뒤에 살았던 영국의 경험주의자 흄(David Hume) 역시 주자와 마찬가지로 지능이나 기질 그리고 성격과 같은 천부적 능력은 자연적으로 주어진 것으로 변화가 극히 어렵다고 보았지만, 처벌과 보상, 그리고 칭찬과 비난에 의해 어느 정도까지는 교정이 가능하다고 보았다.[57] 흄이 말하는 처벌과 보상, 그리고 칭찬과 비난은 외부로부터 주어진 영향력으로서, 주자가 말하는 이상적인 '자기상'의 확립이나 '자기조절' 그리고 인지체계의 개선을 위한 '자발적인 노력'과는 상당한 차이가 있다. 주자의 경우, 기질변화와 성품도야의 동기는 칭찬이나 비난과 같은 외부적 요인으로부터 유발되는 것이 아니고, 처벌이나 보상과 같은 공리적 요인에 의해 유발되는 것도 아니다. 주자 수양론은 인격체 자신이 "어떤 사람이 되고자 하는가?" 하는 물음과 관련된 '자기도약(self-ascendance)'의 희구에서 비롯된다. 이런 점에서 볼 때, 흄의 인성론은 성품의 도야와 관련해서 수동적이고 공리주의적인 특징을 지니는 데 비해서, 주자의 인성론은 상대적으로 자발성과 자율성을 강하게 함축하고 있음을 알 수 있다.

이상에서 볼 수 있듯이, 주자 수양론에서 '성'은 느끼고/사고하고/판단하는 '의식의 흐름'에 깃들어 있는 일정한 성향을 말한다. 이 가운데서 본연지성 또는 의리지성이란 건강한 자아상과 합리적인 인지체계를 가진 인격체가 지녀야 할 이상적인 성향을 가리키고,

---

56) 『朱子語類』 113-1. "問: 氣質弱者, 如何涵養到剛勇? 曰: 只是一箇勉强. 然變化氣質最難." <以下訓德明>.

57) 양선이, 「도덕적 가치와 책임에 관하여: 흄의 이론을 중심으로」, 『철학연구』 제59집(2002); 최용철, 「성품과 책임: 도덕적 책임의 귀속조건」, 『철학』(1993) 참조.

'기질지성'이란 인격체의 하부 토대를 이루는 생리적 조건에서 연유한 본능적 성향까지 더불어서 가리키는 말이다. 주자는 이렇게 말한다. "'성'은 [마음] 안에 어떤 물건(entity)이 있어서 '성'이라고 부르는 것이 아니다. 다만 이치상 마땅히 그래야 하는 것이 곧 '성'이며, 사람이 마땅히 그렇게 해야 하는 것이 곧 '성'이다."[58] 이로 본다면 주자 수양론에서 추구하는 '본연지성'이란 결국 합리적 도덕주체가 지녀야 할 '이상적 성향'을 가리키는 말이며, 수양의 궁극적 목적은 기질의 영향을 제거하고 합리적-도덕적 성향을 지닌 인격으로 자신을 도야하는 데 있다. 주자에 있어서 '수양'이란 외딴 곳에서 정좌하면서 신비한 체험을 하거나 본체를 직관하는 일이 아니라, 바람직한 자아상을 확립하고 지속적으로 자기검속과 자기조절의 노력을 통하여 의지력을 강화시키고 인지체계를 계발하는 일에 다름 아니다.

기질변화와 관련된 주자의 견해를 서구에서 비롯되어 오늘날 널리 성행하고 있는 정서치료/성격치료/심리치료 등과 비교의 시각에서 고찰해볼 필요가 있다. 오늘날 정서장애와 성격장애에 대한 치료는 대부분 '외부' 또는 '타자'의 힘에 의해 이루어진다. 예를 들어, 신경정신과에서는 뇌의 화학적 상태의 변화를 유도할 수 있는 약물을 투여함으로써 환자의 상태를 호전시키고자 하고, 정신분석적 치료에서는 정신분석가에 의한 내담자의 무의식의 분석을 통하여 환자가 정서장애에서 벗어나도록 유도한다. 그리고 심리치료에서는 상담가와 내담자 간의 대화를 통하여 내담자가 자신의 문제

58) 『朱子語類』 60-24. "性, 不是有一箇物事在裏面喚做性, 只是理所當然者便是性, 只是人合當如此做底便是性." 震(65세).

점을 발견하고 개선할 수 있도록 유도한다. 오늘날 알려진 이러한 치료법들은 (비록 내담자의 자율성을 존중해야 한다는 목소리가 커지고 있기는 하지만) 어디까지나 치료의 힘이 외부로부터 주어진다는 데 특징이 있다. 현대의 치료법과 구분되는 주자 수양론의 특징은 기질변화나 성격개선을 위한 동기와 힘이 외부가 아닌 인격체 자신으로부터 비롯된다는 데 있다. (물론 주자 수양론에서도 학문공동체 내에서의 집단토론이나 독서법은 성격개선을 위한 외부적 요인으로 간주할 수 있겠지만) 이상적 인격의 수립, 자기지각과 자기검속, 의지력의 강화와 인지체계의 개선 등은 모두 인격체 스스로에 의해서 이루어지는 '자기치유(self-healing)'의 과정이라고 할 수 있다. 현대의 치료법들이 인간을 '다른 사람에 의해 만들어지는 자아(self made by others)'로 여기는 데 비해서, 주자는 '자기 힘으로 만든 자아(self-made self)'[59]를 선호한다고 할 수 있다. 또한 현대의 대부분의 치료법들이 치료나 상담을 통하여 환자의 심리상태를 현상유지(status quo)의 상태로 되돌려놓으려는 데 비해, 주자의 수양론은 현상유지의 상태를 넘어서 '이상 인격'의 단계로 자아를 고양시키고자 한다. 주자의 이러한 관점은 단순한 '치료'의 수준을 넘어서 자아의 실현을 추구하는 '열망의 윤리(ethics of aspiration)'로서의 성격을 지닌다. 주자의 이러한 관점은 인격주체의 자발성과 자율성, 그리고 자기결정권과 향상 가능성을 강조한다는 점에서 현대의 의타적(依他的) 치료법에 의미 있는 시사를 던져준다.

---

59) 이 용어는 Daniel Dennett의 것이다. 그의 *Elbow Room: The Varieties of Free Will Worth Wanting*(Oxford: Clarendon Press, 1984), Chapter 4 참조.

참고문헌

『二程集』, 中華書局, 1974

『朱熹集』, 四川敎育出版社, 1996

『朱子語類』, 中華書局, 1994

『中庸或問』, 上海古籍出版社, 2001

『中庸章句』

『大學章句』

『景德傳燈錄』

『道藏』(三家本)

강병조, 「인격과 인격장애의 생물학」, 『생물치료 정신의학』 제1권 제1호, 1995

김수정 · 성옥련, 「인지적 무의식에 대한 고찰」, 『한국심리학회지』 Vol.6, No.2, 1993

양선이, 「도덕적 가치와 책임에 관하여: 흄의 이론을 중심으로」, 『철학연구』 제59집, 2002

이승환, 「성리학의 수양론에 나타난 심신관계 연구: 주희 심리철학에서 지향성의 문제를 중심으로」, 『중국학보』 제52집, 2005

이승환, 「주자 수양론에서 未發의 의미」, 『퇴계학보』 제119집, 2006

이승환, 「주자는 왜 未發體認에 실패하였는가: 도남학적 수양론의 특징과 전승과정을 중심으로」, 고려대학교 철학연구소, 『철학연구』 제31집, 2008

최용철, 「성품과 책임: 도덕적 책임의 귀속조건」, 『철학』, 1993

牟宗三, 『心體與性體』, 臺北: 正中書局, 1969

張立文, 『朱熹思想硏究』, 北京: 社會科學出版社, 1982

陳來, 『朱子哲學硏究』, 華東師範大學出版部, 2000

Beck, Aaron T., *Cognitive Therapy*, New York Penguin Books, 1979

Dennett, Daniel, Elbow Room: *The Varieties of Free Will Worth Wanting*, Oxford:

Clarendon Press, 1984

Dreyfus, Hubert & Dreyfus, Stuart, "The Challenge of Merleau-Ponty's Phenomenology of Embodiment for Cognitive Science", Gail Weiss & Honi Fern Haber(ed.), *Perspectives on Embodiment*, New York and London: Routledge, 1999

Hjelle, L. A. & Ziegler, D. J., *Personality Theories: Basic Assumptions, Research and Applications*, McGraw-Hill Book Company, 1981, 이훈구 역, 『성격심리학』, 법문사, 1983

Kupperman Joel, *Character*, New York and Oxford: Oxford University Press, 1991

Mischel, Walter et. al., *Introduction to Personality: Toward an Integration*, New York: Wiley, 2003; 손정락 역, 『성격심리학』, 시그마프레스, 2006

Nagel, Thomas. *Moral Questions*, Cambridge: Cambridge University Press, 1979

Ryle, Gilbert, *The Concept of Mind*, Barnes & Noble, New York, 1984

감정의 병리학

– 칸트 철학에서 감정의 개념과 위상 –

고현범

1. 들어가는 말: 칸트 철학은 감정을 배제하는가?

현대 철학의 감정 연구에는 다음 두 가지 물음이 특징적이다. 첫째, 감정을 신체적 느낌과 동일시하는가, 둘째, 감정을 마음의 지향적 상태로 보는가? 이 두 물음에 대해 한편에선 감정을 느낌 중심적인 것으로(비인지주의), 다른 한편에선 사고 중심적으로, 즉 인지적 상태로(인지주의) 본다. 인간관에 있어서 이른바 "감정으로의 전환(emotional turn)"이라고도 할 수 있는 이러한 연구 경향의 바탕에는 18세기와 19세기 중반까지 철학과 심리학을 지배했던 감정 개념에 비판적인 프로이트(S. Freud)와 제임스(W. James)로 대표되는 감정 연구에 있어 획기적인 전환이 놓여 있다. 한편 근대 철학에서 감정에 대한 철학적 고찰을 대변하는 스피노자나 흄의 감정론은 현대 철학과 심리학이 부딪힌 일종의 이론적 난관 앞에서 부단히 재고찰되고 있다.

이런 상황 속에서 칸트의 감정 개념에 관한 연구는 일종의 무모한 도전처럼 보인다. 왜냐하면 칸트가 자신의 저서에서 일관적으로 내비치는 감정에 대한 부정적 언급은 그냥 언급에 그치는 것이 아니라 일종의 체계적인 배제에 가깝다고 보이기 때문이다. 이에 칸트 철학에서 감정론이 가능할 것인가에 관해서는 (무엇보다 칸트 철학 연구자들에게서의) 부정적인 반응이 앞선다.[1] 그러나 다른 한편 칸트 철학에서 감정의 역할에 관한 연구는 활발하게 진행 중이기도 하다.[2] 특히 윤리학에선 칸트의 고유한 행위 이론과 동기론에 관한 연구에 있어 감정의 문제는 주요한 축을 형성한다. 여기에는 칸트 당시에는 생소했던 분야인 도덕 심리학에 대한 현재적 논의가 반영되어 있으며, 덕윤리(Virtue Ethics)와의 연관성에 대한 연구를 포함한다. 이러한 연구를 추동하는 배경에는 칸트 윤리학에 대해 칸트 당대로부터 현재에 이르기까지 부단히 제기되었던 비판(지나치게 엄격하고 공허한 형식주의적 의무론)에 대한 대응이라는 동기가 작용하고 있다.

이 글에서는 칸트의 감정 개념을 그의 후기 저작들을 중심으로 논의하고자 한다.[3] 이 글의 목적은 현대 감정 이론의 지형에서 칸트가 다시 읽힐 수 있는 지점을 찾고자 하는 데 있다. 이러한 시도를 통해 칸트 철학의 고유한 감정이론에까지는 미치지 않더라도

---

1) 레키(B. Recki)는 이성 비판에 준하는 감정이론을 칸트에게서 발견하려는 시도는 "헛되다"고 말한다. Birgit Recki, "Kant: Vernunftgewirte Gefühle", hrsg. von Hilge Landweer und Ursula Renz, *Klassische Emotionstheorien: von Platon bis Wittgenstein*, Berlin 2008, p.460.

2) 이 주제와 관련된 국내 연구로는 이원봉, 「칸트 윤리학과 감수성의 역할」, 『칸트연구』 제18집, 한국칸트학회 2006. 그리고 맹주만, 「칸트와 '행복한 자선가'」, 『범한철학』 56집, 범한철학회 2010. 안수현, 「칸트 윤리학에서 감성의 문제」, 『동서사상』 제11집, 동서사상연구소 2011 등이 있다.

3) 이 글에서는 칸트의 『실용적 관점에서 본 인간학』[Immanuel Kant, *Anthropologie in pragmatischer Hinsicht*, hrsg. von Willhelm Weischedel, *Werke in zehn Bänden Band 10* (Sonderausg.), 이남원 옮김, 『실용적 관점에서 본 인간학』, 울산대학교 출판부 1998. 이하 『인간학』으로 약칭하고, 바이세델판(B판)의 절수를 표기한다. 칸트 원전 인용은 우리말 번역을 따르고 필요한 경우 수정했다]에서의 감정 논의들, 그리고 정동, 욕망, 정념에 관한 『윤리형이상학』 그리고 『판단력비판』의 논의들을 중심으로 삼으려고 한다.

칸트 철학이 포함하고 있는 감정에 대한 비교적 세심한 사유가 드러났으면 한다.

앞서 언급했듯이 현재 감정 연구에 있어 주요한 두 축을 형성하는 방향은 인지주의와 비인지주의라고 할 수 있다. "표준적인(standard)"[4] 인지주의에 따르면 감정을 설명하는 본질적인 요소는 평가적 판단 형식이다. 다시 말하면 인지주의적으로 이해된 감정은 단순히 어떤 생리적 수준의 동요를 반영하는 감각이나 느낌들과는 구별된다. 인지주의에서 신체적인 변화는 곧바로 감정으로 이해되지 않는다. 가령 누군가 숨이 막힐 듯한 호흡 곤란에 놓였을 때, 이러한 신체적 변화는 그것을 야기하는 두려운 대상과 결합되고, 그것을 규정하는 것은 위험에 빠져 있다는 판단이다. 즉, 표준적인 인지주의에서 두려운 감정이란 바로 "위험에 빠져 있다는 판단"을 의미한다.

이러한 표준적인 인지주의는 비인지주의 입장에서 제기되는 비판들에 직면했다. 그중 첫 번째는 감정이 지닌 신체적 느낌의 측면이다. 가령 어둡고 외딴 길을 홀로 걸을 때 느껴지는 두려운 감정은 머리카락이 쭈뼛 서는 듯한 신체적 느낌을 동반한다. 비인지주의에서 이러한 신체적 느낌은 감정의 본질적인 측면이다. 제임스의 다음과 같은 서술은 이러한 신체적 느낌을 강조하고 있다.

> 만약 빨라지는 심장-박동 혹은 가빠지는 숨, 떨리는 입술 혹은 후들거리는 사지, 소름 돋거나 내장들이 동요하는 느낌이 없다면, 어떤 종류의 두려움의 감정이 남을 것인지 생각하는 것은 불가능하다. 우리는 얼굴을 붉히지 않고, 콧구멍이 벌름거리지 않고, 이

4) John Deigh, "Concept of Emotions in Modern Philosophy and Psychology", ed. by Peter Goldie, *The Oxford Handbook of Philosophy of Emotion*, Oxford Univ. Press 2010, p.26.

를 악물지 않고, 격한 행동을 향한 충동이 없이 다만 평상시와 같은 근육상태로, 차분하게 숨 쉬는 고요한 얼굴로 분노의 상태를 마음에 그릴 수 있는가, 그리고 가슴이 폭발하지 않는 모습을 그릴 수 있는가? 나는 절대로 그럴 수 없다. …… 슬픔의 방식에서처럼, 즉 눈물 없이는, 심장이 옥죄지 않고서, 가슴을 때리지 않고서 슬픔은 무엇이란 말인가? 이때 그런 상황들이 애석하다는 느낌 없는 인지만이 있을 것이고 그 이상은 없다. 거꾸로 모든 정념은 같은 이야기를 한다. 온전히 체현되지 않은 인간 감정은 의미가 없다.5)

두 번째, 우리는 인지적으로 충분히 정당화될 수 있는 감정 대상들의 속성을 결여하고 있음을 알고 있더라도 그것에 대한 감정을 경험할 수 있다. 즉, "감정적 느낌들이 우리를 얼마나 뿌리 깊고 체계적으로 잘못 인도할 수 있는가, 감정들이 얼마나 지각과 이성을 왜곡시킬 수 있는가?"6)

다시, 이러한 비판들은 감정 개념에 있어서 중요한 두 가지 쟁점을 제시한다. 즉, 그것은 감정의 신체적 성격과 지향적 성격의 문제다. 그런데 이러한 두 가지 쟁점을 두고서 감정에 대한 인지주의적 입장과 비인지주의적 입장은 현재 서로 수렴하는 방향을 취하는 것처럼 보인다. 즉, 인지주의는 감정의 신체적 성격을 인정하며, 비인지주의는 신체적 감정이 지닌 지향성을 밝히려고 한다.

감정에 대한 철학적 논의가 보여주는 이러한 양상 속에서 이 글이 옹호하고자 하는 주장은 우선 칸트 철학은 감정을 배제하지 않으며 나아가 인지주의와 비인지주의적 입장이 현재 취하고 있는

---

5) William James, "What is an Emotion?", *Mind* 9, p.194. Peter Goldie, *The Emotions: A philosophical Exploration*, Oxford Univ. Press 2002, p.53에서 재인용.

6) Peter Goldie, "Emotion, Felling, and Knowledge of the World", ed. by Robert C. Solomon, *Thinking about Feeling: Contemporary Philosophers on Emotions*, Oxford Univ. Press 2004, p.91.

상호 수렴적인 방향과 유사한 관점을 취하고 있다는 것이다. 비인지주의 입장이 갖는 물질주의(materialism)적 경향을 고려한다면, 감정에 대한 칸트의 관점을 비인지주의로 보기는 어렵다. 감성과 이성의 관계에 대한 칸트 철학의 입장을 고려할 때, 칸트 철학은 현대의 인지주의에 가까운 것처럼 보인다. 그렇다고 칸트의 입장을 표준적인 인지주의라고 단정할 수는 없다. 왜냐하면 칸트는 감정을 논의하면서 언제나 그 신체적 성격을 함께 고찰하고 있기 때문이다. 이 글은 위에서 언급한 감정 개념에 있어서 두 가지 쟁점 중 우선 감정의 신체적 성격에 대한 칸트의 논의를 시작으로 칸트 철학에서 감정 개념이 갖는 위상을 논의하려고 한다.

2. 신체적 감정

칸트가 감정을 논의하는 태도는 그 출발선에서 볼 때 현대적 의미에서 생리학적이다. 칸트에게서 감정[7]이란 기본적으로 쾌(Lust)와 불쾌(Unlust)의 감정이다. 이런 쾌와 불쾌의 감정은 신체적 감각기관(Sinn)을 통해 감지된다. 이때 "**쾌락**(Vergnügen)은 감관에 의한 쾌다. 그리고 감관을 즐겁게 하는 것은 **쾌적하다**(angenehm)고 불린다. **고통**(Schmerz)은 감관에 의한 불쾌이며 고통을 낳는 것은 **불쾌적하다**(unangenehm)."[8] 바꿔 말하면 칸트에게 감정이란 쾌와 불쾌

---

7) 독일어 Gefühle는 지각, 감정, 느낌을 포괄하는 말이지만, 의미에 따라 감정(emotion)이나 느낌(feeling)으로 옮겼다. 특히 정동과 정념처럼 의식된(경험된) 감정인 경우 느낌으로 새겨야 할 것이다.

8) 『인간학』 §57.

의 "감수성(Emfpänglichkeit)"[9]또는 "한 표상에서 쾌나 불쾌를 가질 수 있는 역량"[10]을 의미한다.

칸트가 쾌와 불쾌의 감수성으로서 감정을 보는 것은 칸트 당시 수준에서의 경험 심리학적 관점을 반영하고 있다. 그리고 이는 크게 보아 뉴턴 역학적인 관점이라고 할 수 있다. 즉, 칸트는 쾌와 불쾌의 대립 관계가 마치 무엇을 얻고 또 반대로 그것을 결여하는 관계가 아니라 마치 작용과 반작용의 관계처럼 "실재적 대립"의 관계로 이해하고 있다. 그러나 칸트는 이러한 생리학적 또는 경험 심리학적 관점을 단지 이론적 관심에서 도입하고 있는 것은 아니다. 칸트는 감정을 규정하는 곳에서는 언제나 이러한 감정은 주관적인 것임을 강조한다. 이는 쾌와 불쾌의 감정 능력이 사물의 성질에 대한 객관적 인식 능력과는 구별됨을 강조하기 위함이다. 다시 말하면 칸트에게 감정 능력이란 대상에 관한 객관적 정보를 늘려주는 능력과는 구별된다. 이러한 감정은 『인간학』에서는 "실용적 견지", 즉 "숙달과 영리를 통해 사람들이 획득하고자 하는 안녕"[11]에 관한 관심과 관련된다. 즉, 감관에 의한 쾌인 쾌락의 감정은 생명을 촉진한다. 반면에 불쾌한 감정인 고통은 생명을 저지한다.

생명의 촉진과 저지의 감정으로서 쾌락과 고통의 관계는 실재적

---

9) Immanuel Kant, *Die Metaphysik der Sitten*, hrsg. von Willhelm Weischedel, *Werke in zehn Bänden Band* 7 (Sonderausg.). 백종현 옮김, 『윤리형이상학』, 아카넷 2012. 이하 『윤리형이상학』으로 칭하고, 쪽수는 B판으로 표기한다. 칸트 원전 인용은 우리말 번역을 따르고 필요한 경우 수정했다.

10) 『윤리형이상학』, B2.

11) 칸트에게서 "실용적(pragmatische)"이란 "복지에 관한(zur Wohlfart[gehörig])"을 의미하며, 이때 복지란 칸트 당시에는 "행복에 관한"과 거의 같은 의미로 쓰였기 때문에, 이는 "행복에 관한" 정도를 의미한다. 그리고 "기술적", "실용적", "도덕적"이라는 삼분법에 의한다면, 이때 실용적이란 "영리함(Klugheit)"을 의미하며 이는 곧 "행복의 실현을 위하여 이미 어떤 방식으로든 습득된 숙련을 올바로 선택하여 사용하는 인간의 능력"이다. 김수배, 「칸트의 인간관－실용적 인간학의 이념과 그 의의」, 『철학연구』 37권 1호, 철학연구회 1995, 176쪽.

대립의 관계이기도 하다. 그런데 개체로서 생명은 유한하기 때문에 생명은 무한대로 촉진될 수는 없다. 따라서 개체에 있어 쾌락은 언제나 고통을 동반한다. 특히 생명의 저지로서 고통은 그에 대한 반작용으로서 "활동"을 자극하기 때문에 건강 상태를 이루는 필수적인 계기라고 할 수 있다.

생명이란 "자기 활동성의 내적 원리"[12]이며 "한 존재자가 자기의 표상들에 맞게 행위하는 능력"[13]이다. 그리고 그 표상들은, 감성이나 상상력 또는 지성의 표상인지와는 무관하게, 쾌락이나 고통과 결합되어 있으며, 이는 생명력의 촉진과 저지의 감정은 신체 기관의 감정임을 의미한다.

> 우리 안의 표상들은 객관적으로 한낱 감성적인 것이든 아니면 전적으로 지성적인 것이든 간에, 주관적으로는 쾌락이나 고통과—이 양자가 제아무리 인지하기 어렵다 해도—결합될 수 있다는 것을 부정할 수 없다. (왜냐하면 표상들은 모두 생명감을 촉발하며, 어떠한 표상도 주관의 변양인 한에서 생명감에 무관할 수는 없으니 말이다.) 그뿐만 아니라, **에피쿠로스**가 주장했듯이, **언제나 쾌락**과 **고통**은, 그것이 **무릇** 상상에서 시작된 것이든 또는 심지어는 지성의 표상들에서 시작된 것이든, 결국은 신체적이라는 것도 부정할 수 없다. 왜냐하면 생명은 신체적 기관의 감정이 없다면 한낱 자기의 실존의 의식일 뿐, 안녕과 불편의 감정, 다시 말해 생명력의 촉진과 장애의 감정은 아닐 것이기 때문이다. 마음은 그 자신만으로 전적으로 생명(즉, 생명원리 자신)이며, 그 방해들이나 촉진은 마음 밖에서 그러면서도 인간 자신 안에서, 그러니까 그의 신체와

12) Immanuel Kant, *Immanuel Kant's Vorlesungen über Metaphysik*, hrsg. von K.H.L. Pölitz. 이남원 옮김, 『칸트의 형이상학 강의』, 울산대학교 출판부 1999, 164쪽. 이하 우리말 번역서의 쪽수를 인용한다.

13) 『윤리형이상학』, B1.

의 결합에서 찾아지지 않으면 안 되니 말이다.[14)]

칸트는 『인간학』에서 쾌(불쾌)의 감정을 인간의 마음의 능력에 따라 감성적인 쾌(불쾌)와 지성적인(intellektuelle) 쾌(불쾌)로 나누고 감성적인 쾌를 다시 감관에 의한 쾌(쾌락)와 상상력에 의한 쾌(취미 Geschmack)로 나눈다. 한편 지성적인 쾌는 개념에 의한 쾌와 이념에 의한 쾌로 나뉜다. 이러한 쾌의 분류는 『형이상학 강의』에서의 생명의 분류에 상응한다. 즉, 생명은 동물적 생명, 인간적 생명, 그리고 정신적 생명으로 나뉘는데, 동물적 생명의 쾌는 쾌락이며, 인간적 생명의 쾌는 취미, 그리고 정신적 생명의 쾌는 지성적 쾌로서 도덕에서만 존재한다. 물론 이러한 쾌(불쾌)의 분류에는 그 소통 가능성과 보편성, 그리고 무엇보다 자유에 근거한 칸트의 일정한 평가가 포함되어 있다. 그리고 정신적 생명의 쾌, 또는 지성적 쾌를 감정이라고 볼 수 있는가는 또 다른 논점을 형성한다.[15)]

한편 감정의 분류와 위 인용문을 비교해보면 현재의 논점에선 다음의 논의가 가능하다. 즉, 칸트에게 동물적 생명이란 표현은 결코 긍정적 의미로 사용된 것은 아니다. 그러나 생명 일반에 비추어서 "신체적 기관의 감정"은 배제될 수 없는 것이고, 이는 궁극적으로 인간 존재의 유한성에서 비롯한다. 이러한 유한성에 비추어볼 때 아무리 지성적 표상이라 할지라도 쾌락이나 고통과의 연관을

---

14) Immanuel Kant, *Kritik der Urteilskraft,* hrsg. von Willhelm Weischedel *Werke in zehn Bänden Band 8* (Sonderausg.). 백종현 옮김, 『판단력비판』, 아카넷 2009. B129. 이하 『판단력비판』으로 칭하고, B판의 쪽수를 표기한다. 칸트 원전 인용은 우리말 번역을 따르고 필요한 경우 수정했다.

15) "이 쾌는 반성적 쾌일 뿐이며, 우리는 이 경우 어떤 쾌감도 느끼지 못하고, 반성에 의해서 그것을 시인한다. 그러므로 덕은 쾌감을 가지지 않지만, 그 대신 찬동을 가진다. 왜냐하면 사람들은 그의 정신적 삶과 최고도의 자유를 느끼기 때문이다." 『칸트의 형이상학 강의』, 173-174쪽.

떨칠 수는 없는 것이다. 이런 관점에서 동물적 쾌에 대한 칸트의 논의는 (이후에 펼쳐질 감정의 스펙트럼에도 적용될 수 있는) 감정의 일반론적 측면을 갖는다고 해도 무방할 것이다.

3. 정동과 정념의 구별

감정에 대한 철학적 사유에 있어서 칸트 철학이 기여하고 있는 바는 바로 그의 정동(Affekt, affect)과 정념(Leidenschaft, passion)의 구별이다. 흄 역시도 이러한 구별에는 이르지 못하는데,[16] 칸트의 이러한 구별에는 심리적이고, 실용적인 관점, 즉 건강한 삶의 유지에 대한 관심이 작용하고 있다. 즉, 계열을 달리하는 감정에 대한 대응 방식도 달라져야 하고 실제로 그것이 병적인 것으로 드러날 경우 그에 대한 의사의 처방 역시 달라진다는 점이다. 그리고 이러한 구별은 감정의 결에 따라 이성적 판단이 개입할 여지를 마련한다는 점에서 주목할 만하다.

1) 정동

칸트에게 정동은 감성적 쾌이자 쾌감과 고통과 관련된 감정인 반면에, 정념은 욕구 능력으로서 욕망, 특히 경향성(Neigung)의 일종이다. 이 둘은 그 유사성 때문에 흔히 혼동되지만, 칸트의 관점에

16) Louis C. Charland, "Reinstating the Passions: Arguments from the History of Psychopathology", ed. by Peter Goldie, *The Oxford Handbook of Philosophy of Emotion*, Oxford Univ. Press 2010, p.249.

서, 쾌의 감정과 욕구 능력은 서로 구별되는 마음 상태이기 때문에 엄연히 구별되는 상태다.

> 주관의 이성에 의해서 거의 또는 전혀 제어할 수 없는 경향성은 **정념**이다. 반면에 현재의 상태에서의 쾌와 불쾌의 감정이며, 주관 안에 고찰(사람들이 그 느낌을 허용하느냐 혹은 그것을 거부하느냐 하는 것에 대한 이성의 표상)을 낳지 않는 감정은 **정동**이다.[17]

그러나 이 둘이 서로 혼동되는 이유는 그 강함의 정도에 따라서 양자 모두 격렬하며, 그만큼 이성의 지배를 배제하기 때문이다. 따라서 이 둘의 거리는 가깝다고도 할 수 있으며, 칸트가 이 둘을 한데 묶어 따로 논의하는 이유 역시 정동과 정념이 행위에 미치는 영향이 크다는 점에서 찾을 수 있다. 칸트는 이 둘이 우리를 사로잡을 경우 이를 "마음의 병(Krankheit des Gemüt)"이라고 부른다. 이는 단지 건강을 해친다는 실용적인 의미라기보다는 올바로 살아가는 데 부정적 영향을 미친다는 점에서, 즉 도덕적 의미에서 그러하다. 『인간학』에 등장한 칸트의 이러한 단언은 그의 도덕 철학이 그 정초에 있어서 기조로 삼는 감정과 경향성의 배제 논의와 결합되어서 정동과 정념에 관한 논의에 제한을 가하는 것처럼 보인다. 그러나 『인간학』에서 정동과 정념에 관한 칸트의 논의는 실용적 관점에 초점이 맞추어져 있으며, 그에 따라 감정과 경향성의 일반적 정의에 따라 정동과 정념을 정의하고 사람의 기질(Temperament)과 성향(Disposition)에 따라 이 둘이 어떻게 작용하고 드러나는가에 관

---

17) 『인간학』 §70.

한 서술이 주를 이루고 있다.

이 글에서는 『인간학』에서의 이러한 서술 중에서 감정과 행위의 관계에 대한 칸트의 생각에 초점을 맞추려고 한다. 그리고 이를 통해서 현대 감정 이론에서 "감정의 지향성" 문제에 대한 칸트적 사유의 단초를 구하고자 한다.

우선 정동은 칸트에게 도덕적 의미에서 인간의 "내적 자유의 한계를 넘어서는" 감정이며, 무엇보다 "마음의 침착(자신을 지배하는 마음)을 잃게 하는, 감각에 의한 기습"[18]이다. 이러한 기습에 의해 감정은 이성적으로 사태를 가늠하기 어려운 상태로까지 고조된다. 우선 정동은 일정한 마음의 상태를 지칭하는 감정이다. 기쁨과 슬픔, 분노와 수치, 조급함 등을 포함하는 이러한 감정은 감정 일반에 관한 논의에서 드러났듯이 우리의 활동을 자극하고, 일정한 행위의 동기로 작용한다. 가령 분노의 정동은 빠르게 끓어오르고 그만큼 또 쉽게 가라앉는다. 이를 칸트는 "이 정동은 쉽게 망각된다"라고 표현하는데, 분노의 정동은 그만큼 의식에서 쉽게 사라진다는 것이다. 분노의 정동이 작용하는 방식에 관해 칸트는 흥미로운 사례를 제시한다. 즉,

> 세찬 분노에 차서 당신에게 거친 말을 하기 위해서 당신의 방에 들어오는 사람에게는 친절하게 앉기를 권유한다. 당신이 그 일에 성공하면, 그의 꾸짖음은 이미 가라앉고 만다. 왜냐하면 앉는다는 것의 안락함은 긴장의 이완이기 때문이다. 이 이완은 서 있는 경우의 위협적인 거동이나 외침과 확실히 결합되어 있지 않다.[19]

---

18) 『인간학』 §71.

19) 같은 곳.

이러한 과정을 분석해보면, 우선 a) 분노(정동)가 유발하는 행동(거친 말과 거동), b) 긴장의 이완(신체적 변화)과 결합된 정동(분노의 사라짐)으로 나눌 수 있다. 이러한 서술은 앞에서 논의한 신체적 감정으로서 정동의 측면을 보여주지만 한편으론 이러한 정동에 개입할 수 있는 이성적 판단의 여지를 보여준다. 즉, 긴장의 이완이라는 신체적 변화를 야기할 수 있는 선택의 여지가 있다는 점이다. 즉, 신체적 변화와 그 느낌으로서 정동의 과도함이 문제가 되는 것은 적절한 판단을 결여할 때다. 그리고 이러한 적절한 판단의 결여가 그 감정의 오류를 의미하지는 않는다. 칸트에게 오류란 판단에서 일어나기 때문에 감정 자체의 오류를 말하는 것은 무의미하다. 다만 정동이란 감정은 도취 상태와 같은 "무분별(Unbesonnenheit)"이라 칭해질 뿐이다. 그런 의미에서 상대방을 '사랑하는' 감정과 상대방에 '반해 있는' 정동은 구별된다. 전자가 상대방에 대한 시각을 바로 유지하고 있는 데 반해서, 후자는 흔히 말하듯 콩깍지가 씌운 상태이기 때문에 상대의 결점을 보지 못한다(칸트는 시각을 되찾는 데에는 결혼 후 일주일이면 충분하다고 말한다).

따라서 정동의 상태에 대한 적합한 정의는 특정한 감정의 강렬함이라기보다는 적절한 판단의 결여라고 할 수 있으며, 그러한 적절한 판단이란 "이 감정을 그 상태에서 (쾌와 불쾌의) 모든 감정의 총계와 비교하는 고찰"[20]을 의미한다. 가령 어떤 부자가 잔치를 벌이던 중에 하인이 귀한 유리잔을 깨뜨렸을 때, 만약 이 부자가 하나의 쾌락의 상실(유리잔의 깨어짐)을 그가 누렸던 부자로서의 행

---

20) 『인간학』 §72.

운이 가져온 모든 쾌락의 양과 비교한다면, 이 상실은 사소한 것으로 여길 것이다. 그러나 정동의 상태에서 그는 고통이라는 하나의 감정만을 허용할 뿐이며, 이로써 그가 가진 모든 행복을 상실한 것 같은 기분에 빠진다.

이러한 정동은 적절한 상황 판단이 가능한 상태로 나아가야 하지만 그렇다고 정동이 그 자체로 배제되지는 않는다. 즉, "정동은 정직하고 개방적이다. ...... 그것은 이성이 아직 충분한 힘에 도달하기 전에 잠정적으로 고삐를 잡기 위한, 환언하면 선을 지향하는 도덕적 동기에 더해서 병리적인(감성적인) 자극의 동기를 이성의 일시적인 대용물로서 추가해서 고무시키기 위한 것이다."[21] 정동이 지닌 이러한 장점을 좀 더 적극적으로 보자면, 우리는 경이(Verwunderung)나 열광(Enthusiasm)과 같은 정동에 주목할 필요가 있다. "예기치 않은 상황 안에 자신이 처해 있다는 것을 알게 되는 곤혹"의 정동인 경이의 경우 처음에는 다른 정동들처럼 일상적인 사고나 상식적인 예측을 방해하기 때문에 불쾌한 것으로 느껴진다. 하지만 이 정동이 지닌 고유함은 다음에, 즉 그러한 예상치 못한 표상이 자극하는 생각들이 우리의 상상력을 확장시킴으로써 쾌적함을 야기하는 데 있다. 불쾌와 쾌적을 동반하는 복합적인 감정으로서 경이는 나아가 숭고(Sublime)의 감정과도 연관된다. 특정한 대상이 촉발하는 정동으로서 경이와 숭고는 어떤 경우 이성에 의해 환기되는 고유한 정동이기도 하다. 즉, "그러한 정동은 단지 이성에 의해서 환기되기 때문에, 초감성적인 것의 심연이 발 앞에 열려진다는 것을

21) 같은 곳.

알게 되는 일종의 신성한 전율이다."[22] 그리고 이러한 정동이 중요한 것은 그것이 바로 이성이 일깨우는 자유의 느낌으로서 "존경"의 느낌과 결합하기 때문이다.

2) 정념

정념은 욕구능력(Begehrungsvermögen)에 속한다. 이때 욕구능력은 "자기의 표상들을 통해 이 표상들의 대상들의 원인이 되는 능력"[23]이다. 따라서 욕구능력은 대상들을 야기하는 행위능력과 연관된다. 욕구는 언제나 쾌와 불쾌와 연결되어 있는데, 욕망하는 어떤 대상의 표상이 쾌라는 감정과 결합되어 있을 때 이를 "실천적 쾌"라고 부른다. 이때 이러한 쾌가 욕구능력의 원인으로 작용하기에 언제나 그에 선행할 수밖에 없는, 욕구능력을 욕망이라고 하고, 그렇지 않은 습성적인 욕망은 경향성이라고 부른다. 이러한 쾌와 욕망의 결합이 지성에 의해 일반적 규칙에 따라 주관적으로 타당하다고 판단될 때 이를 이해관심(Interesse)이라고 부르며, 경향성의 관심이 되는 것은 바로 실천적 쾌다. 그리고 쾌와 욕망이 결합할 때 이는 표상의 대상을 야기하기 위한 일정한 의지를 형성한다.

---

22) 『인간학』 §75, 열광의 경우, 『인간학』에서 칸트는 이성이 그 원인을 제공하는 정동으로서 선의에 대한 열광을 언급하며(§72), 『판단력비판』에서는 숭고한 감정으로 논의한다. 즉, 열광은 "이념들에 의한 힘들의 긴장(122쪽)"이다. 그리고 『학부 간의 논쟁』 2부에서 칸트는 프랑스 혁명에 대해 유럽인들이 보내는 관심을 "선에의 열정적인 참여"로서 열광으로 보고 있으며 이때 참된 열광은 항상 "이상적인 것" "권리의 개념과 같이 순수하게 도덕적인 것을 지향하며, 사리사욕을 추구하지 않는다"고 말한다. Immanuel Kant, *Der Streit der Fakultäten*, hrsg. von Willhelm Weischedel, *Werke in zehn Bänden Band 9* (Sonderausg.). A 146. 이한구 편역, 「다시 제기된 문제: 인류는 더 나은 상태를 향해 계속해서 진보하고 있는가?」, 『칸트의 역사철학』, 서광사 1992, 123쪽.

23) 『윤리형이상학』, B1.

우선 칸트에게 정념이란 "어떤 선택에 관하여 그 경향성을 모든 경향성의 총계와 비교하려고 하는 이성을 방해하는 것"[24]이다. 이때 "선택에 관하여"란 말은 바로 행위를 목전에 둔 상태임을 의미한다. 이때 경향성의 관심이 되는 주관적 타당성을 판단하는 하나의 원칙은 "마음에 드는 **하나의** 경향성 때문에 다른 모든 경향성을 그늘이나 구석에 다 갖다 놓으려는 것이 아니라, 그 경향성이 **모든** 경향의 총계와 공존할 수 있도록 하는 데 유의하라는 원칙"[25]이다.

다시 말하면 정념은 하나의 습성화된 욕망, 즉 경향성이 지배적인 마음 상태이며, 이에 따라 다른 경향성들을 배제한다. 나아가 정동이 감정 상태에 대한 적절한 판단의 결여라고 한다면, 정념은 경향성과 그에 따른 행위에 대한 판단의 결여라고 할 수 있다. 하지만 적절한 판단을 결여했다고 해서 정념은 정동처럼 급작스러운 사고의 마비상태에 빠져드는 것은 아니다. 정념은 일정한 행위를 계획하고, 또 이를 철저히 실행하고자 하는 욕망이라고 할 수 있다. 즉, "정념은 항상 경향성이 주관에 지정해주었던 목적에 따라서 행위한다는 주체의 준칙(Maxime)을 전제로 하고 있다. 따라서 정념은 주체의 이성과 항상 연결되어 있다."[26] 즉, 칸트에게 정념은 다른 경향성들과의 비교를 통한 적절한 판단을 결여한 상태에서 임의적으로 설정한 목적에 대해 집요하게 수단을 강구하고, 또 목적 달성을 위해 지속적이고도 집요하게 행위를 추동한다는 점에서, 정동보다 더 위험하다. 이는 정념이 정작 활동의 목적을 실용적 관점에서

---

24) 『인간학』 §77.

25) 『인간학』 §78.

26) 『인간학』 §77.

성취하는 데에서도 그 역할을 다하지 못하며 더욱이 자신을 파괴할 수 있기 때문이며, 나아가 자유의 동인(Motive)을 마련하는 이성과 충돌하기 때문에 도덕적 관점에서도 그러하다.

요컨대 칸트는 욕망이 갖는 신체적 감정으로서의 성격을 분명히 하고 있지만, 그 평가에 있어서 (정동과 마찬가지로) 판단의 결여와 자기 파괴적 충동이란 정념의 성격을 강조한다. 그런데 정념에 관한 칸트의 논의에서 특징적인 점은 정념이 인간의 마음의 영역에서 작용하는 내포적이고 외연적인 범위가 합리론이나 경험론에 비해 상당히 축소되었다는 점이다. 여기에는 우선 칸트 이전에 정념으로 분류되어 고찰되었던 많은 감정들이 대부분 정동의 측면에서 고찰된다는 점을 들 수 있다.[27)]

칸트는 정념을 그 경향성이 자연적인 것인가, 문화적인 것인가에 따라 나누며, 전자의 정념에는 자유의 경향성과 성적인 경향성(Geschlechtsneigung)이, 후자의 정념에는 명예욕, 지배욕, 소유욕이 해당한다고 말한다. 이러한 정념의 구분에서 특징적인 것은 자연적 정념은 그 격렬함에 있어 정동과 비견되고, 문화적 정념은 목적을 향한 "준칙의 완고함"[28)]과 결합되어 있다는 점이다. 이때 칸트가 그 위험성을 경고하는 정념은 정념 일반이라기보다는 문화적 정념에 좀 더 가깝다는 인상을 준다.[29)] 그리고 정념의 맹목성에도 불구

27) 여기에는 탐욕으로서 악덕에 해당하는 정념에 대한 태도의 변화가 작용하는 것으로 판단된다. 즉, 정념을 일방적으로 억압하고 지배하는 방식에서 정념으로 정념에 대항하는 방안이 16세기 이후 부단히 강구되었고, 18세기를 거쳐 정념 논의가 (정념의 반대개념으로서) 점차로 이해관계에 관한 논의로 이전되는 경향을 보여준다. 이 점에 관해선 Albert O. Hirschman, 『열정과 이해관계 - 고전적 자본주의 옹호론』, 김승현 옮김, 나남, 1994.

28) 『인간학』 §78.

29) 칸트는 다음과 같이 정념을 비유한다. 정념은 "하천 바닥을 항상 보다 깊게 파고 들어가는 강과 같은 작용을 한다. ... 폐병이나 쇠약과 같은 것 ... 삼켜진 독약이나 발육 부전에서 오는

하고, 정념 일반은 감정 일반이나 다른 경향성들과는 달리 동물적 생명에서는 발생하지 않는다. 왜냐하면 정념은 준칙이나 규칙의 능력을 전제로 하며, 또한 그 주요한 특성은 이성적 자유와의 충돌이기 때문이다. 또한 정념은 사물을 향한 욕망이 아니라 인간을 향한 욕망이다. 즉, 정념은 다른 사람의 인격을 자신이 추구하는 목적에 대한 수단으로 삼고자 한다. 특히 문화적 정념들은 "직접적으로 목적과 관계있는 모든 경향성을 만족시키기 위한, 수단의 소유에 관계하는 경향성이기 때문에, 이성의 외관을 가지고 있다."[30] 이러한 정념의 경향성은 다른 사람의 인격과 그가 지닌 자유를 사물화한다.

칸트는 흔히 알려진 것과는 달리 욕망 자체를 부정하지 않는다. 오히려 그의 사유 체계에서 중요한 역할을 담당하는 계몽과 역사철학에 있어서 욕망은 중요한 추동력으로 간주된다.

> 이성은 상상력의 도움으로 자연적 충동에 의해서는 **지지되지 않을** 뿐만 아니라 그 충동에 **대립되기까지** 하는 욕망을 만들어내는 속성을 가지고 있다. 처음에 **정욕**(Lüsternheit)이라는 이름으로 불리던 이 욕망은, 점점 더 전체적인 **열망**(Schwarm)이 제거되어 결국에는 **풍족함**(Üppigkeit)이라 불리는 반자연적인 경향들을 낳게 된다. …… 모든 동물이 종속하고 있는 제한의 한계를 초월하게 하는 능력으로서 이성을 깨닫게 해준 이러한 최초의 시도가 성공한 것은 매우 중대한 사실이었으며, 또 삶의 방식에 대해서도 결정적인 것이었다.[31]

병과 같은 것으로 간주되며, 내과 또는 외과의 정신병 의사를 필요로 한다." 『인간학』 §71, "정념은 순수 실천 이성에서는 암이며, 대개는 불치의 병이다." 『인간학』 §78.

30) 『인간학』 §79.

31) Immanuel Kant, "Mutmaßlicher Anfang der Menschengeschichte", hrsg. von Willhelm Weischedel, *Werke in zehn Bänden Band 9* (Sonderausg.). A 6. 이한구 편역, 「추측해본 인류 역사의 기원」, 『칸트의 역사철학』, 서광사 1992, 79쪽. 칸트 원전 인용은 우리말 번역을 따르고 필요한 경우

이러한 욕망의 창출이 가져다준 획기적인 전환은 바로 선택 능력의 발견이었다. 정해진 삶의 방식을 벗어날 수 있고 그래서 다른 삶의 가능성이 열림으로써 깨닫게 된 이러한 선택 능력을 발견은－인간은 아직 그 사용 방식에 관해서 무지했지만－이전으로 돌아갈 수는 없는 인류사 최초의 전환이었다. 이러한 선택 능력의 발견이 중요한 것은 이것이 바로 선택의지(Willkür)의 형성과 연관되기 때문이다. 선택의지의 형성은 인간 행위에 있어서 다양한 행위 선택지를 전제하는 것이며, 이것이 바로 윤리적 행위의 바탕이 되는 자유의 출발이다.[32)]

이처럼 욕망은 다른 삶의 방식에 눈을 뜨게 할 뿐만 아니라 타고난 자연적 소질을 계발하게끔 한다. 이것이 바로 칸트가 『세계 시민적 관점에서 본 보편사의 이념』에서 논의하는 유명한 "사회 속에서의 인간들 상호 간의 항쟁(Antagonism)" 또는 "인간의 반사회적인 사회성(ungesellige Geselligkeit)"이다. 즉, 칸트가 보기에 인간은 기본적으로 함께 모여 살려고 하는 성향과 함께 자신을 그 사회로부터 고립시켜 자신의 생각대로 살려고 하는 강한 성향(Hang)도 갖고 있다. 이러한 강한 성향은 부득이하게 다른 사람들과의 충돌과 저항을 야기한다. 따라서

> 이 저항이야말로 인간의 모든 능력을 일깨워주며, 인간으로 하여

수정했다.

32) 선택의지를 규정하는 것은 경향성의 동기(Triebfedern)이며, 이때 자유로운 행위의 전제조건은 이러한 경향성의 동기의 규정을 받을 것을 준칙으로 삼는 선택이다. 여기에서 행위의 주관적 근거로서 동기가 행위에 대한 추동력을 갖기 위해서는 도덕 법칙에 대한 이성적 인식만으로는 부족하며, 감수성과 감정이란 추동력이 필요하다. 이 점에 관해서는 이원봉, 앞의 논문, 284-287쪽.

금 나태해지려는 성향을 극복하게 하고, 명예욕, 지배욕, 소유욕 등에 의해 행동하게 하여, …… 그의 동시대인들 가운데 어떤 지위를 성취하게 해준다. 이렇게 하여 조야함으로부터 본래 인간의 사회적 가치에서 성립하는 문화로의 최초의 진보가 일어난다. 그 때부터 모든 재능이 점차 계발되고 취미가 형성되며, 계속된 계몽에 의해 다음과 같은 사유 방식을 정초할 수 있는 단초가 마련된다. 즉, 그 사유 방식은 조야한 자연 소질을 특정한 실천적 원칙들을 지닌 인륜적 구별체로 변화시키며, 그것에 의해 **자연적 감정에 의해**(pathologische) 함께 뭉친 인간의 사회를 **도덕적인** 전체로 바꿀 수 있다.[33)]

인용문에서 언급하는 문화적 정념이 작용하는 방식에 대한 고찰과 그 평가에 관해서는 일정한 제한이 필요할 것이다. 즉, 「이념」에서 해당 구절을 서술하면서 칸트가 암시하는 아이러니한 뉘앙스와 정작 『인간학』에서 문화적 정념에 관한 언급[34)]을 고려할 때 위의 인용문의 함축은 상대화될 수 있다. 그러나 칸트가 감정과 결합한 욕망으로서 경향성에 관해 섬세한 고찰을 하고 있음을 이를 통해 추정할 수 있다.

---

33) Immanuel Kant, "Idee zu einer allgemeinen Geschichte in weltbürgerlicher Absicht", hrsg. von Willhelm Weischedel, *Werke in zehn Bänden Band 9* (Sonderausg.). A 393. 이한구 편역, 「세계 시민적 관점에서 본 보편사의 이념」, 『칸트의 역사철학』, 서광사 1992, 29쪽. 이하 「이념」으로 약칭. 칸트 원전 인용은 우리말 번역을 따르고 필요한 경우 수정했다.

34) 정념에 대한 다음과 같은 세간의 찬양에 대해, 즉 "이 세상에 격렬한 정념 없이는 어떤 위대한 것도 성취되지 않는다. 그리고 섭리 그 자체가 이 정념을 현명하게도 용수철처럼 인간의 본성 안에 심어놓았다", 칸트는 단호한 거부의 의사를 분명히 한다. "경향성이 **정념**이 된다는 것, 아니 정념으로 되어야 한다는 것을 섭리는 원하지 않았을 것이다. 경향성을 이러한 관점에서 설명하는 것은 시인에게는 허용될는지도 모른다. 그러나 철학자는 이런 원리를 가까이 해서는 안 된다. 인류가 문화의 상당한 정도에까지 도달하기 전에, 고의로 인간의 본성 중에 정념을 가져다 놓는 섭리의 잠정적인 준비로서 이 정념을 칭찬할 목적이라고 하더라도, 그렇게 해서는 안 된다." 『인간학』 §78.

4. 감정의 스펙트럼[35]과 지향성

지금까지의 논의를 바탕으로 볼 때, 칸트에게서 감정은 신체적 성격을 갖지만 그와 동시에 이성적 판단과 의지의 개입을 배제하지 않는다. 현재 논의에서 이성적 판단과 의지의 개입이란 점은 강조될 필요가 있다. 왜냐하면 칸트의 감정에 대한 고찰에 있어 어떤 오해는 칸트가 감정을 어떤 정신적 능력과도 연관 없는 "단순한 동물적 힘(brute forces)"[36]만으로 보았다고 주장하기 때문이다. 이 주장은 칸트의 이런 관점이 그릇된 심리학적 견해에 바탕을 두고 있다고 말하면서, 제임스의 견해와 칸트의 입장 간의 유사성을 강조한다. 이러한 주장에 대해서는 칸트와 제임스의 두 입장 모두에게서 비판이 가능하다. 이 점과 관련해서 칸트는 다음과 같은 흥미로운 언급을 한다.

---

35) 쾌/불쾌의 원리에 의해 추동되는 감정의 스펙트럼을 열거해보면 다음과 같은 순서가 될 것이다. 감정일반, 정동, 원망(願望), 욕망(경향성), 정념, 미감적 취미, 숭고. 앤더슨(E. Anderson)은 그중 행위 능력과 관련된 감정으로, 정동에서 취미까지 5개의 실천 형식을 거론한다. Elisabeth Anderson, "Emotions in Kant's later Moral Philosophy", ed. by Monika Betzler, *Kant's Ethics of Virtues*, de Gruyter 2008. pp.123-145. 앤더슨은 칸트가 가치 구조에 깊은 관심을 가졌기 때문에 그의 감정과 느낌에 관한 견해는 자세히 살펴볼 가치가 있다고 말한다. 그리고 반성적 판단 혹은 미적 판단이 갖는 인지적 성격에 관해서 칸트는 『판단력비판』 §38 주해에서 "취미판단은 인식판단이 아니다"라고 말한다. 그러나 이러한 언급들에 의해서 칸트에게 반성적 판단은 인지적 판단이 아니라는 결론이 따라 나오지는 않는다. 왜냐하면 일정하게 우리의 태도를 규정하는 판단에 있어 어떠한 인지적 성격도 인정하지 않는 것은 불합리하며 칸트가 이를 주장했다고 보기는 어렵기 때문이다. "모든 인간적 판단은 (정치적인 것은 물론이고) 미적 판단을 포함해서 어떤 필수적인 인지적 차원을 포함하고 있는 것처럼 보인다." Ronald Beiner, 「한나 아렌트의 판단이론」, 『칸트 정치철학 강의』, 김선욱 옮김, 푸른숲 2000, 236쪽. 칸트의 미감적 판단이 갖는 (실천적 의미에서) 인지적 성격에 관해서는 박성수, 「미적 판단력 비판에 관한 연구: 사회철학적 합리성과 관련하여」, 고려대학교 대학원 1994.

36) John Sabini and Maury Silver, "Emotions, responsibility, and character", ed. by Ferdinand Shoeman, *Responsibility, Character and the Emotions*, Cambridge Univ. Press 1987, pp.165-175. 사비니와 실버의 주장에 대한 비판으로는 Marcia W. Baron, "Sympathy and Coldness in Kant's Ethics", *Kantian Ethics Almost without Apology*, Cornell Univ. Press 1999, pp.194-226. 이원봉, 앞의 논문, 287쪽 이하 참조.

> 어떤 종류의 내적인 신체적 감정은 정동과 유사하지만, 그러나 정동 그 자체는 아니다. 왜냐하면 그것들은 순간적이고 일시적일 뿐이며, 뒤에 어떤 흔적도 남기지 않기 때문이다. 어린아이가 밤에 유모로부터 귀신 이야기를 들을 때 그 아이에게 엄습하는 **소름 끼침**은 이런 종류의 것이다–마치 차가운 물을 덮어쓰는 것 같은(소나기의 경우 같은) **몸 떨리는 느낌**도 여기에 속한다. 위험의 지각이 아니라 위험하다는 단순한 생각이–어떤 위험도 없다는 것을 알고 있음에도 불구하고– 이런 감각을 낳는다. …… **현기증**과 심지어는 뱃**멀미**도 그것의 원인에 따르면 이러한 관념적인 위험(idealen Gefahr)의 부류에 속하는 것처럼 보인다.[37]

여기에서 칸트가 말하는 "위험하다는 단순한 생각" 또는 "관념적인 위험"은 현대 감정론에 있어서 강한 인지주의를 대표하는 케니(A. Kenny)가 감정에 적용한 "형식적 대상"을 연상케 한다. 케니에 따르면, "어떤 감정의 형식적 대상에 대한 기술은 믿음과 관련된다. 즉, 공포를 느끼기 위해서는 어떤 것이 위험하다고 우리는 믿어야만 한다."[38] 그런데 칸트에게 이러한 믿음은 감정의 인지적 성격에 대한 "표준적인" 이해와는 달리 "어떤 위험도 없다는 것을 알고 있음에도 불구하고" 소름끼치는 감정을 낳는다.

한편 프린츠(J. Prinz)는 (네오-제임스주의적인)비인지주의적 감정 이해 역시 감정의 지향성을 논의할 수 있음을 밝히려고 한다. 이런 맥락에서 그가 도입하는 형식적 대상에 대한 논의는 케니와는 대조된다. 즉, 프린츠는 감정의 지향성을 설명하면서, 다음 두

---

37) 『인간학』 §76.

38) 양선이, 「윌리엄 제임스의 감정이론과 지향성의 문제」, 『철학연구』 79권, 철학연구회 2007, 120쪽. "핵심 관계 주제(core relational theme)"와 "형식적 대상"에 관한 프린츠의 논의는 Jesse J. Prinz, *Gut Reactions: A Perceptual Theory of Emotion,* Oxford Univ. Press 2004, pp.60-69 참조.

가지를 고려한다.

> 첫째, 어떻게 감정이 형식적 대상을 갖는가 하는 것과 둘째, 어떻게 감정이 구체적 대상을 갖는가 하는 것이다. …… 예컨대, 내가 길을 지나가다 뱀(구체적 대상)을 보았을 때, 이것의 형식적 대상인 핵심주제, 즉 '위험'이란 개념을 떠올리게 되고 이와 같은 형식적 대상에 대한 표상은 몸을 떨고 손에 땀을 흘리게 하는 신체적 변화를 야기한다. 이와 같은 신체적 변화는 곧바로 공포라는 감정을 야기한다.[39]

프린츠에게 형식적 대상은 지각적 속성을 갖는다. 그런데 형식적 대상을 이렇게 이해할 경우, 형식적 대상을 갖기 위해서는 구체적 대상이 물리적으로 현존해야만 한다.[40] 그러나 가령 공포의 형식적 대상을 '위험성'과 같은 지각적 속성으로 이해한다면, 지각될 수 없는 경우들이나 때론 지각이 없이도 감정을 야기하는 경우를 포괄하기 어렵다. 예를 들어, 방사능이나 테러로부터의 위협, 그리고 위에서 칸트가 말하는 소름 끼침이나 현기증과 같은 경우가 그러하다.

감정이 외부 대상과 맺는 관계적 속성과 관련된 지향성 문제에 있어서 칸트는 감정이 단지 신체적이거나 주관적인 것에만 그치는 것은 아니라는 점을 상기시키는데, 다음의 사례 역시 그러하다. 즉, 이성적 표상이 개입하는 감정의 경우(쾌락과 고통의 느낌을 거부할 것인가, 허용할 것인가에 관한 판단의 개입), 칸트는 어떤 대상은 쾌적하지만, 그러한 쾌적한 대상에 대한 쾌락의 감정은 흡족하지 않은 경우를 언급한다. 가령 아주 어려운 처지에 놓여 있는 어떤

39) 양선이, 같은 논문, 121쪽.

40) 양선이, 같은 논문, 123쪽.

사람이 자신의 부모로부터 유산을 상속한다면, 그는 그들의 죽음을 기뻐할 것이지만, 이렇게 기뻐하는 자신을 비난할 것이다. 이때 부모의 죽음이라는 상황 판단과 곤란으로부터의 벗어남이란 상황 판단 속에서 감정은 충돌한다. 이런 감정은 "쓰라린 즐거움"[41]이다. 이러한 감정의 충돌에는 이성적 판단의 개입과 함께 그러한 판단이 가져오는 감정이 함께한다. 한편 어떤 대상은 불쾌적하지만, 그 대상에 대한 고통의 감정은 마음에 들 수 있다. 가령 남편과 사별한, 하지만 다른 점에서는 유복한 미망인은 위로받기를 거부한다. 이는 "달콤한 고통"이다.

이러한 감정의 충돌 또는 공존하는 감정은 신체적 감정만으론 고찰하기 어려운 국면으로 인도한다. 이때 감각적 만족과 충돌하는, 판단에서 흡족함이란 "누구에게나 요구할 수 있는 어떤 것"이란 점에서 감각적 만족과는 구별된다. 즉, 판단에서 흡족함이란,

> 더 이상 기쁨의 대상 자체가 아니라, 우리가 그것을 기쁘다고 판단하고 있는 사실이다. …… 우리는 세계나 자연이 우리를 기쁘게 한다는 사실 때문에 기쁘다고 말할 수 있다. 바로 그 시인(Billigung)의 행위가 기쁘게 하는 것이며, 바로 그 부인(Mißbilligung)의 행위가 불쾌하게 만드는 것이다. 따라서 문제는 어떻게 시인과 부인 사이에서 선택하는가이다. 한 가지 기준은…… 소통 가능성 혹은 공공성이라는 기준이다.[42]

시인과 부인의 행위에 따르는 이러한 기쁨과 불쾌는 도덕 감정으로의 길을 연다. 물론 칸트 도덕 철학에서 감정의 문제는 독립적

41) 『인간학』 §61.

42) Hannah Arendt, 『칸트 정치철학 강의』, 134쪽.

인 논의가 요구될 것이다. 하지만 분명한 것은 칸트는 감정이 유기체의 자기 보존 문제와 직결된다고 보고 있으면서도, 또한 그러한 감정의 영역에 있어서 선택의 여지를 마련해두고 있다는 점이다.

5. 맺음말

지금까지 칸트 철학에서 감정 개념과 그 위상에 관해서 그의 후기 저작들, 특히 『실용적 관점에서 본 인간학』에서의 감정 논의를 중심으로 고찰했다. 감정은 칸트 철학에서는 낯선 주제다. 그리고 칸트 후기 저작들과 세 비판서를 집필한 비판 철학기와의 관계 또한 따로 검토되어야 할 주제다. 왜냐하면 칸트는 후기 저작들에서 자신의 비판 철학과 충돌하는 듯 보이는 논의를 전개하기도 하기 때문이다. 그러나 이 글의 의도는 그러한 충돌점들을 강조하는 데 있지 않다. 다만 감정에 대한 칸트의 입장이 널리 알려진 바처럼 그렇게 단순하거나 경직되지 않는다는 가정하에서 칸트의 다른 저작들에 비해 상대적으로 감정에 관해 직접적으로 언급하고 있는 저작들을 참조했다.

그리고 그런 가정을 검토하기 위해서 감정에 대한 현재적인 철학적 논의들과 대조했다. 이러한 대조가 인지주의와 비인지주의로 양분되는 현대 감정론의 관점을 이 글이 전적으로 수용하고 있음을 의미하지는 않는다. 왜냐하면 현대 감정론의 이러한 논의 구조는 논점을 부각시키고 논의를 풍부하게 하는 이점이 있는 반면에 감정이 갖는 전체적인 모습들을 통찰하는 데 있어 한계 또한 노정시키기 때문이다. 그러한 한계는 두 입장들이 최근에는 수렴되는 경향을 통해서도 알 수 있다.

이러한 경향 속에서 감정에 대한 칸트의 통찰은 – 현재적 논의와의 간극에도 불구하고 – 현대 감정론에서의 완화된 혹은 절충주의적 인지주의 입장에 가깝다고 보인다. 이때 신체적 감정에 대한 칸트의 논의는 다음 두 가지 방식으로 해석될 수 있을 것이다. 즉, 첫째, 이는 인간 유한성에 대한 칸트 철학의 고유한 파악에서 비롯한 것이며 둘째, 현재 감정론의 표준적인 인지주의가 갖는 "낙관주의"[43]적 경향에 대한 거리 두기라고 보아야 한다.

칸트 철학의 감정 개념과 그 위상에 관한 연구 결과는 무엇보다 실천철학적 함축을 갖고 있다. 이 글은 일차적으로 칸트 철학에서 감정 개념을 이론적이고 인간학적인 관점에서 접근했기 때문에 칸트의 감정 개념이 갖는 실천철학적 의미를 충분히 논의하지는 못했다. 이와 관련한 추후적인 논의가 필요할 것이다.

---

43) Peter Goldie, "Emotion, Feeling, and Knowledge of the World", p.103.

참고문헌

김수배, 「칸트의 인간관 – 실용적 인간학의 이념과 그 의의」, 『철학연구』 37권 1호, 철학연구회, 1995

맹주만, 「칸트와 '행복한 자선가'」, 『범한철학』 56집, 범한철학회, 2010

박성수, 「미적 판단력 비판에 관한 연구: 사회철학적 합리성과 관련하여」, 고려대학교 대학원, 1994

안수현, 「칸트 윤리학에서 감성의 문제」, 『동서사상』 제11집, 동서사상연구소, 2011

양선이, 「윌리엄 제임스의 감정이론과 지향성의 문제」, 『철학연구』 79권, 철학연구회 2007

이원봉, 「칸트 윤리학과 감수성의 역할」, 『칸트연구』 제18집, 한국칸트학회, 2006

Anderson, Elisabeth, "Emotions in Kant's later Moral Philosophy", Monika Betzler(ed.), *Kant's Ethics of Virtues*, de Gruyter, 2008

Arendt, Hannah, 『칸트 정치철학 강의』, 김선욱 옮김, 푸른숲, 2000

Baron, Marcia W., "Sympathy and Coldness in Kant's Ethics", *Kantian Ethics Almost without Apology*, Cornell Univ. Press 1999

Beiner, Ronald, 「한나 아렌트의 판단이론」, 『칸트 정치철학 강의』, 김선욱 옮김, 푸른숲, 2000

Charland, Louis C., "Reinstating the Passions: Arguments from the History of Psychopathology", Peter Goldie(ed.), *The Oxford Handbook of Philosophy of Emotion*, Oxford Univ. Press, 2010

Deigh, John, "Concept of Emotions in Modern Philosophy and Psychology", Peter Goldie(ed.), *The Oxford Handbook of Philosophy of Emotion*, Oxford Univ. Press, 2010

Goldie, Peter, *The Emotions: A philosophical Exploration*, Oxford Univ. Press, 2002

______________, "Emotion, Felling, and Knowledge of the World", Robert C.

Solomon(ed.), *Thinking about Feeling: Contemporary Philosophers on Emotions*, Oxford Univ. Press, 2004

Hirschman, Albert O., 『열정과 이해관계－고전적 자본주의 옹호론』, 김승현 옮김, 나남, 1994

Kant, Immanuel, *Die Metaphysik der Sitten*, hrsg. von Willhelm Weischedel, *Werke in zehn Bänden Band 7 (Sonderausg.)*, 백종현 옮김, 『윤리형이상학』, 아카넷, 2012

________________, *Kritik der Urteilskraft*, hrsg. von Willhelm Weischedel *Werke in zehn Bänden Band 8 (Sonderausg.)*, 백종현 옮김, 『판단력비판』, 아카넷, 2009

________________, "Idee zu einer allgemeinen Geschichte in weltbürgerlicher Absicht", hrsg. von Willhelm Weischedel, *Werke in zehn Bänden Band 9 (Sonderausg.)*, 이한구 편역, 「세계 시민적 관점에서 본 보편사의 이념」, 『칸트의 역사철학』, 서광사, 1992

________________, "Mutmaßlicher Anfang der Menschengeschichte", hrsg. von Willhelm Weischedel, *Werke in zehn Bänden Band 9 (Sonderausg.)*. 이한구 편역, 「추측해 본 인류 역사의 기원」, 『칸트의 역사철학』, 서광사, 1992

________________, Der Streit der Fakultäten, hrsg. von Willhelm Weischedel, *Werke in zehn Bänden Band 9 (Sonderausg.)*. 이한구 편역, 「다시 제기된 문제: 인류는 더 나은 상태를 향해 계속해서 진보하고 있는가?」, 『칸트의 역사철학』, 서광사, 1992

________________, *Anthropologie in pragmatischer Hinsicht*, hrsg. von Willhelm Weischedel, *Werke in zehn Bänden Band 10 (Sonderausg.)*, 이남원 옮김, 『실용적 관점에서 본 인간학』, 울산대학교 출판부, 1998

________________, *Immanuel Kant's Vorlesungen über Metaphysik*, hrsg. von K. H. L. Pölitz. 이남원 옮김, 『칸트의 형이상학 강의』, 울산대학교 출판부, 1999

Prinz, Jesse J., *Gut Reactions: A Perceptual Theory of Emotion*, Oxford Univ. Press, 2004

Recki, Birgit, "Kant: Vernunftgewirte Gefühle", hrsg. von Hilge Landweer und Ursula Renz, *Klassische Emotionstheorien: von Platon bis Wittgenstein*, Berlin, 2008

Sabini, John, Silver, Maury, "Emotions, responsibility, and character", Ferdinand Shoeman(ed.), *Responsibility, Character and the Emotions*, Cambridge Univ. Press, 1987

데카르트, 인지주의 감정이론의 기원과 한계

김원철

1. 들어가는 말
2. 『영혼의 정념들 Les passions de l'âme』 집필 배경
3. '정념'이란 무엇인가?
4. 여섯 가지 모(母)정념들
5. 양가성의 논리와 데카르트 감정이론의 딜레마
6. 나가는 말

1. 들어가는 말

인지주의(cognitivism)에 따르면 감정은 실재하거나 혹은 상상 속에 존재하는 어떤 대상에 대한 정신의 정향이며, 대상의 중요성에 대한 우리의 판단에 따라 그 모습이 변하는 심리상태로 정의된다. 인지주의 감정이론의 중심 테제는 **지향성**과 **명제적 태도**이다. 이 두 테제들만 두고 본다면, 인지주의 감정이론의 역사는 고대 그리스의 철학자들에게까지 거슬러 올라간다.[1] 신화적이고 윤리적인 색채들에도 불구하고 그들의 논의는 확실히 현대 인지주의 감정이론의 많은 부분을 선취하고 있다. 하지만 관점을 조금만 바꿔보면 인지주의 감정이론의 기원을 고대 그리스의 철학자들에게서 찾는 것은 합당치 못한 일처럼 보인다. 앎의 요건에 대한 이 철학자들의 정의에 따르면 감정은 결코 이론*theoria*의 대상이 될 수 없기 때문이다. 이러한 사정은 중세와 르네상스 시기에도 크게 바뀌지 않았다.

감정론이 엄밀한 이론이 되기 위해서는 우선 연구의 객관성을

1) Cf. A. W. Price, "Emtions in Plato and Aristotle", in P. Goldie ed., *Philosophy of emotion*, p.121 *sq.*

담보해주는 방법론, 특히 여타 **과학**들에 공통적으로 적용될 수 있는 방법론이 마련되어야 한다. 물론 그것만이 전부는 아니다. 연구영역의 고유성이 또한 보장되어야 한다. 감정은 생리학이 그 근본원인을 밝혀낼 직한 신체적・생리적 변화의 단순한 징후도－이 경우, 감정론은 생리학으로 환원되어야 할 것이다－윤리학이 줄기차게 문제 삼아왔던 무절제한 영혼의 병리적 징후도 아님을 깨달아야 한다. 엄밀한 이론으로서 감정론은, 감정이 그 자체의 내재적인 논리에 따라 분화되고 다양화되는 독립된 영역으로 인정될 때, 비로소 가능해지는 것이다.

연구의 방법과 영역이라는 두 측면에서 데카르트의 『영혼의 정념들』은 과학적 감정연구의 전형을 보여주는 최초의 작품이다. 『영혼의 정념들』은 전체적으로 인지주의를 표방한다. 생리학적 분석이나 실용적 관점에서 제기된 도덕철학적 분석이 빈번히 등장하는 것이 사실이지만, 그렇다고 저자의 인지주의적 태도를 상쇄할 정도로 빈번하지는 않다. 무엇보다도 데카르트는 과학적 연구방법론의 일환으로 인지주의를 수용하고 있다. 그에게 과학적 연구란 분석적 사고를 의미한다. 사실, 인지주의 감정이론이 설득력을 얻게 된 데에는 **분석성**이 큰 몫을 한다. 인간학적 전제들을 모두 배제한 채, 오직 감정의 내재적 논리를 현상 자체에서 밝혀내려는 시도는 오직 분석의 첨예함을 통해서만 타당성을 확보할 수 있기 때문이다. 하지만 분석성은 양날의 칼처럼 인지주의 감정이론의 한계가 될 수도 있다. 본 논문에서 필자는 이 두 측면을 함께 다루어보고자 한다.

2. 『영혼의 정념들 *Les passions de l'âme*』 집필 배경[2)]

데카르트는 "나 이전에 어떤 이도 다룬 적이 없는 소재를 연구하는 방식으로" 책을 쓴다고 『영혼의 정념들』 서두에 밝혔다. 새로운 연구방법론의 필요성에 대한 토로이자, 인간 정념에 대한 기존 연구들에 대한 그의 불신을 보여주는 말이다. 모든 인간은 경험을 통해 정념들의 본질이 무엇인지 너무나 잘 알고 있는 데 반해, 이 연구들은 연구자의 신학적·윤리적 선입견 때문에 오히려 정념들의 본질을 왜곡하고 있다는 것이다. 정념을 전대미문의 소재처럼 다루겠다는 데카르트의 언명과는 달리, 『영혼의 정념들』은 특별한 지적 배경을 지닌다. 두 가지 역사적 사건이 특별히 중요한 의미를 지니는데, 첫째는 스토아주의의 부활이고 둘째는 홉스와의 사상논쟁이다.

인문주의의 전통에서 스콜라적 세계관에 대한 비판은 철학자들의 관심을 다시금 고대 헬레니즘 시대의 철학으로 이끌었다. 그중 스토아의 자연주의적 철학이 원죄론으로 치우친 기독교의 인간관을 대신할 대안으로 급부상했다. 믿음이 모든 정념의 원인이라는 인지주의적 입장을 스토아학파가 누구보다 확고히 피력했다는 점 역시 주목할 만한 사실이다. 16, 7세기 스토아주의의 이러한 부활을 기술하면서 에른스트 캇시러는 "인간 지식의 내적 체계화"를 그 주된 특징으로 꼽았다.[3)] 이를 보여주는 징후 중 하나가 감정론의

---

2) 데카르트는 '감정*émotion*'보다 '정념*passion*'이란 용어를 선호했다. 뒤에 보겠지만 이는 단순히 당대의 언어관행에 따른 것이 아니라, 데카르트만의 고유한 방법론에 따라 선택된 결과이다. 따라서 본 논문은 '정념'이라는 용어로 감정 일반을 지칭할 것이며, '감정'이라는 용어를 사용할 경우에는 그 의도를 구체적으로 밝히도록 할 것이다.

변화이다. 실용적 목적에서 개별 감정들의 특징을 기술하고 그 종류들을 단순 나열하는 데 그쳤던 이전의 감정론들과는 달리, 16, 7세기의 감정론들은 분류 자체의 체계성을 보다 강조하는 감정분류학의 형태로 발전해나간다.

『영혼의 정념들』의 지적 배경으로 지적할 만한 두 번째 사건은 데카르트와 홉스의 논쟁이다. 『성찰』 출간을 계기로 벌어진 이 논쟁에서 홉스는 유물론적 입장에서 데카르트를 공격했고, 이에 맞서 데카르트는 홉스의 유물론이 인간에 대한 편협하고 그릇된 이해를 낳는다고 반박한다. 외견상 논쟁은 인식론적이고, 형이상학적인 주제에 국한된 것이지만, 논쟁을 통해 드러난 두 철학자의 견해차는 감정의 본성에 관한 정의에서도 그대로 나타난다.

상술한 두 사건은 『영혼의 정념들』에서 데카르트가 스스로에게 부여하게 될 두 가지 과제를 암시한다. 첫째는 종교적・윤리적 전통으로부터 철저히 독립된 감정연구를 수행하는 것이고, 둘째는 감정을 생리학적 현상으로 축소시켜 버리는 생물학적 환원주의를 배격하는 일이다. 흥미로운 사실은 동일한 형태의 요구가 이미 데카르트의 철학 내부로부터 제기된다는 점이다. 이를 짤막하게 요약해 보면 다음과 같다.

---

3) Ernst Cassirer, *Descartes, Corneille, Christine de Suède*, 2부, chap. 3: Renaissance du stoicismm dans la morale des XVIe et XVⅡ[e] siècles. Pierre Charron에 대한 캇시러의 지적은 특별히 상기할 만하다. “Charron, si fermement qu'il se tienne à l'attitude sceptique, si inlassablement qu'il montre la faiblesse et l'incertitude de tout savour humain, tend, beaucoup plus que Montaigne, à une systématisation interne de ce savoir. Il veut offrir une doctrine cohérente des biens et des passions. Or, dans l'élaboration de sa doctrine des passions, on sent, à côté des influences stoïciennes, la montée d'une nouvelle tendance théorique. Tels sont les débuts d'une évolution qui trouvera son achèvement dans l'ouvrage de Descartes sur *Les Passions de l'Ame*.” (*id*. p.79).

① **'보편수학'의 이념**－학으로서 정념론의 지위는 어떻게 보장되는가? 이 물음에 대한 답변은 『영혼의 정념들』에서 주어지지 않는다. 하나의 독립된 학문으로서 정념론이 충족시켜야할 요건들은 정념론 집필에 앞서 규명되어야 할 사항이거니와, 데카르트 철학체계 전체를 관통하는 주제이기 때문이다. 최초의 저작인 『정신 지도를 위한 규칙들』에서부터 데카르트는 과학의 **과학성**, 즉 제 과학들이 참된 과학으로 인정받는 근거를 밝히는 데 주력해왔다. 연구영역의 대상적 차별성에도 불구하고－혹은 무관하게－제 과학들이 구성의 원리로서 수용하는 방법 혹은 질서가 있다면, 바로 그것이 과학성의 준거가 될 것이다. 이 점에서 데카르트는 보편수학*mathesis universalis*의 가능성을 타진하는데, 여기서 보편수학은 "학문의 대상들이 동질적이고 모두 수리화될 수 있음을 뜻하는 것이 아니라 확실성의 구성과정이 계열과 연쇄*series et nexus*를 가진 질서*ordo*의 구축에 의해 수행되어야 함을 뜻한다."[4] 언젠가 도덕 역시 그러한 의미에서의 엄밀학으로 정립될 것을 데카르트는 확신했다. 『영혼의 정념들』을 집필하면서도 그는 아마도 동일한 생각을 품었을 것이다.

② **단순개념들**notions simples-데카르트의 철학은 철저히 존재근거(*ratio essendi*)와 인식근거(*ratio cognoscendi*)의 동일성에 의존한다. 존재론과 인식론은 더 이상 분리되지 않는다. 그 자체에 의해 존재하는 것으로 정의되는 실체들은 동시에 (다른 개념의 도움 없이 즉각적으로 인식되는) 단순개념들이다. 정신과 신체가 실체로서 인정되는

4) J-M. Beyssade, *Etudes sur Descartes*, p.326.

것은 다름 아닌 '사유'와 '연장'이라는 단순개념들이 우리에게 즉각적으로 주어져 있기 때문이다. 단순개념들은 상호 배타적이다. 물체는 오직 '연장'을 통해서만 이해될 수 있으며, 그렇기에 물리학은 '사유' 개념을 필요로 하지 않는다. 만약 물체를 연구하는 데 새로운 개념들이 추가적으로 요구된다면, 그것들은 어디까지나 '연장' 개념으로부터 도출된 하위개념들일 뿐이다. 앞서 기술한 보편수학의 질서가 연구 대상의 차별성에 무관하게 적용되는 사유형식이라면, 단순개념들은 대상성(objecticity)을 규정하는 선험적 질서라 하겠다. 학문의 대상은 학문의 수만큼 다양하다. 형이상학은 정신을, 물리학은 물체를 대상으로 다룬다. 이 두 학문은 상이한 실체를 다룬다는 점에서는 다르지만, 확실성의 과학이라는 점에서는 같다. 요컨대, 두 학문에 있어 **질서**는 동일하지만, (내용을 구성하는) **계열과 연쇄**는 동일하지 않은 것이다.

③ **제3의 '실체'로서 인간**– 인간을 영혼과 육체의 결합(union)으로 규정하면서, 데카르트는 이 결합을 '사유'와 '연장'처럼 단순관념으로 분류한다.[5] 두 단순관념의 결합이 어떻게 또 다른 단순관념일 수 있는지는–존재론적으로 말하자면, 두 실체의 결합이 어떻게 제3의 실체로 인정될 수 있는지는–철학사의 영원한 논쟁거리로 남아 있다. 하지만 이 논쟁의 해결이 정념론의 정초와 관련하여 결정적인 것은 아니다. 보다 중요한 문제는 물리학과 형이상학의 그것들과는 다른 형태의 계열과 연쇄를 확보하는 일이다. 물리학은

5) Descartes, *Les Principes de la philosophie*, I, §53.

연장을, 형이상학은 사유를 다룬다. 정념론을 새로이 구성하게 될 계열과 연쇄들이 사유와 연장으로 환원된다면, 정념론은 독립된 학이 되지 못할 것이다. 즉, '[영혼과 육체의] 결합'은 단순관념이 아닌 것이 되어버린다. **정념체계의 고유한 계열과 연쇄**를 발견해야 할 필요성은 또 다른 측면에서도 제기된다. 형이상학과 물리학을 떠받치는 두 가지 기준이 정념론에서는 유효하지 못하다는 점에서 그러한데, 첫째는 참·거짓의 구분이고, 둘째는 실재와 현상(허상)의 구분이다. 정념이 어떤 대상에 대한 표상으로 나타날 때, 표상의 진위나 대상의 실재성은 이 정념의 본성을 결정하는 데 특별히 중요한 의미를 지니지 않는다. 실재적인 것과 상상적인 것에 대해 똑같이 반응할 수 있다는 점이야말로 정념의 가장 본질적이고, 고유한 특징이기 때문이다.[6)]

3. '정념'이란 무엇인가?

『영혼의 정념들』은 총 3부로 구성되어 있다. 1부는 정념의 일반적 정의를, 2부는 원초적 정념들의 종류와 그 특성을, 3부는 원초적 정념들로부터 파생된 개별 정념들을 다룬다. 정념에 대한 일반적인 정의를 시도하는 1부는, 정념의 문제를 전대미문의 영역처럼 다루겠다는 저자의 의지를 반영하듯, 매우 특이한 서술방식을 취하고 있다. 한편에서는 생리학적이고 의학적인 분석이, 다른 한편에

---

6) Cf. *Les passions de l'âme*, §26. (이하 *Les passions de l'âme*는 PA로 약기)

서는 통속심리학적(folk-psychological)이거나 도덕철학적인 분석이 논의를 이끌어가고 있는 실정이다. 이 점에서 『영혼의 정념들』은 그 어떤 일관성도 찾기 어려운 미궁처럼 보인다. 한 가지 짚고 넘어가야 할 점은 그것이 데카르트 정념론의 미궁인지, 아니면 (데카르트 역시 간과할 수 없었던) 정념 자체의 미궁인지이다. 신체적이며 동시에 정신적인, 한마디로 하이브리드(hybrid)한, 그래서 일원적인 분석이 어려운 대상이 정념이 아닌가?

1) 『영혼의 정념들』 1부의 논증구조와 의도

정념(passion)의 어원부터 살펴보자면, 정념은 '당하다', '무슨 일을 겪다'를 의미하는 동사 patîr에서 온 것이다. patîr의 반대말이 agir인 것처럼, passion의 반대말은 action이다. 정념의 어원적인 의미를 통해 데카르트는 우선 양가성의 문제를 부각시킨다. 예를 들어, 어떤 감각이 내 안에 발생했을 때, 나의 입장에서 보자면 그것은 분명 passion이지만 그것을 초래한 사물의 입장에서 보자면 action이다. 양가성의 문제는 정신과 신체의 관계에도 그대로 적용된다. 하나의 감각질(qualia)은 신체의 입장에서 보자면 능동이지만 정신의 입장에서는 피동이다. 요컨대, 능동과 피동의 구분은 사태-감각질-자체에서 오는 것이 아니라 주체를 누구로 상정하느냐에 따라 결정된다.

어쨌든 광범위하게 보자면 정념은 "우리가 우리 안에서 있는 것으로 경험하는 것들"[7] 중 하나이다. 역으로 우리 안에 있는 모두 경험이 정념인 것은 아니다. 그렇다면 정념은 어떤 종류의 경험인가?

정념의 정확한 정의를 위해 데카르트는 경험들을 아래에 제시된 방식으로 세분화시켜 나간다. 이 과정은 분석의 형태를 취하면서, 이후 정념의 기본 특질인 지향성을 밝혀내기 위한 예비단계가 된다.

> ① *신체의 기능들과 영혼의 기능들*—우리 안에 있는 것으로 경험된 것들 중 일부는 신체에, 다른 일부는 영혼에 귀속되어야(attribué) 한다. 즉, 신체와 영혼의 상이한 속성들(attributs)로서, 운동과 열기라는 신체의 두 기능과 사유라는 정신의 기능에서 유래한 것이다. (PA. §§3-5)
> ② *사유의 두 종류*—사유들(pensées)은 다시 "영혼에서 직접적으로 오는 것으로 경험된" 의지적인 것과 "그것들에 의해 표상되는 사물들에서 영혼이 수용한" 지각적인 것으로 구분될 수 있다. (PA. §17)
> ③ *의지적인 것의 두 종류*—사유들 중 의지적인 것은 *그 적용 대상에 따라* 순수 지성적인 것과 신체적인 것으로 구분된다. 전자가 영혼 안에서 종결된다면, 후자는 신체 혹은 신체적인 활동에서 종결된다. 예를 들어, 산책을 원하는 경우, 신체의 운동이 이 원함의 종결점이다. (PA. §18)
> ④ *지각적인 것의 두 종류*—사유들 중 지각적인 것은 영혼을 원인으로 갖는 것과 신체를 원인으로 갖는 것으로 구분된다. 상상이 첫 번째 경우의 대표적인 예이다. '신체를 원인으로 갖는 지각들'이란 표현이 혼돈을 초래할 우려가 있는데, 감각이나 인상처럼 신체가 실제로 원인인 경우를 지시하지는 않는다. 어디까지나 사유의 영역 내에서 지각의 한 종류를 분류된 것이기 때문이다. 데카르트는 두 번째 경우의 예로 영혼이 무언가를 원할 때 자신이 원하고 있음을 또한 지각할 수밖에 없음을 들었다. 이러한 지각은 영혼의 능동적 활동에 수반된 일종의 의식적 소여인 셈이다. (PA. §19)

이상 네 가지 구분을 통해 데카르트는 넓은 의미에서 '사유'라고

---

7) PA. I, §3.

지칭한 체험들을 중첩적으로 이원화시켜 간다. 그런데 구분의 기준 자체는 매번 똑같지 않다. 가령, 지각적인 것을 두 종류로 나눌 때는 사유의 원인이 그 기준이 되지만, 의지적인 것을 두 종류로 구분할 때는 사유의 적용대상이 그 기준이 된다. 지각적인 것과 의지적인 것의 구분은 사유의 출처라는 또 다른 기준에 따른다. 구분기준의 이러한 변화는 **연역적이기보다는 매우 임의적인 것**으로 보이는데, 데카르트는 이에 대해 특별한 해명을 덧붙이지 않는다. 아마도 그럴 필요성을 느끼지 못했던 것 같다. '정념을 지금껏 아무도 다룬 적이 없는 제재처럼 다루겠다'는 말 속에는 기존의 어떤 분류법도－정념의 본질을 선(先)규정하는 것처럼 보일 우려가 있기에－절대적인 것으로 수용하지 않겠다는 의미가 들어 있다. 오히려 데카르트는 체험을 분류하기 위해 자신이 선택한 기준들이 임의적인 것임을 기꺼이 인정할 것이다. 왜냐하면 임의적으로 선택된 기준들에 따라 능동과 피동이 어떻게 현현되는지를 보여주는 데 그의 궁극적 목적이 있기 때문이다.

능동과 피동을 +, －로 기호한다면, 네 가지 분류를 아래처럼 도식화시킬 수 있을 것이다. 신체의 기능들과 영혼의 기능들의 구분은 주체 자체가 다르기 때문에 +와 －로 평가할 수 없다. 데카르트에 따르면 그러한 평가가 오히려 정념의 몰이해를 초래하는 편견과 오해의 산물이다.

우리 안에 있는 것으로 경험된 것들

- 신체의 기능들
- 영혼의 기능들－지각적인 것들(－)－신체가 원인으로 추정 (-, -)
  - 영혼이 원인으로 추정 (-, +)
- －의지적인 것들(+)－ 신체에 적용되는 것 (+, -)
  - 영혼에 적용되는 것 (+, +)

능동과 피동의 측면에서 볼 때, 영혼이 원인으로 추정되는 지각들(-, +)과 신체에 적용되는 의지들(+, -)은 동일한 것이다. 앞서 언급한 기준의 임의성 덕분에 두 값의 환치가 언제든지 허용되기 때문이다. 데카르트는 바로 이 양가적 영역을 정념으로 규정한다. 문장으로 정식화시켜 보자면, 우리 안에 있는 것으로 체험되는 것들 중 영혼이 그 원인으로 추정되면서 신체에 의지적으로 적용되는 것들이 정념이다.

2) 정념의 주체는 영혼이 아니라 인간이다

능동과 피동에 따라 정념을 체험의 한 영역으로 규정한 뒤, 데카르트는 이를 상상의 한 종류로 재규정한다. 상상은 존재하지 않는 사물들을 마음속에 그려보는 것이기도 하지만, 꿈에서처럼 뇌에 남아 있던 인상들(impressions)이 우연한 계기들을 통해 되살아나는 과정 또한 포함한다. 따라서 상상을 영혼의 온전히 능동적인 활동으로 보는 것은 잘못이다. 원인의 다양성을 차치한다면, 상상은－보다 정확히 말해 상상의 결과로 주어진 지각은－ 세 종류로 구별될 수 있다. 외부 대상에 귀속되는 것, 우리의 신체 혹은 그것의 일부분에 귀속되는 것, 그리고 우리의 영혼에 귀속되는 것이 그것이다.[8] 이 구분은 존재론적으로 검증된 사실이 아니라, 우리가 경험적으로 알고 있는 사실이다. 어떤 체험이 우리 안에 주어졌을 때, 우리는 그것들의 원인을 외부 사물, 신체 혹은 영혼 중 하나에 곧장 연관시킨다(rapporter). 특별한 교육을 받지 않은 사람이라도 지각(perception), 느낌(sentiment), 감정(émotion)을 아무 어려움 없이 구분할 줄 아는 까닭이 바로 여기에 있다.

감각의 원인을 외부 대상으로 돌리면 감각은 지각이 되고, 자신의 신체로 돌리면 느낌이, 그리고 자신의 영혼으로 돌리면 감정이 된다. 넓게는 셋 모두가 정념으로 불릴 수 있지만, 엄밀한 의미에서는 세 번째 것만이 정념이다.[9] 정념(passion)은 감정(émotion)으로, 밖으로(e-) 움직이는(movere) 영혼의 활동이다. 물론 정념의 원상태는 감각이다. 외부 사물과의 조우를 통해 감각이 우리 안에 주어지는데, 이때 정념의 주체는 자기 스스로를 활동의 원인으로 상정하면서, 외부의 사물들을 획득해야 하거나 혹은 회피해야 하는 대상으로 표상하기 시작한다.

정념의 차원에서 주관과 객관의 분리는 표상에 앞서 주어진 존재론적 사실이 아니라, 표상 자체를 통해 구체적인 형태를 취하게 될 자의식의 일부인 셈이다. 이 점은 아무리 강조해도 지나치지 않을 것이다. 왜냐하면 이는 '정념의 주체가 누구인가'라는 주제와

---

8) Cf. PA., I, §22.

9) Cf. PA., I, §25: "encore que toutes nos perceptions … soient véritablement des passions au regard de notre âme lorqu'on prend ce mot en sa plus générale signification, toutefois on a coutume de le restreindre à signifier seulement celles qui se rapportent à l'âme même, et ce ne sont que ces dernières que j'ai entrepris ici d'expliquer sous le nom de passions de l'âme."

직결되어 있는 문제이기 때문이다. 내 안에 있는 것으로 체험된 것들의 원인을 외부 사물도, 신체도 아닌 영혼에 결부시킬 때, 영혼은 결코 (형이상학이 독립된 실체로 규정한) 정신을 의미하지 않는다. 정념의 주체로서 영혼은 신체와 정신의 결합체로서의 개인이 경험을 통해 후천적으로 형성하게 된 자아－현상학자들의 용어를 빌려 쓰자면, 인격persona-를 의미할 뿐이다. 체험을 지각, 느낌, 감정으로 구분하는 일이 경험적으로는 매우 자명한 일이지만 존재론적으로는 설명하기 곤란한 문제인 것처럼, 인격의 실체 역시 존재론적으로 규명되지 않는다. 인격이 어떤 본성을 지닌다면, 그것은 체험을 계기로 수행하게 될 역할을 통해서만 규정될 수 있기 때문이다. 앞서, 감정을 주체가 자기 스스로를 활동의 원인으로 상정하는 상태라고 말했는데, 이는 인격의 역할을 보여주는 대표적인 경우이자, 가장 원초적인 형태가 아닐 수 없다. 감정, 즉 정념의 분화에 따라 인격의 역할도 변화할 것이다. 정념 일반에 대한 데카르트의 정의는 이러한 변화와 무관하게 인격과 외부 대상 사이의 관계를 선험적으로 정립한다. 여기서 데카르트의 방식은 현상학적이라고 칭할 만한데, 그 까닭은 외부의 실제 대상이 아니라 지각의 원인처럼 *인식된* 대상과 이 대상에 대한 의식의 태도에 주목하기 때문이다.

3) 지향성이 정념의 출발점이다

정념 일반에 대한 정의의 최종 단계에서 데카르트는 다음과 같이 말한다. “모든 정념의 원리적인 효과는 영혼을 외부의 특정 사물들을 원하도록 자극하고 정향하는 데 있다.”[10) “사람들이 오직 영혼에만 연관시키는 지각들은 그 **효과들**이 영혼 자체 안에 있는 것처럼 느끼는 지각들이며, 일반적으로 그것들을 연관 지울 근접원인을 알지 못하는 지각들이다."[11] 더 정확히 말하자면, 그 원인을 알지 못하기에 영혼은 스스로를 이 지각들의 원인으로 상정하는 것이다. 그리하여 영혼은 *자발적으로* 특정 대상을 사랑하거나 미워하고, 희망하거나 혐오한다고 생각한다. 이것이 정념의 효과이자 본질이다.

설령 인상들이 거기에 매번 수반된다 하더라도, 정념의 본질은 사물 자체가 아니라 "영혼과 사물의 관계(rapport de l'âme aux choses)"에 있다. 영혼이 특정한 방식으로 외부 사물들에 정향되지 않는다면, 정념은 발생하지 않을 것이다. 이 점에서 감탄이 최초의 정념이자, 모든 정념의 출발점이 된다. 뒤에서 다시 언급하겠지만, 감탄은 새로운 대상에 대한 의식의 관심에서 기인하며, 이 대상의 가치에 대한 후속적인 판단들에 의해 사랑, 미움, 욕망, 기쁨, 슬픔의 정념이 즉각적으로 발생한다. 이 정념들이 즉각적인 까닭은 판단의 형식이 자아의 실존적 태도에 맞물려 있기 때문이다. 그 원초적인 모습에서 볼 때, 정념은 인간이 세상을 체험하는 한 방식으로, 과학적 지식이 요청하는 객관적 인식과는 상이한 **질서**를 지닌 표상체계다. 물리학이나 형이상학으로 환원되지 않는, 정념론 고유의 영역이 확보되는 지점이기도 하다.

10) PA. I, §40: "le principal effet de toutes les passions dans les hommes est qu'elles incitent et disposent leur âme à vouloir les choses auxquelles elles préparent leur corps."

11) PA. I, §25. 강조는 필자의 것임.

4. 여섯 가지 모(母)정념들

앞서 밝힌 것처럼 『영혼의 정념들』 1부의 목표는 어디까지나 정념 일반에 대한 정의를 내리는 데 있기에 정념들의 종류와 성질에 대해서는 아무것도 밝혀지지 않은 상태이다. 개별 정념들의 종류는 2부에서 본격적으로 다루어진다. 1부의 목표가 정념체계의 고유한 **질서**를 확보하는 데 있었다면, 2부의 목표는 이 체계를 실질적으로 구성하는 **계열과 연쇄**를 찾는 일이다. 분류가 다시금 분석의 기능을 담당한다. 위계와 친족 관계에 따라 개별 정념들을 분류하면서 데카르트는 정념체계의 분화를 관장하는 기본 원리들을 분석해낸다.

데카르트는 우선 정념을 크게 원초적 정념과 파생된 정념으로 구분한다. 원초적 정념은 총 여섯 가지로 감탄, 사랑, 미움, 욕망, 기쁨, 슬픔이 그것이며, "그 밖의 나머지 것들은 이 여섯 가지 [정념들]의 조합이거나, 아니면 변종(espèces)들이다."[12] 데카르트는 여섯 가지 원초적 정념들을 다음과 같이 정의한다.

· **감탄**은 드물고 기이한 것으로 보이는 대상들을 주의 있게 관찰하도록 영혼을 이끄는, 급작스러운 놀람이다. (*Passions de l'âme*, Ⅱ, §70)

· **사랑**은 정기(esprits)의 움직임에 의해 촉발된 영혼의 감정(l'émotion de l'âme)으로, 그에게 적합한 것으로 보이는 대상들에 의욕적으로 결합하도록 영혼을 독려하는 감정이다. (PA. Ⅱ, §79)

· **미움**은 정기들의 움직임에 의해 촉발된 영혼의 감정으로, 그

12) PA. Ⅱ, §69.

에게 해로운 것으로 보이는 대상들로부터 멀어지기를 원하도록 영혼을 독려한다. (PA. Ⅱ, §79)

· **욕망**의 정념(la passion du désir)은 정기들에 의해 촉발된 영혼의 동요로, 영혼이 편리한 것으로 표상한 사물들을 미래에 원하도록 정향시킨다. (PA. Ⅱ, §86)

· **기쁨**은 영혼의 쾌적한 감정으로, 뇌의 인상들이 영혼에게 그의 것으로 재현한 좋은 것(le bien)을 만끽함이 거기에 속한다. (PA. Ⅱ, §91)

· **슬픔**은 불쾌한 의기소침으로, 영혼이 나쁜 것(le mal)으로부터, 혹은 뇌의 인상들이 영혼에게 속하는 것으로 영혼에게 재현한 결함으로부터 받은 불편함이 거기에 해당한다. (PA. Ⅱ, §92)

정의를 통해 드러나다시피, 사랑은 미움에 대립되는 정념이며, 기쁨은 슬픔에 대립되는 정념이다. 이와 달리 감탄과 욕망은 대립되는 정념들이 없는 것처럼 정의된다. 엄밀히 따지자면, 감탄만이 대립되는 정념을 지니지 않는다. 욕망을 정의하면서 데카르트는 선의 추구와 악의 회피라는 이원구도를 전제한다. 다만 전통적인 해석과 달리 데카르트는 양자를 별도로 분리하여 파악할 수 없는 단일 심리기제로 보았다. "그것의 박탈이 악이 아닌 선은 있을 수 없는 것처럼, 그것의 제거가 선이 아닌 악도 있을 수 없다."[13] 따라서 욕망과 혐오는 동일한 것이다. 차이가 있다면, 한쪽에는 사랑과 기쁨이 수반되고 다른 한쪽에는 미움과 슬픔이 수반된다는 점이다.

13) PA. Ⅱ, §87.

사랑과 미움의 대립을 고려한다면, 욕망에 대립되는 정념이 없다고 말하기보다는 욕망 자체가 (유용한 것과 해로운 것의) 양극성(polarity)에 기초한 정념이라고 말하는 편이 옳을 것이다. 이와 달리, 감탄은 유용함과 해로움에 대한 평가가 이루어지기 이전에 주어지는 감정이다. 이 점에서 감탄은 다른 모든 원초적 정념들에 시간적으로 앞서는 정념이며, 유일하게 반대 정념을 지니지 않는 정념이다.

감탄에서 사랑과 미움으로, 그리고 욕망으로 전개되는 과정은 시간적인 선후관계를 지닌다. 낯선 사물들과의 최초의 접촉에서 영혼은 감탄의 정념을 지니며, 이후 이 사물들의 실용적 가치에 대한 평가에 따라 사랑과 미움의 정념이 등장한다. 현재에서 미래의 대상으로 사랑과 미움이 옮겨질 경우 – 즉, 사랑하는 대상이 나타나길 기대하거나 싫어하는 대상이 나타나지 않기를 원하는 경우 – 두 정념은 이제 욕망이 된다. 그리고 욕망하던 바가 마침내 실현되거나 좌절될 때, 사람들은 기쁨과 슬픔을 느낀다. 물론 이러한 설명이 데카르트만의 고유한 것은 아니다. 데카르트의 독창성은 오히려 원초적 정념들의 시간적 선후관계 속에서 일종의 논리적 선후관계를 포착했다는 데 있다. 논리적으로 해명된 원초적 정념들의 선후관계는 무엇을 의미하는가? 그것은 다름 아닌 정념의 기본구조이다. 정념들의 분류를 통해 데카르트가 분석하고자 했던 바가 바로 이 구조이다. 모(母)정념들 간의 논리적 선후관계를 정리해보면 다음과 같다.

① **감탄은 모든 정념의 형식적 조건이다** – 새롭지 못한 사물들은 관심의 대상이 되지 못한다. 그것들은 우리의 주의를 환기시키지

못한 채, 다른 사물의 배경처럼 의식에 표상될 뿐이다. 어떤 대상에 대해 특정한 감정을 갖기 위해서는 우선 이 대상에 주의(注意)해야 한다. 주의는 외부의 환경이나 자극 가운데 특정한 것만을 인지하거나 그것에만 반응하는, 선택적이고 집중적인 마음의 작용이다. 따라서 감탄은 모든 정념에 수반되는, 필수불가결한 정념이다. 감탄이 생기지 않으면, 다른 어떤 감정도 또한 생기지 못한다.

② **감탄에는 대상의 중요성에 대한 판단이 들어 있다** - 데카르트는 감탄의 이유를 사물의 새로움 때문이라고 말했는데, 여기서 새로움은 단순히 대상의 낯섦, 익숙지 않음을 의미하지 않는다. 감탄으로부터 곧장 존중과 경시의 정념이 발생하는 것을 보면 알 수 있다. 전자가 대상의 위대함, 우월함에 대한 감탄의 한 종류라면, 후자는 대상의 하찮음, 비루함에 대한 것이다. 요컨대, 감탄에는 대상의 중요성에 대한 판단이 이미 함축되어 있다.

③ **대부분의 정념은 사랑 · 미움의 양극성에 따라 구조지어진다** - 사물들의 중요성은 다양한 원칙들 - 대부분의 경우 이원성으로 표현되는 선호판단의 원칙들 - 에 의해 매겨지며, 그것들은 동시에 다양한 개별 정념들을 산출하는 계기들이 된다. 개별 정념들이란 새로운 원칙들의 중재를 통해 개별화된 - 혹은 개성화된 - 감탄이라고 정의해도 좋을 것이다. 개별화의 과정은 정념 체계를 매우 복잡다단한 구조로 발전시키지만, 공시적으로 볼 때 이 과정은 충동과 회피의 양극성으로 환원될 수 있다. 이런 이유에서 사랑과 미움은 원초적 정념으로 인정된다.

④ **정념들은 욕망주체와 대상에 대한 인지적 판단이다**－충동과 회피의 메커니즘으로 파악된 정념들은 단순히 외부의 대상과의 접촉에서 오는 일시적인(episodic) 느낌이 아니라 행위의 동기들을 구성하는 지속적인 느낌이 된다. 이 느낌이 욕망이다. 미래의 사건 혹은 대상에 대한 충동과 기피를 주관하는 욕망은 원초적 정념이기는 하지만 사랑과 미움보다는 하위의 것이다. 또 다른 원초적 정념인 기쁨과 슬픔은 욕망의 실현 혹은 좌절에 따른 영혼의 상태로, 욕망주체와 이 주체가 처해 있는 상황에 대한 인지적 평가가 그것들에 있어 매우 본질적인 요소이다. 이 두 정념은, 비록 행동의 직접적인 동기가 될 수는 없지만, 새로운 욕망을 촉발시킴으로써 행동을 유발할 수 있는 원초적 정념들이다.[14)]

테제①이 앞 절에서 이미 언급한 지향성을 기술한 것이라면, 나머지 세 테제들은 현대 인지주의 감정이론이 '명제성' 혹은 '명제적 태도'라고 지칭하는, 판단에의 의존성을 기술한다. 정념이 다양한 형태로 개별화, 세분화하는 것은 대상에 대한 주체의 태도가 바뀌기 때문인데, 이는 항상 '대상은 ～하다'라는 명제형식으로 표출된다. 달리 말해, 대상에 대한 판단이 바뀌면 정념의 모습도 또한 달라진다. 현대 인지주의 감정이론에 앞서, 데카르트는 지향성과 명제성을 이미 정념의 기본 구조로 파악하고 있음을 여기서 확인할 수 있다. 특히, 두 특질을 직관적으로 주장한 것이 아니라, 분류학의 형식으로 제시된 정념들의 체계로부터 연역적으로 도출했다

14) Cf. PA. Ⅱ, §143.

는 점에서 그는 인지주의적 성향을 지닌 기존의 철학자들로부터 확실히 차별화된다. 분류와 분석의 내밀한 공조, 바로 이 점이 그를 현대 인지주의 감정이론의 선구자로 볼 수 있는 근거이다. 물론 분류와 분석의 공조가 모든 면에서 효과적인 것은 아니다. 그러한 공조가 오히려 예상치 못한 문제점을 낳고 있음을 이제 살펴볼 것이다.

5. 양가성의 논리와 데카르트 감정이론의 딜레마[15)]

『영혼의 정념들』 3부는 원초적 정념들로부터 파생된 개별 정념들의 종류와 그 특성들을 세세히 기록하고 있다. 이 기록은 동시에 '정념들을 어떻게 제어할 것인가'라는 매우 실천적인 물음에 대한 데카르트의 답변이기도 하다. 우리는 자신의 정념을 스스로 제어하고 통제할 수 있을까? 데카르트는 이성에 의한 정념의 통제가 충분히 가능하다고 보았는데, 그 단서는 2부 후미에서 제시되고 있다. 개별 정념들에 대한 3부의 세세한 분석 대신에, 그것의 이론적 근거가 되고 있는 2부의 마지막 논의들을 살펴보도록 하자.

데카르트는 『영혼의 정념들』 2부를 내적 감정(émotion intérieure)에 대한 논의로 마무리한다. 내적 감정은 "영혼에 의해 영혼 안에

15) 현대 인지주의 감정이론의 대표적 인물인 솔로몬의 입장을 공격하면서 그린스펀도 양가감정(ambivalent emotion)의 문제를 화두로 삼았다. 그는 반대되는 두 판단은 동시에 참일 수 없지만, 반대되는 두 감정은 동시에 적절한(appropriate) 것일 수 있음을 지적한다. 본 절에서 다룰 데카르트의 양가성 개념은 그린스펀의 그것과 완전히 일치하는 것은 아니다. 미리 밝혀두자면, 데카르트는 일종의 판단중지의 논리로 양가성 개념을 활용한다. 솔로몬의 입장에 대해서는 R. C. Solomon, *The Passions*, (New York, Doubleday, 1976)을 참조. 그린스펀의 인지주의 비판에 대해서는 P. Greenspan, "A case of mixed feeling: ambivalence and the logic of emotions", in *Explaining emotions*, (ed. A, O. Rorty, Berkeley, University of California Press, 1980)을 참조.

촉발된 감정"[16]으로 정의된다. 예술체험이 가장 대표적인 경우이다. 한 편의 연극을 관람하면서 사람들은 여러 가지 정념들을 품게 된다. 두려움과 연민으로부터 환희와 경탄까지, "대상들의 다양성에 따라" 상이한 정념들이 관객의 마음속에 일어나는데, 이 정념들의 내적 체험이 관객들에게는 즐거움이 된다. 비슷한 사례로 데카르트는 부인을 사별한 남편의 예를 든다. 죽은 부인을 표상할 때마다, 그는 가슴이 에이는 듯한 슬픔에 사로잡힐 것이다. 하지만 그는 동시에 "영혼의 가장 내밀한 곳에서 비밀스러운 기쁨을 또한 느낀다."[17] 비극작품을 즐기는 극장의 관객처럼, 이 남자는 자신의 마음속에 일어난 슬픔을 통해 기쁨이라는 내적 감정을 체험하는 것이다. 일종의 카타르시스가 이루어졌다고 말할 수 있겠는데, 이 기쁨의 대상은 죽은 부인이 아니라 그녀에 대해 자신이 현재 느끼고 있는 슬픔이라는 또 다른 감정이다.

『영혼의 정념들』 2부를 마무리하면서 데카르트는 왜 내적 감정의 문제를 제기하는 것일까?[18] 데카르트는 아마도 두 가지 사실을 환기시키고 싶었던 것 같다. 첫째는 **의식의 투명성**이다. 데카르트에 따르면, 영혼은 자기 안에 일어나는 모든 것을 의식해야만 한다. 어떤 관념, 어떤 생각, 어떤 욕구가 자기 안에 발생했을 때, 영혼은 자신이 그것들을 가지고 있음을 동시에 지각해야만 하는 것이다. 이 지각이 내적 감정이다. 내적 감정은 정념들에만 수반되는 것이

16) PA. Ⅱ, §147.

17) *Ibid.*

18) 내적 감정의 문제는 정념에 대한 데카르트 자신의 정의를 공고히 하기보다 오히려 약화시키는 것처럼 보인다. 내적 감정에 대해 지향성이야 어떤 식으로든 확보될 수 있겠지만, 명제성은 인정되기 어렵지 않겠는가? 데카르트 자신의 말마따나 사별한 남편이 체험한 기쁨은 '비밀스러운' 것으로, 무의식적인 체험에 가깝다.

아니라 모든 종류의 사유, 심지어 순수 지성적 사고에도 수반되는 감정이다. 둘째로 데카르트는 내적 감정을 통해 **정념의 양가성**을 환기시키려 했다. 원초적 정념으로서 기쁨과 슬픔은 분명 화해 불가능할 만큼 배타적이다. 하지만 내적 감정의 차원에서 보자면, 두 정념의 배타성은 언제든지 해소될 수 있는 것이다. 하나의 동일한 사태로부터 슬픔의 정념과 기쁨의 정념을 동시에 맛볼 수 있다면, 두 정념 간의 대립은 절대적인 것이 아니라 상대적인 것, 양극(polarity)이 아니라 양가성(ambivalence)을 의미할 뿐이다. 양가적 정념들은 상호 대체 가능한 정념들이다. 데카르트는 이 대체 가능성에서 '정념을 이성이 어떻게 통제할 수 있는가'라는 질문에 대한 답을 찾는다. 대상에 대한 판단을 바꿈에 따라 정념 역시 정반대의 정념으로 탈바꿈할 것이며, 이러한 정념대체를 의식적으로 반복하다 보면 영혼은 어느새 정념의 구속으로부터 자유로워질 것이다.[19]

두 번째 측면과 관련하여 한 가지 역사적 고찰을 덧붙이자면, 양가성의 논리는 소크라테스 이래 정념의 상대성을 폭로하기 위해 철학자들이 주로 사용해오던 변증술의 한 형식이었다. 예를 들어, 선·악의 기준으로 쾌·고의 감정을 주장하는 칼리클레스에게 소크라테스는 쾌와 고통이 동시에 오고, 또 동시에 소멸됨을 보여준다. 배고픔은 고통이고, 배고픔을 채우는 일은 즐거움이다. 하지만 배가 부르면, 배고픔의 고통과 먹는 즐거움이 동시에 사라진다.[20] 따라서 쾌·고의 감정은 하나의 사태에 대한 상반된 두 입장인 셈

---

19) 이와 관련된 내용은 Eliasabeth에게 보낸 1645년 8월 4일자 편지와 Christine에게 보낸 1647년 11월 20일자 편지에 담겨 있다.

20) 플라톤, 『고르기아스』 497d.

이며, 그렇기에 결코 사태 자체에 대한 객관적인 판단의 근거가 될 수 없다. 쾌 · 고의 감정으로부터 발생한 다른 모든 감정에 대해서도 동일한 평가가 가능하다. 그것들은 기껏해야 주관적이며 상대적인 가치판단을 함축할 뿐, 선 · 악의 절대적 기준이 되기에는 역부족이다.

앞 절에서 이미 한 차례 언급한 것처럼, 데카르트는 여기서 한 걸음 더 나아가 선 · 악의 구분 역시 양가적임을 주장한다. 그에게 있어, 선과 악의 양가성은 선 · 악의 내면화에 따른 결과이다.[21] 즉, 선과 악은 무형의 정념을 개별화하는 많은 판단 형식들 중 하나일 뿐이다. 정념의 구조는 사실판단이 아니라 가치판단의 영역이다. 판단의 형식에 따라 하나의 대상은 사랑, 욕망, 혹은 기쁨의 대상이 되며, 판단의 내용이 바뀜에 따라 사랑은 미움으로, 희망은 불안으로, 기쁨은 슬픔으로 바뀐다. 하지만 판단은 어디까지나 영혼의 활동인바, 정념의 원인들은 외부에 있지 않고 오로지 영혼 자신에게 있다고 하겠다. 선 · 악의 구분 역시 판단의 문제로 상대화시킨 데카르트의 이러한 선택은 분명 인지주의적 감정이론을 정립하는 데 큰 기여를 한다. 하지만 가치실재론의 모든 가능성을 차단해버리는 결과를 동시에 초래한다. 달리 말해, 인간이 무언가를 의욕하고 행함에 있어 그 어떤 객관적 척도도 ― 예를 들어, 이전의 철학자들이 본성(nature)의 이름으로 제시했던 선의 추구와 악의 회피와 같은 자연적인 경향성을 ― 기대할 수 없게 된 것이다. 무언가가 좋은 것[선]으로 판단되기에 그것을 원한다고 말하지만, 도대체 사람들이

21) Cf. PA. Ⅱ, §147; "좋은 것(the good), 혹은 나쁜 것(the bad)으로 표상된 대상들에 대한 나의 욕망은 사랑과 미움, 기쁨과 슬픔의 정념으로...."

원하는 좋은 것이 무엇인지는 말해줄 수 없다는 것이다.

데카르트는 분명 정념들의 분화과정을, 생리학적 기제와 도덕철학적 기제를 배제한 채, 철저히 인지주의적 관점에서 포착했던 최초의 철학자이다. 의식의 투명성과 정념의 양가성이라는 두 원칙이 이 배제의 논리인 셈이다. 전자는 생리학적 환원주의를, 후자는 도덕형이상학적 실재론을 배격한다. 하지만 두 원칙의 조합은 전혀 예상치 못한 새로운 문제를 초래한다.[22)]

의식의 투명성은 데카르트에게 있어 의식의 통일성을 의미한다. 모든 관념은 곧 나의 관념이어야 한다. 이 점에서 데카르트는 관념의 무한증식을 부정한다. 예컨대, 관념의 관념은 가능하지만, 관념의 관념에 대한 제3의 관념은 가능하지 않다는 것이다. 만약 이를 인정하면 무한퇴행이 불가피하게 발생할 것이며, 그 결과 사유하는 자기 자신의 확실성에는 결코 도달하지 못할 것이다. 내적 감정은 바로 의식의 통일성에 수반된 감정으로, 자기 안에서 체험된 모든 감정이 *자기 자신의 것*, 즉 자신의 의지대로 통제될 수 있는 대상임을 깨닫는 데서 온다. 이 점에서 데카르트는 철저히 스토아주의자이다. 인간의 감정을 논하기에 앞서, 스토아 철학자들은 우리 인간에게 의존하는 것과 그렇지 못한 것을 구분하는데, 판단만이 우리에게 전적으로 달려 있는 사태로 표상된다. 내적 감정을 논구하기 바로 직전 데카르트도 동일한 수순을 밟는다.[23)] 그 결과, 영혼

22) 데카르트가 이 문제를 실지로 인지했는지 어떤지는 알 수 없다. 확실한 것은 스피노자가 감탄에 대립되는 정념은 없다는 데카르트의 주장을 비판할 때, 이 문제를 데카르트 정념론의 치명적인 결함으로 인식했다는 점이다. 감탄의 대립정념이 존재함을 주장하는 스피노자의 요지는 정념의 논리에 대한 순수 현상학적 관찰이 불가능하다는 것이다. 왜냐하면 감탄의 상태 역시 정념의 논리에, 즉 이분법적 가치판단에 예속되어 있기 때문이다.

23) 내적 감정을 다루기에 앞서 데카르트도 이 구분을 제시한다. Cf. PA. Ⅱ, §§144-145.

이 자기 안에 있는 것으로 체험한 감정들은 전적으로 영혼에게 달려 있는 것으로, 즉 판단에 의해 좌지우지되는 것으로 선(先) 규정된다. 정념의 양가성이 여기에 덧붙여져, 영혼의 분열을 초래하는 것처럼 보였던 대립 감정들은 영혼 안에 공존하는, 그래서 이성적으로 혹은 객관적으로 평가 가능한 판단들로 축소된다. 더 정확히 말하자면, 판단이 보류된 두 관념으로 전락한다. 상반된 두 감정이 상대적이고 주관적인 견해임을 인지한다는 것은 그 어느 쪽에도 동의(assent)하지 않겠다는 말이기 때문이다. 정념의 양가성은 곧 판단중지의 논리인 셈이다. 현대의 비인지주의적 감정이론가들이 양가적 감정을 내용적으로는 상반되지만 여전히 적절한(appropriate) 두 감정으로 이해하는 데 반해, 데카르트는 내용적으로 상반되기 때문에 적절하지 못한, 즉 의지의 정향을 유발하지 않는 감정들로 잘못 이해한 것이다.

『영혼의 정념들』 3부의 정념들은 어디까지나 유발성(valence)이 상쇄된 감정들이다. "캔버스 위의 말 없는 이미지들처럼"[24] 펼쳐져 있는 이 감정들을 영혼은 화랑의 관객처럼 거리를 유지한 채 관망한다. 이는 데카르트 정념론이 취하고 있는 거리이기도 하다. 파노라마처럼 펼쳐진 정념들의 성채를 관망하면서 저자는 정념의 분화를 관장하는 인지적 구조들을 그 안에서 도출해낸다. 하지만 이 정념론이 결코 설명할 수 없는 한 가지가 있으니, 그것은 다름 아닌 정념들의 유발성이다. 영혼을 이런저런 행위들로 이끌어가는 정념의 힘이 어디서 오는지 데카르트는 말해주지 않는다. 이는 어찌 보

24) 이는 스피노자가 데카르트의 감정이론을 비판하면서 사용한 표현이다.『에티카』2부, 정리49, 주석.

면 당연한 논리적 결과이다. 유발성의 배제를 통해 감정의 인지적 구조를 해명하려는 시도는 바로 그 이유로 인해 개별 감정들이 어떻게 영혼의 충동과 회피를 유발하는지 설명하지 못한다.

이러한 딜레마는 『영혼의 정념들』 안에서 일종의 구조적 괴리로 나타난다. 여섯 가지 원초적 정념들을 지정할 때, 데카르트는 수백의 상이한 정념들이 원래는 단일한 정념에서 파생됨을 전제한다. 원초적인 것과 파생된 것은 어떻게 구별되는가? 데카르트는 정념의 경험적 분류를 우선 제시한 후, 그로부터 제 정념들 간의 위계를 규명해낸다. 이를 통해 여섯 정념들의 원초성을 지정하는 구조가 분석되는데, 데카르트는 이 구조에 의거 개별정념들이 파생되는 인지주의적 원리를 최종적으로 밝혀낸다. 문제는 최초에 제시된 정념의 경험적 분류가 이미 이 원리에 따라 선택되었다는 점이다.[25] 이러한 순환논법 뒤에는 상호배타적으로 보이는 두 원리가 숨겨져 있다. 하나는 정념의 통일성을 설명하는 기능적 원리이고, 다른 하나는 정념의 다양성을 설명하는 인지적 원리이다. 모든 정념은 영혼의 능동성과 수동성을 기능적으로 보여준다는 점에서 수렴점을 지닌다. 데카르트가 정념 일반에 대한 정의를 통해 보여주고자 했던 측면이다. 반면, 정념의 다양성은 상이한 원리에 따르는데, 판단의 형식들이 그것이다. 예를 들어, 여섯 가지 모(母)정념들의 분화는 *새로움/ 낯익음*, *유용함/ 해로움*, *현재/ 미래*의 구분에 따라 이루어지며, 여기에 새로운 이원성들이 – *실현 가능함/ 실현 불가능함*, *원인/ 결과* 등등이 – 추가됨에 따라 파생 정념들이 등장한다.

25) D. Kambouchner, *L'homme des passions*, I, p.244 *sq*. 여기에 제시한『영혼의 정념론』2부의 구조적 문제에 대한 지적들은 모두 캄부슈네르의 분석을 수용한 것이다.

데카르트의 정념론 안에 미해결로 남아 있는 문제는 인지적인 원리와 기능적인 원리가 어떻게 결합되는지이다.

6. 나가는 말

『영혼의 정념들』이 직면하고 있는 딜레마는 어찌 보면 데카르트의 인간학이 전제로 삼고 있는 이성과 의지의 이분법에 의해 이미 예견된 결과이다. 감정연구는 판단의 형식에 수렴되든지, 아니면 그것과는 무관한 동의의 심리학에 수렴되어야만 한다. 행위의 비일관성에 비춰볼 때, 동의는 이성적으로만 설명될 수 없는 결단의 차원을 확실히 내포한다. 데카르트의 선택은 전자, 즉 감정의 이성화였다. 그 결과, 감정의 의지적 측면은 무시된다. 감정이 어떻게 충동과 회피를 영혼 안에 유발하는지 그는 설명하지 못한다. 사실, 감정의 이성화는 감정과 행위의 긴밀성을 상쇄할 목적에서 출발한다. 왜냐하면 이 긴밀성은－너무나 흥분하여 비이성적으로 행동한 사람의 경우에서 볼 수 있는 것처럼－어떠한 합리적 분석을 허락하지 않기 때문이다. 분석성에 대한 집착이 감정을 이성화하는지도 모를 일이다. 만약 그것이 사실이라면, 이성과 의지의 이분법은 감정의 이성화를 위한 전제가 아니라 오히려 그 결과로 보아야 할 것이다. 요컨대, 감정을 판단의 차원으로 소급시키다 보니, 판단에 대한 동의를 책임질 자유의지가 이론적으로 요청되는 것이다. 이성과 의지의 이분법은 앎과 실천 사이의 해명되지 않는 간극을 인지와 감정 사이에 옮겨 놓고 있을 뿐이다. 이 점이 데카르트의 인지주의 감정이론이 지닌 딜레마이자 한계가 아닐 수 없다.

그렇다면 현대의 인지주의 감정이론은 데카르트의 딜레마를 해결했을까? 비인지주의 진영의 공세에 맞서, 현대의 인지주의자들은 명제성을 기꺼이 포기하는, 매우 유연성 있는 이론을 제시하고 있다. 믿음과 판단을 대체할 새로운 인지 개념을 찾는 데 그들의 주안점이 맞춰진다.[26] 이러한 시도들이 데카르트의 딜레마에 대한 효과적인 대안이 될 수 있을까? 현대 인지주의 감정이론의 대표주자로 분류되는 드 수자가 감정의 영역을 정의하고 있는 다음 글을 읽어보면, 결코 긍정적으로 답할 수만은 없는 일처럼 보인다.

> "우리가 선호하는 것과 행하기로 결정한 것 사이에, 그리고 우리가 행하기로 결정한 것과 실제로 행한 것 사이에 간극이 있는 것처럼, (……) 우리가 알고 있는 것 혹은 믿고 있는 것과 우리가 선호하는 것 사이의 간극은 아직 선호의 차원은 아니지만 사실적 진실에 대한 단순한 동의 이상인, 가치 지정의 차원을 [상정토록 한다]."[27]

저자는 감정의 영역을 믿음과 선호의 차원 사이에 위치 지우면

---

26) Cf. Solomon, "Emotions, thoughts, and feelings" in *Thinking about feeling*, p.79: "there has been a lively debate (within the "cognitive" camp) whether the type of cognition in question is best tought of as a belief, a thought, a judgment, or as as something else. Many authors, Jeffrey Murphy and Kendall Walton, for example, suggest *beliefs*. Jerome Neu(1977) suggests that the cognitive elements that matter most are *thoughts*, a view that (at least nominally) goes back to Descartes and Spinoza. Several philosophers join me in defending the theory that emotions are *evaluative judgments*, a view that can be traced back to the Stoics. Cheshire Calhoun has suggested "seeing as" and Robert Roberts has offered us "constructual" as alternative, more perceptual ways of understanding cognition in emotion(Calhoun 1984, Roberts 1988). Other theorists, especially in psychology and cognitive science, play it safe with "cognitive elements" or "cognitive structures"(e.g. Ortony, Clore, and Collins 1988; Gordon 1978). Some psychologists have argued that "appraisals" are "cognitions" (Lazarus 1970, 1994)."

27) R. De sousa, "Emotions, what I know, what I'd like to think I know, and what I'd like to think", in *Thinking about feeling*, p.69. 데카르트와 매우 흡사하게, 드 수자도 예술체험에서 감정이론의 새로운 모델을 발견한다. 이와 관련된 내용은 De Sousa의 *Emotional truth*, 3장을 참조.

서, 인지적 요소와 행위추동적 요소를 모두 겸비한 '가치론적인 어떤 것(the axiological)'으로 정의하고자 한다. 감정을 명제적 태도에 귀속시켰던 기존의 이론들보다 확실히 유연한 태도를 취하고 있지만, 문제는 이성과 의지의 이분법에 호소함으로써 그러한 성과를 얻고 있다는 점이다. 이성과 의지의 이분법에서 기인한 데카르트의 딜레마는 여전히 지속되고 있는 셈이다.

참고문헌

플라톤, 『고르기아스』, 김인곤 역, 서울, EJB, 2011

Beyssade J-M., *Etudes sur Descartes: l'histoire d'un esprit*, Paris, Seuil, 2001

Cassirer E., *Descartes, Corneille, Christine de Suède*, traduit par M. Francès et P. Schrecker, Paris, J. Vrin, 1997

Descartes R., *Oeuvres Philosophiques,* vol. 3, F. Alquié(ed.), Paris, Garnier, 1996

De sousa R., "Emotions, what I know, what I'd like to think I know, and what I'd like to think", in *Thinking about feeling: contemporary philosophers on Emotions*, R. C. Solomon(ed.), Oxford, Oxford University Press, 2004

____________, *Emotional truth*, Oxford, Oxford University Press, 2011

Greenspan, P., "A case of mixed feelings: ambivalence and the logic of emotions", A. Rorty(ed.), *Explaining Emotions*, Berkeley, University of California Press, 1980

Kambouchner D., *L'homme des passions: commentaire sur Descartes*, vols. 2, Paris, Albin Michel, 1995

Price A. W., "Emtions in Plato and Aristotle", in *Philosophy of emotion*, ed. by P. Goldie, Oxford, Oxford University Press, 2010

Solomon R. C., *The passions*, New York, Doubleday, 1976

______________, "Emotions, thoughts, and feelings", *Thinking about feeling*

이성과 감정의 이원론을 넘어

– 현대 감정론을 통해서 본 헤겔 감정론 –

소병일

1. 들어가며
2. 현대 감정론의 논쟁 구도
3. 현대 감정이론의 구도에서 본 헤겔의 감정 개념
4. 나오며

1. 들어가며

본 논문은 현대 영미 감정론의 기본적인 주장과 쟁점을 검토한 후, 그 이론구도로 포섭되지 않는 또 하나의 관점으로서 헤겔의 감정론의 특징을 논하고자 한다.

오늘날 감정에 대한 연구는 현대 영미 철학에서 인지주의와 비인지주의의 대립구도로 활발히 진행되고 있다. 두 입장의 핵심적인 쟁점은 감정의 인지성을 어떻게 규정할 것이냐에 관한 것이며, 이에 관해 양자는 물론이고 같은 계열의 입장 내부에서도 논쟁이 지속되고 있다. 그리고 이러한 상황은, 다른 분과 학문을 통해 이룬 이론적 발전과 그 세부적인 논의의 긍정성을 받아들일 수 있다고 하더라도, 근본적으로 감정에 관한 그들의 이론적 대립구도가 다분히 소모적인 인상을 준다.

본 논문은 과연 인지주의자와 비인지주의를 가르는 그들의 이론적 전제와 대립구도가 감정에 관한 연구에 있어 적절한 출발점이 될 수 있는가라는 물음에서 시작한다. 그리고 양자의 대립적 구도를 넘어설 수 있는 또 다른 철학적 관점으로서 헤겔 철학을 검토하고자 한다. 외면적으로 보자면 헤겔의 입장은 인지주의자에 가까워 보인다. 그러나 그가 인지를 이해하는 방식이나 감정의 운동 원리에 대한 이해에 있어 현대의 인지주의와 동일선상에 놓기는 어렵다. 헤겔의 감정론은 인지주의와 비인지주의의 대립구도로 포섭되지 않는 감정 이해방식을 제시한다. 더 정확히 말하면, 헤겔은 현대 감정론에서 언급하는 감정의 인지적인 요소와 비인지적 요소가 대립적인 것이 아니라 상호전제하거나 상호작용한다고 본다.

헤겔 감정론의 고유한 특징을 설명하기 위해 본 논문은 우선 현대 감정론의 기본 입장과 대립구도와 그 이론적 한계 상황을 검토할 것이다. 그리고 헤겔의 감정이론의 특징을 설명하고, 마지막으로 현대 감정론과 헤겔의 입장을 비교해볼 것이다.

2. 현대 감정론의 논쟁 구도

감정(emotion)은 인간의 심성에 관한 다른 개념들처럼 명확하게 정의하기 어려운 개념이다.[1] 철학사를 보면 감각이나 감정에 관한 논의는 (도덕적) 실천에 대한 관심에서 시작되었다.[2] 그리고 철학

---

1) 고대 그리스는 쾌와 불쾌 그리고 사랑, 미움, 즐거움, 공포 등을 pathos라고 표현했고, 이는 라틴어로는 passio, affectus로 표현되었다. 근대에 이르러 emotion은 광의의 정서를 나타내는 표현이 되었고, 좁은 의미로는 passion이 감정을 나타내는 표현으로 사용되었다. 오늘날 감정 개념은 정념, 열정, 정동, 욕망, 성향, 충동 등을 포함한다. 공포 등과 같은 세부적인 감정까지 고려할 때 감정은 그 외연이 매우 큰 개념이라고 말할 수 있다. 서양의 감정 개념에 대한 간단한 정리로는 김정현, 「서양정신사에 나타난 감정의 두 얼굴」, 『열린정신 인문학연구』, 제7집, 원광대 인문학연구소, 2006, 74-75쪽 참조.

2) 고대의 감정에 관한 논의는 덕과 도덕 교육과 밀접한 연관이 있다. 고대와 현대 감정론의 연구 방향을 비교한 논문으로는 Amy Coplan, Feeling without Thinking Lessons from The Ancients on Emotion and Virtue-Acquisition, in: *Metaphilosophy,* vol. 41, Blackwell, 2010 참조.

사적으로 감정의 본성과 역할에 관한 다양한 정의와 논쟁이 있었다. 일반적으로 플라톤이나 스토아주의에서 나타나듯이 고대 그리스부터 이성을 강조하는 철학적 입장들은 감정을 이성과 도덕적 삶에 장애가 되는 심적 상태로서 간주하였다.

감각과 감정에 대해 고유한 지위를 부여하려는 시도는, 특히 인식론적 차원의 연구는 근대의 경험주의에 이르러 본격적으로 시작되었다고 볼 수 있다. 그리고 현대의 영미 감정이론은 감정을 인식의 재료로 상정하고, 투명하게 분석될 수 있다고 믿었던 경험주의적 입장을 비판하며 감정에 새로운 지위를 부여하려는 노력의 일환이다.[3] 그러나 현대의 감정이론의 논쟁들에서도 나타나듯이 모두가 동의하고 따를 만한 통일된 감정 규정이나 이해방식이 있다고 말하기 어렵다. 그럼에도 불구하고 현대의 감정이론은 형식적이나마 공유할 만한 감정의 특징을 논의의 출발점으로 삼는다. 감정은 '불안정성(instability)', '강한 격렬함(great intensity)', '국부성 혹은 지협성(partiality)', '짧은 지속성(brief duration)' 등과 같은 특성을 가지며, '인지', '평가', '동기', 그리고 '느낌' 등과 같은 기초적인 구성요소(basic component)로 갖는다.[4] 이러한 감정의 특성들을 고려할 때 감정에 관한 통일된 이론이 제시되기 어려우며, 그 특성 중 무엇에 집중하느냐에 따라 다양한 쟁점이 형성될 수 있음을 쉽게 예상할 수 있다. 또한 감정이 고전적인 논쟁, 즉 형이상학적으로는 마음과 신체의 관계, 인식론적으로는 인식의 확실성의 문제, 윤

3) John Deigh, Concept of Emotion in Modern Philosophy and Psychology, in: *The Oxford Handbook of Philosophy of Emotion,* ed. by Peter Goldie, Oxford New York, 2010.

4) Arron Ben-Ze'ev, The Thing Called Emotion, In *The Oxford Handbook of Philosophy of Emotion,* ed. by Peter Goldie, Oxford New York 2010 참조.

리학적으로는 도덕의 기원에 관한 물음 등과 맞물려 있다고 했을 때 그에 관한 일관된 논의의 어려움은 더욱 커진다.

영미를 중심으로 활발하게 진행되고 있는 감정에 관한 연구는 크게 두 가지, 인지주의(cognitivism)적 이해방식과 비인지주의(non-cognitivism)적 이해방식으로 전개되고 있다. 인지주의의 경우 그 내부적으로 작은 이견들이 있지만, 감정이 '대상인식'이나 '가치평가'의 기능을 가진다고 주장한다. 반면, 비인지주의는 감정은 신체적 변화에 대한 느낌 혹은 반응일 뿐, 그 자체로 인지적 기능을 갖지 않는다고 주장한다. 그들 사이에서 나타나는 논쟁의 큰 줄기와 변화를 요약하면 거칠지만 다음과 같다.

인지주의 계열의 철학자들은 감정이 인지적이라고 주장하는 근본적인 이유를 대상에 대한 '지향성(intentionality)'에서 찾는다.[5] 여기서 출발하여 그들은 감정이 일종의 인식과 판단의 기능을 설명하고자 한다. 인지주의 계열의 학자들의 주장처럼 감정이 대상인식과 가치평가에 특정한 역할을 한다는 사실을 부정하기 어려울 것이다. 그러나 그 인지의 범위와 다른 인지 기능과의 연관관계는 그들 내부에서도 논쟁의 대상이다. 예를 들어, 인지주의 계열의 누스바움은 감정이 '명제태도'라고 주장하는가 하면,[6] 같은 계열로 분류되는 드 수자는 감정의 인지적 성격이란 믿음이 아니라 '지각'의

5) 지향성은 감정이 그 자체와는 다른 그 무엇에 관한 것, 즉 대상과 연결되어 있음을 의미한다. 감정의 지향성을 주장하는 철학자들은 인지주의자들이라고 말할 수 있다. 그런데 이 지향성 이론 자체도 통일된 혹은 일반화된 개념이나 이론틀을 제시하지 못하고 있다. 지향성 이론 내부의 난점에 관해서는, 김영진, 「서얼, 케니, 그리고 감정의 지향성 이론의 정초」, 『과학철학』, vol.10, 2007, 57-60쪽 참조.

6) Nussbaum, Emotion as Judgement of Value and Importance, in: *Thinking about Feeling*, ed. by Robert C. Solomon, New York 2004, p.186.

형태에서 찾아야 한다고 본다. 또한 감정의 기원을 마음과 신체 중 무엇에서 찾아야 하는가라는 물음에 대해서도 그들은 상이한 입장을 취한다. 드 수자는 '지각과 믿음도 신체적'이라고 주장하면서 명제적 진리와 구분되는 감정 진리의 영역을 제안하고자 한다. 달리 말해 그는 명제만이 진리치를 갖는다는 믿음에서 벗어나 참과 거짓을 부여할 수 있는 별도의 인식을 감정에서 찾을 수 있다고 주장한다.[7] 이러한 인지주의 내부의 입장 차이는 결국 인지를 어떻게 정의할 것이냐는 문제에 놓여 있다. 인지를 개념적 인식으로 규정할 것인지, 비개념적 인식까지 포괄할지가 인지주의 내부의 이론적 편차와 대립구도를 형성한다.[8]

비인지주의자들은 감정이 신체적 느낌(feeling)이며, 그 신체적 느낌은 신체적 변화에 대한 지각이라고 설명한다.[9] 공포를 예로 들어 설명하자면, 인지주의자들이 공포라는 감정이 어떤 대상에 대한 판단을 포함한다고 주장한다. 반면, 비인주의자들은 공포란 어떤 대상에 대한 신체적 변화에 대한 느낌일 뿐이며, 이러한 느낌은 인지적인 것이 아니라고 본다. 비인지주의 계열의 감정론이 가지는 이론적 난점은 공포라는 감정에서도 나타나듯이 감정이 어떤 대상에 관한 것임을, 즉 감정의 대상성과 지향성을 설명하기 어렵다는 것이다. 이러한 문제를 보완하기 위해 프린츠(Prinz)의 경우 신체적

7) De Sousa, Emotions: What I know, What I'd like to think I know, and What I'd like to think, in: *Thinking about Feeling,* ed. by Robert C. Solomon, New York, 2004, p.65.

8) 인지주의 내부의 인지에 관한 논쟁에 관한 좀 더 구체적인 소개는 오성, 「감정에 대한 인지주의 이론의 경계 짓기-Nussabum과 de Sousa의 논의를 중심으로」, 『철학사상』, vol.27, 서울대학교 철학사상연구소, 2008 참조.

9) J. Prinz, Embodied Emotions, in: *Thinking about Feeling,* ed. by Robert C. Solomon, New York 2004, p.45.

느낌을 강조하는 '느낌 이론'을 수정한 '체현된 평가이론(embodied appraisal theory)'으로 제시하는데, 이에 따르면 감정은 기본적으로 신체적이지만 의미론적인 것이다. 신체적 느낌으로서 감정이 어떤 의미를 가질 수 있다는 주장은, 인지를 인지주의와 어떻게 다르게 이해하고 있느냐는 물음을 남기지만, 감정의 고유한 속성으로서 인지적 성격을 시인하는 것이라고 말할 수 있다. 물론 비인지주의 내부에서 감정과 인지능력을 계속해서 명확하게 구분하려는 입장도 있다. 비인지주의 계열에 속하는 느낌 이론가 중 위팅(Whiting)은 프린츠와 달리 감정은 지향성과 인지성을 갖지 않는다고 단호하게 주장한다. 그에 따르면 사고는 표상적인 상태이지만, 느낌은 표상적인 것이 아니라 신체적인 것일 뿐이다. 예를 들어, 호랑이에 대한 공포는 느낌과 사고가 '합성된compositive' 심적 상태이다.[10] 감정 자체 속에는 인지주의자들이 주장하는 것과 같은 인지적 요소가 없다. 인지적인 요소란 사고가 개입할 때 나타난다. 이에 따르면 감정에서 내재되어 있다고 상정되는 대상지향성은 감정과 사고와 결합된 상태를 의미할 뿐이다.

감정에 관한 현대의 논쟁들은 감정과 이성에 관한 기존의 이원적 대립구도를 넘어 감정을 새롭게 이해하려는 시도들이며 여전히 해명해야만 할 많은 과제가 남아 있다고 할 수 있다. 달리 말하면 여전히 감정에 대한 통일된 규정은 물론이고, 이와 관련된 다른 심적 상태에 대한 일관된 이해방식과 체계를 기대하기는 어려워 보인다.

이성과 감정에 관한 고전적인 논의 구도로 보자면 현대의 인지

10) Demian Whiting, The Feeling Theory of Emotion and the Object-Directed Emotion, In *European Journal of Philosophy*, issue 2, 2011, p.287.

주의적 입장은 감정을 넓은 의미의 이성에 포섭시키거나 혹은 감정 속에 내재된 이성적 구조를 해명하려는 시도라고 말할 수 있다. 이러한 인지주의는 감정을 자연이 부여한, 즉 자기보존을 위한 기능이라고 규정하고 감정을 보편적인 자연의 원리로 설명하려고 했던 스토아주의의 이론 구도를 연상시킨다. 스토아주의에 따르면 감정은 사고의 일종이며, 그릇된 감정의 사고 혹은 판단의 오류이다.[11] 실지로 누스바움은 그 자신의 입장을 '신스토아주의(neo-Stoics)'라고 규정하기도 한다.[12] 그런데 인지를 의식에 자명하게 드러나는 논리적 판단이나 추론이라고 볼 경우, 누스바움와 같은 강한 인지주의자들은 감정이 발생하는 다양한 조건과 맥락, 즉 감정의 특수성에 대해서는 이론적으로 한 걸음 물러설 수밖에 없다. 이에 따라 인지주의는 감정을 사후적으로 평가하고 도식화하는 것에 만족한다는 인상을 준다.

인지주의와 비인지주의는 감정에 관해 서로가 상이한 입장이라고 주장하지만 결국 양쪽의 이론적 발전과정은, 인지주의자인 드수자와 비인지주의자인 프린츠의 주장에서 나타나듯이, 서로가 각각의 이론적 전제로부터 설명하지 못하는 부분을 상호차용하거나 보완해가는 양상을 보인다. 이러한 사태는 감정을 명제태도로도 신체적 느낌으로도 단순하게 환원하여 설명하기 어렵다는 사실을 반영하는 것으로, 일상적인 개인의 삶을 돌아보면 쉽게 이해될 수 있다. 우리가 일상생활에서 어떤 대상을 대할 때 나타나는 의식 상태

---

11) 스토아주의에서 감정은 좋음과 나쁨에 대한 믿음과 연관되어 있다. 이에 관한 좀 더 구체적인 국내 논의는 강성훈, 「스토아 감정 이론에서 감정의 극복」, 『고대 그리스 철학의 감정 이해』, 동과서, 2010 참조.

12) 누스바움에 따르면 "감정은 판단의 맥락에서만 규정될 수 있다." Nussbaum, Op. cit., p.186.

는 감정과 사고의 영역으로 순수하게 분리되지 않는다. 그렇다면 감정의 신체성을 고려하면서도 그 인지적 성격을 해명할 수 있는 이론적 설명은 불가능한가? 달리 말해 인지주의와 비인지주의 사이의 논쟁을 극복할 수 있는 더 포괄적인 이론체계를 구축할 수 없는가? 양자의 대립구도를 넘어설 수 있는 새로운 패러다임과 사유방식의 전례는 없는 것인가?

방법론적으로 보자면 감정이론의 일관된 체계화를 위해서는 감정의 인지적 요소와 비인지적 요소에 대한 일반화된 규정과 그것들 간의 상호작용을 설명할 수 있는 설명 틀이 필요할 것이다. 우리는 헤겔의 철학 체계에서 이러한 이론적 모색의 한 전례를 찾을 수 있다.

3. 현대 감정이론의 구도에서 본 헤겔의 감정 개념

현대 감정론과 헤겔의 감정 이론을 비교하기 전에 헤겔이 자신의 시대에 감정을 다루었던 목적을 잠시 언급할 필요가 있을 것이다. 고대 그리스 철학자들이 그러했듯이 감정에 관한 헤겔의 논의는 실천철학적 문제의식에서 시작한다. 헤겔의 초기 저작들이나 후기 저작들에 관통하는 실천철학적 문제의식은 인륜적 공동체의 실현이었다. 헤겔은 사회계약설이나 형식 윤리학을 넘어서고자 하였고, 이는 인륜성의 토대를 인간의 자연적 충동 속에 내재한 이성적 구조를 해명하려는 시도로 나타난다. '자연상태'라고 상정되는 인간의 본성으로부터 국가의 필요성을 연역하는 사회계약설이나 감정의 영역을 제거하는 방식으로 도덕의 보편성을 획득하려고 했던 스토아주의적 윤리학은 헤겔이 보기에 인간의 삶이 보여주는 분열과 통일의 과정을 담지할 수 없는 이론체계였다. 여기서 그는 감정을 흔히 이성이라 불리는 보편적 사유능력에 반하는 것이 아니라 이성이 구체적 보편성을 획득하기 위해 필수적인 계기로 받아들임으로써 이 문제를 해결하고자 한다.

헤겔은 현대의 감정론처럼 감정을 하나의 독립된 주제로 다루지는 않았다. 그러나 헤겔의 저작들을 통해 그가 감정을 체계적인 구조 속에서 파악하고 있음을 알 수 있다.[13] 감정에 관한 헤겔의 가장 정형화된 논의는 『정신현상학』[14]과 『엔찌클로페디III』(1832)[15]에서 찾을 수 있고, 본 논문은 그 논의구도를 현대의 감정론과 함께 비교·논의할 수 있는 기본 발판으로 삼을 것이다. 넓은 의미에서 보자면 감정에 대한 헤겔의 이해방식은 현대의 인지주의적 관점의 전사를 이루는 것처럼 보인다. 그러나 그의 감정론은 현대의 인지주의와 비인주의를 대립구도로 환원할 수 없는 구조로 감정을 이해하였다고 보는 것이 적절할 것이다.

---

13) 헤겔의 철학 체계 내에서 감정의 의미와 구조에 관한 구체적인 분석은 소병일, 「헤겔 철학에서 나타난 감성의 운동구조」, 『헤겔연구』 18호, 2005 참조. 이 논문의 내용을 기반으로 본 논문은 감정에 관한 헤겔의 핵심적인 주장이 가지는 현대적 의미를 검토할 것이다.

14) G. W. F. Hegel, *Phänomenologie des Geistes*, Hamburg: Meiner, 1952. 이하 PhG로 약칭.

15) G. W. F. Hegel, *Enzyklopädie der philosophischen Wissenschaften III*, in: G. W. F. Hegel Werke in zwanzig Bänden, Hrsg. von E. Moldenhauer und K. M. Michel, Bd. 10, Frankfurt a. M. 1986. 이하 EnIII으로 약칭.

1) 감각과 감정

헤겔은 인식의 출발점을 근대 경험주의자들처럼 '감각(Empfindung)'에서 찾는다. 감각은 직접적으로 대상과 관계하는 인간의 인식능력이다. 그런데 감각은 단순한 직접적인 육체적 자극을 넘어서는 것이기도 하다. 그 이유를 헤겔은 인간의 영혼이 가지는 '관념성(Idealität)'에서 찾는다.[16] 그에 따르면 인간이 무엇을 느끼는 것은 감각 자체가 아니라 관념화된 감각이라고 말해야 한다. 감각 대상과 관련하여 말하자면 감각 작용은 대상 자체에 관한 것이 아니라 감각 주체의 관념 활동이라고 말할 수 있다. 헤겔은 신체적 느낌 자체로서 감각이 아닌 이처럼 관념이 개입된 감각을 '감정(Fühlen)'이라고 규정한다. 감정은 감각들의 체계화된 것이며, 일반적으로 감정을 규정하듯이 직접적이고 수동적인 것이라고 말할 수 없다. 헤겔의 용어를 쓰면, 감정은 '자기본위적(Selbstischkeit)'이다.[17] 여기서 '자기본위적'이라는 표현은 감정은 감각의 단순한 다발로 이루어진 파편화된 정보가 아니라 감정의 주체, 즉 무엇을 느끼는 자아, 즉 '나'를 중심으로 형성된 것임을 강조하기 위해 사용된다. 요약하면 헤겔에게 감정은 관념화 과정을 통해 나타나는 것이기에 육체의 직접성으로 환원될 수 없다.

---

16) "영혼은 자연의 보편적 비물질성이며, 자연의 단순한 관념적 생명이자, 실체이며, 정신의 모든 특수화와 개별화의 절대적 기초이다." EnⅢ, §389. 헤겔은 자신의 고유한 철학적 체계에 따라 인간의 심적 능력이 '영혼'에서 '의식'을 거쳐 '정신'으로 발전한다고 본다. 감정은 영혼의 단계에서 고려되는데, 영혼을 단순하게 도식화하자면 아직 명증하지 못한 인지 단계라고 정의할 수 있다. '영혼'이란 자연의 우위에 있는 물질과 대비되는 개념으로서 정신적인 것이며 인간의 본성이다. 그리고 영혼의 본성은 '관념성'이라는 용어로 압축될 수 있다.

17) EnⅢ, §403.

헤겔은 이러한 관념성을 전제로 감정에는 이미 "오성적 · 이성적 의식이 내재해 있다"고 주장하기도 한다.[18] 이러한 주장이 가능한 이유는 내가 그 무엇인가를 느낀다고 했을 때, 그 순간 자아와 대상의 관계가 형성되는 것이며, 자아와 대상 간의 분리와 결합이라는 인지의 기본 구조가 형성되기 때문이다. 헤겔은 이 구조에 의해 인간은 기본적으로 감정에 매몰되지 않는다고 생각한다. 헤겔은 감정과 거리를 두고 인식하는 능력을 동물과 달리 인간에게만 있는 고유한 것으로 전제하고 있다.[19]

감정에서 나타나는 '자기본위성', 즉 감정에 내재될 수밖에 없는 주관적 요소란 감정이 외부 대상에 대한 수동적 반응에서 벗어났다는 의미이며 헤겔은 이러한 감정의 속성을 '자기감정(Selbstgefühl)'이라고 규정한다. 자기감정이란 대상에 대한 직접적인 반응이 아니라, 나의 것으로 특수하게 추상화된 감각들의 총체이다. 이러한 감정들의 예로 헤겔은 '욕구(Bedürfnis)', '충동(Trieb)', '격정(Leidenschaft)과 그것의 만족'과 같은 것을 제시한다.[20] 그리고 그는 이러한 자기감정들에는 이미 판단이 개입된다고 주장한다. 그 무엇에 관한 욕구나 충동과 같은 자기감정은 주관적인 것이기에 명확하지는 않지만, 그러한 감정들은 내가 그 무엇을 원한다는 측면에서 대상에 대해 어떤 판단을 한다고 말할 수 있을 것이다. 여기서 헤겔은 현대의 인지주의적 입장과 궤를 같이하는 것처럼 보인다. 그러나 감정에 이미 판단이 개입한다는 헤겔의 주장은 현대의 강한 인지주

18) EnⅢ, §405.

19) 이러한 사태는 논리적으로 설명할 수 없는 인간학적 본성과 같은 것이기에 헤겔은 이를 은유적으로 '수호신'이 개입한 것이라고 서술하는 것으로 대신한다. Ibid.

20) EnⅢ, §409.

의자들이 주장하는 것처럼 감정 자체에 '명제태도'로 환원할 수 있을 정도의 인지적 요소가 있다는 의미는 아니다. 이는 헤겔이 자기 감정은 주관과 판단의 요소가 개입한다고 해도 특수성만을 고집할 수밖에 없다고 말할 때 잘 드러난다. 감정은 완전히 '신체성'에서 벗어난 것이 아니다.[21] 여기서 신체성이란 감정적 인지의 기본적인 한계상황을 의미한다. 감정은 관념성에 관한 언급에서 확실히 암시되듯이 인지적 구조 속에 놓여 있는 것이나, 그것의 기원인 육체의 제한성에 의해 객관적인 인식으로 아직 나아가지 못한, 모호한 인지적 상태에 놓인 것이다. 헤겔은 감정이 판단과 같은 의식으로 나아가기 위해서는 특별한 과정이 필요하다고 생각한다. 달리 말해 개별적이고 특수한 감정에서 벗어나 보편적 의식, 즉 오성이나 이성으로 나아가기 위해서는 감정의 육체성, 특수성에서 벗어날 수 있는 계기가 필요하다. 헤겔은 그 계기를 바로 '습관(Gewohnheit)'에서 찾는다.

> 습관은 다양한 감각, 표상, 욕망 등등과 관계하는 것이 아니라 영혼이 개별성을 띠면서 그 내용들과 보편적인 방식으로 관계하는 것이고 따라서 내용에서 자유로운 것이다.[22]

헤겔에게 습관은 신체적 특수성에서 벗어나 그것이 인간의 정신활동의 일부임을 자각시키고 감정의 직접성에 연연하지 않게 만드는 인식의 고유한 계기이다. 그래서 헤겔은 습관을 '의식의 기초'라고도 표현한다.[23] 여기서 주의할 것은 헤겔이 감정을 논하면서

21) EnIII, §408.

22) EnIII, §410 Zusatz.

언급하는 습관은 좋은 감정을 유지하거나 나쁜 감정에서 벗어나기 위한 의도적이고 반복적인 노력과 같은 것은 아니라는 점이다. 감정에서 의식으로의 전환을 설명하면서 헤겔이 언급하는 습관은 반복되는 감정에 대한 인간의 무의식적인 반응 방식을 의미한다.[24)]예를 들어, 어떤 음식이 맛있다고 느끼는 미각적 만족은 음식을 먹는 동안 동일한 강도로 지속되지 않는다. 이 과정에서 맛있다는 그 직접적인 느낌은 사라지지만 내가 느낀 그 맛이라는 의식이 형성될 수 있는 간격이 만들어진다. 즉, 습관은 감정의 직접성에서 벗어날 수 있는, 즉 그 감정을 나의 것으로서 바라볼 수 있는 간격을 제공한다. 그래서 헤겔은 감정 단계의 습관을 오성과 이성과 같은 고차원적 의식능력으로 나아갈 수 있는 조건이자 출발점으로 삼는 것이다. 습관에 관한 헤겔의 설명은 육체적인 감정이 어떻게 의식의 활동에 포섭될 수 있는가를 보여준다. 그에 따르면 인지주의자들의 주장처럼 감정은 그 속에 어떤 대상에 대한 가치평가나 판단의 기능을 가진 것이 아니라, 습관을 통해 그 속에 가치평가와 판단의 기능이 덧붙여지는 것이라고 말할 수 있다. 이러한 설명 방식에 따르면 감정 자체는 육체적인 것이며 직접적이라는 측면에서 비인지적인 것이다. 그러나 감정이 오성과 이성과 같은 사고 능력과 단절된 것이 아니라, 그것들이 항상 개입된다는 점에서 넓은 의미에서 인지적인 구조에 놓여 있는 것이라고 말할 수 있다.

---

23) EnⅢ, §409.

24) 헤겔은 아리스토텔레스처럼 의지적 행위로서 습관을 강조하는 것이 아니다. 그는 습관을 인간이 스스로 통일성을 이루며 감정에 매몰되지 않게 만드는 인간학적인 차원의 선천적 조건과 같은 것으로 파악한다. 습관에 관한 헤겔과 아리스토텔레스의 관점 차이에 관해서는 David Forman, Second Nature and Spirit: Hegel on The Role of Habit in The Appearance of Perceptual Consciousness, In *The Southern Journal of Philosophy* vol. 48, Issue 4, Dec. 2010, pp.334-337 참조.

2) 의식의 전개와 감정

헤겔 철학에서 감정의 역할은 '자기의식'에 관한 논의에서도 강조되는데, 여기에서도 감정은 인지주의와 비인지주의의 대립구도로 설명될 수 없다. 형식적으로 보자면 헤겔 철학 체계에서 자아와 대상이 분리되는 낮은 단계의 의식은 '자기의식'을 거쳐 정신과 같은 높은 단계의 의식이 발전하는 목적론적 구조를 가진다. 그에 따르면 의식은 대상 중심의 의식일반을 거쳐, 자아를 대상으로 하는 '자기의식'으로 발전한다. 헤겔의 철학 체계에서 자기의식이란 삶 속에서 자아가 외부 대상과 맺는 관계에서 나타나는 분리와 차이를 실천을 통해 직접적으로 극복하려는 의식을 지칭한다.[25] 그런데 자기의식의 전개과정은 직선적이거나 혹은 단절적인 이행 과정이 아니다. 여기서도 헤겔은 감정과 사고의 영역이 상호작용하며 공존한다고 본다. 이에 관한 근거는 헤겔이 '자기의식'이 대상과 관련된 일면적인 의식을 벗어나 보편적인 의식으로 나아갈 수 있는 이유를 감정, 즉 '욕망(Begierde)'에서 찾을 때 잘 나타난다. 도식적으로 보자면 헤겔의 '자기의식'은 개인이 자신의 주관적 감정에서 벗어나 세계를 단순한 대상이 아닌 나와 연관된 것으로 받아들이는 의식 혹은 태도이다. 그러나 헤겔에게 욕망은 다른 철학자들이 간주했던 것처럼 사고를 흐리고 대립과 투쟁을 낳는 그래서 극복해야만 할 부정적 감정이 아니라, 보편적 의식으로 발전하기 위한 필수적인 계기이자 동시에 고유한 의식의 구조를 만들어낸다. 물론

25) 헤겔에게 자기의식을 '진리의 본고장'이라고 표현하기도 하며, 자아가 대상을 단순한 도식으로 받아들이는 것에서 벗어난 사유방식이라고도 표현한다. PhG, PP.134-136쪽 참조.

헤겔이 언급하는 욕망은 명제태도로 환원할 수 있는 원함이나 바람과 같은 것이 아니라, 삶의 원리를 압축하는 원초적 본능과 같은 것으로 상정한다. 그것은 생존을 위해 대상을 나아가 타자를 나의 것으로 만들려는 원초적 태도이다. 이러한 욕망을 통해 자아와 대상을 분리시키는 분열 속에 놓인 의식은 자신의 한계를 넘어서게 된다. 욕망은 형식적으로 보면 욕망하는 대상과 타자를 나의 것으로 만들어버리려는 혹은 절멸시키려는 감정이지만, 역으로 타자를 인정할 수밖에 없는 계기가 된다. 왜냐하면 타자의 절멸은 욕망의 소멸을 의미하며, 욕망의 소멸은 결국 삶의 소멸을 의미하기 때문이다. 욕망을 통한 삶의 과정은 결국 삶을 유지하기 위해 욕망의 대상을 인정할 수밖에 없는 구조 속에 놓여 있는 것이다.[26] 헤겔은 타자를 부정하는 것인 동시에 타자를 인정해야만 이러한 구조가 자신의 개별성을 넘어서려는 보편적 자기의식으로 나아갈 수 있는 필연적인 계기라고 주장한다. 헤겔은 보편적인 자기의식의 단계를 개인들 간의 관계를 반영하는 감정이 발생할 수 있는 조건으로 삼는다. 그에 따르면 보편적 자기의식의 단계에서 '사랑', '우정', '용기'와 같은 감정이 형성된다.[27] 위의 감정들은 단순히 주관적이고 개별적인 감정이 아니라 타자와 맺는 관계 속에서 형성되는 감정들이다. 그런데 보편적 자기의식에서 나타나는 감정을 헤겔은 '보편적 개념'이라고도 지칭한다. 그는 타자와의 관계를 고려한 의식,

26) 헤겔의 욕망 개념과 그 운동의 구조에 관한 구체적인 논의는 소병일, 「헤겔 철학의 관점에서 본 욕망의 지위와 역할–'영혼'과 '자기의식'을 중심으로–」, 『철학연구』 32호, 고려대학교 철학연구소 2006; 「인륜성의 실현으로서 욕망의 변증법–헤겔 철학에서 인륜성과 욕망의 관계」, 『철학연구』 41호, 고려대학교 철학연구소 2010 참조.

27) EnIII, §436 참조.

즉 자신의 주관성을 넘어선 의식은 감정과 배제하거나 혹은 무관하게 형성되는 것이 아니라 감정을 기반으로 한다고 파악하고 있는 것이다. 인식의 진리는 이성의 독자적인 영역이 아니라 감정을 통해 구체성을 획득한다. 그래서 헤겔에게 감정은 진리를 담아내기에 부족한 형식일 뿐, 구체적인 보편성을 갖는다.

감정의 역할과 관련하여 이와 유사한 논의 구도는 공포에 관한 헤겔의 언급에서도 찾을 수 있다. 그는 '죽음의 공포'라는 감정을 개인들이 상호공존의 가능성을 모색하게 만들 수 있는, 즉 의식전환의 강력한 동기라고 생각한다.[28] 헤겔의 용어를 빌리면 죽음의 공포는 그 앞에서 모든 것이 무의미해지는 절대적 부정성을 의미한다. 그런데 헤겔은 공포라는 감정을 의식이 보편성을 획득할 수 있는 매우 주요한 요소로 파악한다. 공포는 개별자가 자신의 제약성을 넘어서게 만든다. 앞서 언급한 욕망과 연관하여 보자면, 헤겔은 욕망이 자기중심적이라는 사실을 부정하거나 의지를 통해 자연스럽게 극복될 수 있다고 생각하지는 않는다. 욕망은 원초적인 것이고 무의식적인 방식으로 의식의 영향을 끼치는 것이고, 나와 대상을 분리시키는 자기중심적 사고방식으로 벗어나게 하는 역할을 하는 것이다. 그런데 욕망의 충족과정 속에 내재된 상호인정의 구조와 이를 기반으로 하는 보편적 의식의 발전은 그 자체로 실현되는 것이 아니라 공포라는 감정을 필요로 한다. 죽음의 공포는 개인들 간의 상호 적대적인 욕망이 만들어내는 대립과 분열에서 벗어나게 할 수 있는 외적 충격과 같은 역할을 한다. 헤겔이 보기에 인

---

28) 헤겔의 공포에 관한 논의는 G. W. F. Hegel, *Phänomenologie des Geistes*, Hamburg 1952, PhG, p.148 이하 참조.

간이 노동을 하는 것도 타자에 대해 실질적으로 고려하게 만드는 것도 죽음의 공포라는 감정 때문이다. 공포는 욕망하는 인간들이 타자를 그 자체로 인정하게 만드는 감정인 동시에, 타자에 대한 인정을 강제하는 외적 기제의 역할을 한다. 공포는 한 개인에게 자연적 충동으로서 욕망을 반성할 수 있는 기회를, 즉 자기중심적으로 타자를 절멸하려는 욕망을 대상화시키고 반성할 수 있는 계기를 부여한다.

헤겔 철학 체계에서 감정은 의식의 발전과 더불어 감정의 신체성, 즉 직접적이고 우연적이기에 배제되어야 할 자신의 한계를 극복한다. 또한 의식은 감정을 통해 형식적인 보편성에서 벗어나 삶의 구체성을 담지할 수 있는 실질적인 내용을 획득한다. 이 과정에서 감정은 이성을 포함한 이전의 모든 의식 활동을 촉발시키는 동시에 그 속에 의식활동의 내용을 응축한다. 예를 들어, '도덕적 감정'과 '종교적 감정'은 『엔찌클로페디III』에서 말하는 '영혼'의 단계, 즉 아직 신체성에서 완전히 벗어나지 못한 상태에서도 나타나지만, 의식 발전의 최고 단계로 설정된 '정신'에 이르러 그 감정들은 그 속에 보편성과 절대성을 함축하게 된다. 이때 이성적 의지와 정념을 이원적으로 구분했던 고전적인 관점은 무의미해진다. 헤겔에 따르면 그 의지와 정념은 그 본성상 차이가 없다. 단지 양자의 차이는 실현되는 방식의 차이가 있을 뿐이다. 제한된 영역의 의지가 정념이며, 정념은 의지의 출발점이 된다.[29]

앞선 장에서 언급했듯이 헤겔은 감정과 오성이나 이성과 같은

29) "의지는 내용 형식에 따르면 자연적인 것이며, 그 규정성과 직접 동일한 것으로서 충동이며 경향으로 나타난다." EnIII, §473.

의식능력은 상호전제하는 것이며, 상호작용하는 관계 속에 놓여 있다고 본다. 그런데 감정이 판단의 형태를 띨 수는 있지만 인지주의자들이 주장하는 것처럼 감정 자체가 판단의 결과물이거나 판단과정인 것은 아니다. 또한 강한 비인지주의자들의 주장처럼 감정에는 어떠한 인지적 기능도 없다고 말할 수 없다. 헤겔의 관점을 현대 감정론의 개념을 빌려 설명하자면, 감정과 사고는 각각 고유한 기능을 갖는 동시에 서로 영향을 주고받는다. 감정은 무의식적인 차원에서 판단과 평가라는 인지적 능력을 만들어내는 의식의 출발점이자 또한 의식의 전개 속에 나타나는 인지의 내용을 그 속에 축적하는 것이기도 하다. 헤겔의 입장에서 보자면 감정에서 나타나는 육체성과 인지성이라는 이중성은 서로 대립하기에 결합될 수 없는 것이 아니다.

감정은 그 어떤 것에 대한 감정이라는 측면에서 대상성과 지향성을 갖지만, 엄밀한 의미의 판단은 감정이 그 육체적 직접성에서 벗어날 때 가능하다. 감정은 앞 절에서 언급한 습관에 의해서 그 무엇에 관한 판단의 형식을 갖출 수 있다. 맹아적인 형태의 감정은 의식과 유사한 구조와 내용을 가질 뿐이다. 정형화되고 단일한 형태의 원초적 감정을 상상할 수 있지만 실지로 그런 감정의 상태란 존재하지 않는다. 헤겔 철학에서 '영혼' 단계의 감정과 '이성'이나 '정신' 단계의 감정은 의식의 발전과 맞물려 변화하는 것이기에 그 내용이 동일하지 않다.

습관에 관한 헤겔의 언급은, 현대 감정이론의 개념적 분류에 따르자면, 감정과 사고의 관계를 설명하기 위해 중요하다. 감정은 육체적인 것이기도 하지만 인지적인 구조 속에 놓인 것이기도 하다.

헤겔은 육체적인 것과 인지적인 것이 대립적으로 분리되지만 매개된다고 생각하였고, 그 대립적인 구도에서 벗어날 수 있는 이유를 습관에서 찾았다. 왜냐하면 인간학적으로 습관은 감정의 신체성과 직접성에서 벗어나 감정의 육체성 혹은 직접성에 매몰되지 않는 간격을 만들어내기 때문이다. 이 간격은 소위 감정의 육체성과 그 인지성에 관한 논의는 감정이 발생한 그 순간이 아닌 사후적으로만 가능하다는 사실을 반영한다고 말할 수 있다. 이러한 측면, 즉 감정의 인지성은 습관의 과정을 거치고 난 후 사후적으로만 논의될 수 있다는 점에서 헤겔은 감정을 비인지적이라는 것으로 보았다는 해석이 가능하다. 결국 감정의 신체성과 인지성은 서로 상이한 속성처럼 보이지만, 다른 맥락에서 보자면 그 상이함은 일시적이고 부차적인 것이 된다. 헤겔이 습관을 통해 해명하고자 한 것처럼 만약 감정과 사고가 대립하면서도 중첩되거나 이행하는 관계에 놓여 있다면, 인지주의와 비인지주의의 사이의 근본적 대립 구도가 형식적이고 자의적일 수 있음을 환기시킨다. 육체의 반응에 대한 지각으로서 감정과 감정 속에 내재된 것으로 보이는 인지성은 서로 화해할 수 없는 이론적 전제라기보다는 두 국면의 공존이나 이행의 문제라고 볼 수도 있다.

4. 나오며

앞서 살펴보았듯이 헤겔은 감정은 인지적인 활동구조 속에 놓여 있다고 생각한다. 이는 헤겔이 감정을 관념화의 과정을 거친다고 말할 때 잘 나타난다. 감정이 신체적인 반응과 맞물려 있다는 점에서 '직접적'이라는 표현을 사용하지만, 헤겔에 따르면 그 관념성 때문에 감정은 그 직접성에 단순히 머물러 있는 것은 아니다. 헤겔의 관점에서 보자면 인지주의와 비인지주의 논쟁에서 나타나는 양자의 대립 구도는 인간학적으로 '습관'이 만들어내는 간격을 간과하였거나 '정신'의 발전과정 중 특정한 계기를 극단적으로 확대하였기에 나타난다. 헤겔은 인지주의와 비인지주의의 대립적 주장을 의식 전체의 운동과정에서 나타나는 계기나 국면으로 포섭하려는 것이다. 감정은 의식 발전의 과정에서 보자면 신체적인 것이기도 하면서 동시에 관념적인 것일 수 있다. 감정은 기본적으로 신체적인 것과 연관이 있으나 비신체적인 감정도 존재할 수 있다.

비인지주의 관점에 따르면 신체적 변화 후에 감정이 형성된다. 그런데 헤겔의 입장에서 보면 감정과 판단 혹은 사고 사이에 항상 시간적 선후관계가 있는 것은 아니다. 원초적 감각작용은 논리적으로 대상에 대한 반응이기에 신체적 변화와 그 변화에 관한 느낌은 시간적 선후 관계가 있다고 상정할 수 있다. 그러나 느낌은 그 자체로 유지되지 않으며 의식의 전개과정 속에서 사고와 명백히 구분되지 않고 혼재해 있다고 보는 것이 적절할 것이다.

또한 헤겔의 입장에서 보자면 이성적 판단과 같은 높은 단계의 의식으로 발전한다고 해서 감정의 요소가 제거되는 것은 아니다. 감정의 특수하고 개별적인 성격이 지양될 뿐 감정은 고유한 속성을 가진 것으로 여전히 이성적 의식과 공존한다. 물론 앞선 장에서 언급했듯이 헤겔이 감정을 판단 혹은 사고 작용과 동일한 기능을 하는 것으로 파악하는 것은 아니다. 감정은 명제태도로 드러날 만큼 판단이나 사고에 종속되지 않는다. 헤겔은 감정을 의식으로 환원하지 않고 의식과 독립해서 작동하는 감정의 역할을 인정한다. 대표적인 예가 앞서 언급한 욕망과 공포이다. 헤겔 철학에서 욕망은 의식 자체가 아니지만 인간에게 고유한 자기의식의 기본구조를 형성하며, 대상적 의식의 한계를 극복하게 하는 인간의 고유한 감정으로 규정된다. 감정은 의식의 형식적 자기논리 혹은 자기중심성에서 벗어날 수밖에 없는 조건으로 작동하는 것이기도 하다.

헤겔의 철학 체계에서 감정과 이성은 서로 분리된 독립적인 구조를 갖지 않는다. 감정이나 사고능력은 모두 상위의 질서인 '정신'의 자기운동의 현상 혹은 계기이기 때문이다. 헤겔이 말하는 정신은 인지와 비인지적 능력을 포괄하는 것이며, 단순하게 말해 나와 타자의 분리와 분열이 지양된 상태를 의미한다. 정신의 자기운동이라는 관점에서 감정은 이성의 전 단계 혹은 불완전하고 잘못된 판단과 같은 낮은 인지능력이 아니라, 분열과 분리에 빠질 수밖에 없는 이성의 한계를 보완하는 것이다. 감정은 세계와 나의 분리에서 벗어나 세계의 구체성을 획득하는 삶의 과정으로 포섭된다.

이제 좀 더 선명하게 현대 감정론과 헤겔의 입장이 어떻게 대비되는지 살펴보자. 현대 감정론에서 자주 언급하는 원초적인 감정인 공포를 다시 예로 들어보자. 일반적으로 사람이라면 숲에서 갑자기 호랑이를 보면 공포를 느낀다. 호랑이를 보고 공포를 느끼는 것은 인지주의자들의 주장처럼 그 호랑이가 위험하기에 도망가야 한다는 일종의 판단을 포함한다고 말할 수 있다. 혹은 비인지주의자들의 주장처럼 호랑이를 본 순간 식은땀이 나고 머리털이 곤두서는 신체적 반응이 일어난 후 그 느낌을 공포라고 부를 수 있다. 근본적으로 철학함의 차이겠지만 공포라는 감정이 인지적이냐는 여부는 헤겔에게는 논쟁의 대상이 아닌 것으로 보인다. 그는 정신의 자기운동 속에서 감정과 사고의 관계를 설명할 수 있다고 믿기 때문이다. 이러한 헤겔의 입장에 대해서는 추상적이고 모호하다고 비판이 가능하다. 그런데 현대의 감정이론도 형이상학적 전제에서 자유롭다고 말할 수 없다. 인지주의나 비인지주의나 감정이 작동하는 궁극적인 원리를 설명하기 위해 생명체의 자기보존의 원리를 전제한다. 자기보존의 원리를 전제한다는 것은 양자 모두 감정이 무엇인지 명확히 설명할 수 없지만 어떤 보편적인 구조 속에서 작동한다는 사실을 어쩔 수 없이 받아들이는 것이다. 결국 방법론적으로 육체성과 인지성이 어떤 상위의 구조와 질서 속에서 상호관계하는 것으로 볼 수 있는가의 여부가 헤겔의 관점과 현대 감정이론의 차이를 형성한다. 현대 감정이론가들은 상위의 구조와 질서를 상정하지 않고 구조와 감정의 다양한 속성 중 특정한 속성에 집중한 것이라고 볼 수 있으며, 이는 왜 그들이 현대 감정이론이 끊임없이 논쟁하고 절충의 과정을 겪을 수밖에 없는가를 보여준다.

헤겔의 형이상학적 전제를 받아들이기 어렵다고 해도 그의 입장은 감정을 입체적으로 이해할 수 있다는 관점을 제시한다. 현대의 감정 이론들은 어떤 감정의 상태가 존재하며 그 자체로 규정할 수 있다고 상정한다. 그런데 우리가 일상생활에서 경험하듯이 인간이 가지는 다양한 감정은 항상 원초적인 감정으로 분류될 수 있는 것은 아니다. 감정은 의식의 발전과 맞물려 그 인지의 성격과 내용이 달라지는 것이기에 특정한 감정을 상정하고 그 특성을 논하는 것은 한계를 가질 수밖에 없다. 달리 말해 원형 타입의 공포라는 감정은 존재한다고 가정할 수 있지만, 그 공포가 항상 동일한 방식으로 발생하며, 이에 따른 일반적이고 동일한 인지성을 가진다고 말하기 어렵기 때문이다.

현대 감정이론은 그 자체로 명확히 구분되는 순수한 질과 내용을 가진 감정이 존재한다고 상정하는 것으로 보인다. 그러한 감정이 있다고 가정할 수는 있지만 그 감정은 객관적인 관찰과 평가의 대상으로서 계량화될 수 있는가? 근본적으로 순수한 감정상태가 있는지 의심스러우며, 만약 그러한 형태의 감정이 있다고 하더라도 지속되지 않으며 사후적으로만 평가되고, 변화된다고 보아야 할 것이다. 이러한 사실을 수긍할 수 있다면, 감정이 가지고 있다고 상정되는 인지성은 그 감정 자체에 관한 것이 아니라 이론적으로 재구성된 것이라고 받아들어야만 한다. 이러한 상황은 감정에 관한 모든 연구가 처한 어려움을 보여주는 것이기도 하다.

감정과 관련하여 가장 근본적인 인식론적 질문을 던져보자. “나는 나의 감정을 객관적으로 인식할 수 있는가?” 감정의 발생과 그 역할에 관한 논의는 감정 자체에 대한 의식 혹은 인식이 그야말로 객관적일 때만 논리적 정합성을 가질 수 있다. 달리 말해 내가 공포와 같은 감정을 느낀다고 했을 때, 과연 그 감정은 명확히 분류될 수 있는 대상으로서 자명하게 인식되었다고 말할 수 있는가? 현대 심리학자들의 ‘자기지각’ 이론이나 ‘귀인이론’은 감정과 그 감정에 대한 인식과 평가가 일치하지 않으며 심지어 왜곡될 수 있다는 여러 실험 결과들을 제시한다. 일단 감정적 인지의 한계는 신체적 변화가 감정을 변화시키는 것은 맞지만, 의식의 차원에서는 그 신체적 변화에 따른 감정의 변화와는 상이한 판단이나 평가 작용이 이루어질 수 있다. 감정 자체에 인지적 요소가 있다고 주장할 수 있으나, 그 감정의 인지적 요소는 그 정당성과 타당성을 논의하는 과정으로 넘어갈 때 망각되거나 왜곡될 수 있다. 이는 감정의 인지성에 관한 논의는 무의식적인 차원의 감정에 관한 가설적인 논의에 국한될 수밖에 없음을 보여준다.[30)]

이러한 상황은 감정이론의 이론적 자기완결성이나 논증을 넘어 감정연구의 목적과 방법론을 다시 한 번 환기시킨다. 헤겔이 감정을 논의하면서 자주 '삶(Leben)'이라는 개념을 언급한다. 한 개인의 일상적인 삶의 과정에서 그 개인이 그 무엇을 결정하고 행위하는 이유가 감정인지 사고인지 명확히 구분되지 않는다. 삶이 가지는 역동성은 양자의 끊임없는 결합 혹은 긴장에 의한 것이라고 볼 수 있다. 감정과 의식의 두 계기를 분리하는 순간 삶의 역동성은 사상될 수밖에 없고, 그 어떤 계기를 통해서 보건 인간의 삶은 온전하게 이해될 수 없다. 물론 감정을 통해 인간의 구체적인 삶을 포섭하려는 헤겔의 문제의식이 그의 철학체계를 통해 얼마나 성공적으로 해결되었는지 여전히 의문거리일 수 있다. 그럼에도 불구하고 인간의 구체적인 삶을 하나의 체계 속에서 포섭하려는 그의 노력과 방법론은 현대의 감정론이 자신의 이론적 대립구도를 극복하는 과정에서 여전히 재고할 만한 가치가 있어 보인다.

---

30) 예를 들어, 어떤 실험에 따르면 자신이 흥분제를 먹은 줄 모르는 사람의 경우 코미디 영화를 보면서 더 많이 웃는다. 그러나 그는 영화에 대해 그다지 재미있었다고 평가하지 않는다. 즉, 비인지주의자들의 주장처럼 흥분제에 따른 신체적 변화가 감정에 영향을 주기는 하지만 그 감정에 대한 평가는 그 신체적 느낌을 그대로 반영하지 않는다. 이는 감정과 사고의 연관성이 투명하게 드러나지 않으며, 즉 감정에 대한 객관적 인식이 불가능하며, 감정의 인지성이란 일종의 착각일 수 있음을 보여준다. 현대 심리학의 '적응 무의식' 이론은 감정적 인지의 한계와 더불어 기존의 인지주의와 비인주의의 구분이 작위적일 수 있음을 보여준다. 티모시 윌슨/진성록, 『나는 내가 낯설다』, 부글 북스, 2007, 210-212쪽 참조.

참고문헌

강성훈, 「스토아 감정 이론에서 감정의 극복」, 『고대 그리스 철학의 감정 이해』, 동과서, 2010

김영진, 「서얼, 케니, 그리고 감정의 지향성 이론의 정초」, 『과학철학』, vol.10, 2007

김정현, 「서양정신사에 나타난 감정의 두 얼굴」, 『열린정신 인문학연구』 제7집, 원광대 인문학연구소, 2006

소병일, 「헤겔 철학에서 나타난 감성의 운동구조」, 『헤겔연구』 18호, 2005

______, 「헤겔 철학의 관점에서 본 욕망의 지위와 역할 - '영혼'과 '자기의식'을 중심으로 - 」, 『철학연구』 32호, 고려대학교 철학연구소, 2006

______, 「인륜성의 실현으로서 욕망의 변증법 - 헤겔 철학에서 인륜성과 욕망의 관계」, 『철학연구』 41호, 고려대학교 철학연구소, 2010

오성, 「감정에 대한 인지주의 이론의 경계 짓기-Nussabum과 De Sousa의 논의를 중심으로」, 『철학사상』, vol.27

티모시 윌슨, 진성록 역, 『나는 내가 낯설다』, 부글북스, 2007

Ben-Ze'ev, Arron, "The Thing Called Emotion", In *The Oxford Handbook of Philosophy of Emotion,* ed. by Peter Goldie, Oxford New York, 2010

Coplan, Amy, "Feeling without Thinking Lessons from The Ancients on Emotion and Virtue-Acquisition", *Metaphilosophy* vol. 41, Blackwell, 2010

De Sousa, Ronald, "Emotions: What I know, What I'd like to think I know, and What I'd like to think", *Thinking about Feeling,* Robert C. Solomon(ed.), New York 2004

Deigh, John, "Concept of Emotion in Modern Philosophy and Psychology", *The Oxford Handbook of Philosophy of Emotion*, Peter Goldie(ed.), Oxford New York, 2010

Demian Whiting, "The Feeling Theory of Emotion and the Object-Directed

Emotion", *European Journal of Philosophy*, issue 2, 2011

Forman, David, "Second Nature and Spirit: Hegel on The Role of Habit in The Appearance of Perceptual Consciousness", *The Southern Journal of Philosophy* vol. 48, Issue 4, Dec. 2010

Hegel, G. W. F., *Enzyklopädie der philosophischen Wissenschaften III*, in: G. W. F. Hegel Werke in zwanzig Bänden, hrsg. von E. Moldenhauer und K. M. Michel, Bd. 10, Frankfurt a. M. 1986

__________________, *Phänomenologie des Geistes*, Felix Meiner, 1952

Prinz, J., "Embodied Emotions", in *Thinking about Feeling,* Robert C. Solomon(ed.), New York, 2004

Nussbaum, Martha, "Emotion as Judgement of Value and Importance", *Thinking about Feeling*, Robert C. Solomon(ed.), New York, 2004

감정은 능동적일 수 있는가?
– 아리스토텔레스의 파테(pathē) 개념에 대한 인식론적 분석을 통해 –

손병석

1. 들어가는 말
2. 감정의 인식론적 의미
3. 감정과 쾌락 또는 고통의 상관관계
4. 판단과 덕행위에서 감정의 능동성
5. 맺으면서

1. 들어가는 말

아리스토텔레스에서 pathē라는 말은 여러 작품 속에서 다양한 의미를 갖는 것으로 사용되고 있다.[1)] 대표적으로 파테는 10가지 범주 중 감각적인 변화, 예컨대 뜨거움이나 차가움 또는 흼이나 검음 등과 같은 질(poiotēs)적인 것으로,[2)] 또는 존재의 양태와 관련해서 포이에인(poiein), 즉 작용 내지 능동과 한 쌍을 이루는 수동적인 변화(alloiōsis)나 운동(kinēsis)으로,[3)] 또는 고통스러운 겪음과 같은 감정(affection, emotion)의 의미로 사용된다.[4)] 파테의 다양한 의미론적 용례에도 불구하고 그것이 가리키는 공통적인 의미는 동사 πάσχειν, 즉 "영향을 받는다(to be acted upon, to suffer)"에 의해 규정된다. 즉, 아리스토텔레스 작품들(corpus)에서 pathē는 기본적으로 다른 것에 의해 움직여지는 또는 영향을 받는다는 수동적인 의미를 갖는다.

---

1) Aristo., *Meta.*, 5, 1022b15-22 참조. A. O. Rorty, "Aristotle on the Metaphysical Status of 'Pathe'", *The Review of Metaphysics* 37/3, pp.521-546. pathē는 다양한 의미를 갖기 때문에 음역하여 파테로 표기하거나, 문맥에 따라 감정으로 번역하여 사용할 것이다.

2) Aristo., *Cat.*, 9a35-9b4. *Meta.*, IX.7, 1049a27-34.

3) Aristo., *Cat.*, 4.2a3-4. 9b28-34. *De generatione et Corrutione*, I.6, 323a17-21.

4) Aristo., *Poetica*, 1452b10-13, 1456a31-38. *Meta.*, V.21, 1022b15-22. *EN.*, II.5, 1105b21-24.

이 글에서 필자가 관심을 갖는 것은 감정의 의미로서의 파테 개념이다.[5] 그런데 문제는 감정이란 말을 단순히 외부대상에 의한 일종의 느낌이나 상태로만 규정할 경우, 감정에 대한 우리의 평가가 부정적일 수 있다는 데 있다. 감정은 우리의 능동적인 의지나 자발적인 동의에 의한 표출이 아닌, 어디까지나 비자발적인(akōn) 것으로서 우리의 통제를 벗어난, 그래서 어쩔 수 없이 느껴야만 하는 불안정하고 신뢰할 수 없는 것으로 간주될 수 있기 때문이다.[6] 이것은 또한 감정이 이성에 의한 합리적 판단을 방해하는 그래서 우리의 참된 사고와 올바른 행동에 나쁜 영향을 주는 부정적인 요소로 간주될 수 있다. 그러면 감정이라는 말은 그 어원이 말해주듯 대상에 의해 일방적으로 규정지어진 수동적인 의미만을 갖는 것으로 볼 수 있을까? 감정은 이성의 종속변수로서 우리의 판단과 행동에 방해가 되는 요소로 규정되어야만 할까? 이 글에서 나는 감정이 우리의 사고와 행동, 더 나아가 인간의 행복한 삶에 능동적 역할을 할 수 있는 요소로 재평가될 필요가 있음을 강조할 것이다.

이를 위해 먼저 감정의 인식론적 위상과 관련하여 감정이 감각(aisthēsis)과 의견(doxa), 그리고 판타시아(phantasia)와 갖는 관계성을 살펴볼 것이다. 이러한 작업을 통해 나는 감정이 믿음이나 감각보다는 판타시아의 관점에서 접근되어야 함을 주장할 것이다. 감정

---

5) pathē의 영향 받음의 본래적 의미를 고려하면 적절한 영어번역어로는 emotion보다는 affection이다. passion은 감정의 과도한 측면과 관련된 열정이나 격정의 의미가 강한 것으로 생각된다는 점에서 적절한 번역어로 생각되지 않는다. 그러나 감정의 수동적 측면뿐만 아니라 능동적 측면까지 아우를 수 있는 번역어를 생각해서 일단은 emotion을 감정의 영어번역어로 선택하여 사용한다.

6) Aristo., *EN*, VⅡ.8, 1151a21-24. I.3, 1095a4-10. V.8, 1135b19-25. 여기서 감정의 수동성이란 말은 단순히 영향을 받는다는 의미뿐만 아니라 감정의 폭발성이나 거침과 같은 나쁜 의미의 과도함의 의미까지 함의한다.

을 판타시아적 관점에서 보는 것이 기본적으로 아리스토텔레스의 질료・형상론(hylomorphism)적 관점에 부합할 뿐만 아니라, 감정의 능동적 역할까지 담보할 수 있는 가능성이 확보될 수 있기 때문이다. 이것은 감정이 쾌락과 고통과 갖는 관련성에 관한 논의를 통해 보다 분명해질 것이다. 마지막 장에서는 감정이 판단(krisis)과 덕(aretē) 행위에서 수행하는 능동적 역할을 고찰할 것이다.

2. 감정의 인식론적 의미

아리스토텔레스에 따르면 감정은 기본적으로 신체를 통해 이루어지는 수동적 움직임이다. 이것은 "분노, 용기, 욕구, 감각 일반 등 대부분의 경우에서, 영혼은 신체가 없이는 영향을 주지도 영향을 받지도 않는 것으로 보인다(*De anima*, 403a5-7. 이하 DA로 약하여 사용)"라는 말에서 알 수 있다. 또한 아리스토텔레스는 우리의 영혼이 "고통스러워한다, 즐거워한다, 용맹스럽다, 두려워한다 또는 성낸다……. 이 모든 것은 운동들로 여겨진다(DA, 1.4, 408b1-10)" 라고 말한다. 즉, 분노나 두려움과 같은 감정은 영혼이 신체를 통해, 구체적으로 심장과 같은 기관에서의 수동적 움직임(kinēsis)을 통해 나타난다는 것이 아리스토텔레스의 생각이다. 아래에서 상론되겠지만 이것은 아리스토텔레스의 감정론이 그의 질료・형상설적, 즉 영혼과 신체의 밀접한 관계라는 관점에서 접근될 필요가 있음을 의미한다.[7] 그러면 감정은 신체의 영향받음에 의해 있게 되는데, 무엇에 의해 영향을 받는다는 것인가? 이에 대해 아리스토텔레스는『영혼론』에서 신체를 통한 외부대상의 파악은 우리의 감각기관을 통한 감각작용을 통해 이루어진다고 말한다. 간단히 말해 아리스토텔레스에 따르면 감각작용이란 감각으로 파악할 수 있는 물리적 대상을 질료 없이 "감각적 형상들(ta aisthēta eidē)"을 받아들이는 것이다(DA, 424a17-24). 그것은 밀랍이 반지의 상만 받아들이는 것과 같다(DA, 424a17-24). 그런데 아리스토텔레스는 감정을 감각과 관련시켜 언급하면서 그 진행과정을 다음과 같이 구분하여 설명한다.

> "(감정의) 운동들은 영혼 안에 있는 것이 아니라, 때로는 영혼까지 이르며, 그리고 때로는 영혼으로부터 시작한다. 예를 들어, 감각은 여기 있는 이것으로부터 (영혼까지 이어지며), 기억은 영혼으로부터 감각기관들 안에 있는 운동 또는 정지까지 이어진다(*DA*, 408b14-18)."[8]

위 인용문에서 아리스토텔레스는 영혼의 영향받음을 두 단계로 구분한다. 첫 번째 단계는 감각기관을 통한 외적 대상의 감각적 형상을 수용하는 과정으로서, 이것은 영혼 안에서 끝난다. 앞에서 말한 것처럼 이 단계는 감각작용을 통해 감각적 형상을 수용함으로써 신체의 생리적 변화가 있게 되는 과정이다.[9] 두 번째 과정은 감

---

7) 아리스토텔레스는 영혼과 신체가 개념적으로만 구분되지, 실제적으론 양자가 분리되는 것으로 보지 않는다(*DA*, 1.1, 403a3-6). 이런 이유로 아리스토텔레스는 영혼과 신체의 밀접한 관계를 영혼이 "생명을 잠재적으로 가지는 자연적 신체의 형상이라는 의미에서의 실체(*DA*,2.1, 412a19-21, 2.2, 313a20-25)"로 정의한다. 영혼은 부동적이지만 신체를 통해 영향을 받게 되는 것이다(*DA*, 1.4, 408b1-10).

8)『영혼론』 번역은 기본적으로 유원기 역을 따른다. 그러나 필요한 경우는 필자가 직접 번역하였다.

9) 우리의 감각기관은 외부의 물리적 대상이나 사태에 의해 일차적인 영향을 받게 된다. 이것을 아리스토텔레스는 일종의 감각의 "파괴"로 말한다. 이것이 수동적인 영향받음이라고 말할 수 있다. 그러나 우리의 감각능력은 다시 외부에 대한 능동적인 감각적 판단을 수행하고 이것이

각작용을 통한 감각적 형상의 수용 이후에 다시 영혼 내에서의 활동이 이루어지는 단계다. 아리스토텔레스는 이것을 상기(anamnēsis)의 예를 통해 말한다. 상기는 감각작용을 통해 감각적 형상이 우리의 영혼 속에서 기억으로 보존되어 있는 것을 다시 떠올리는 것이다.[10] 즉, 상기는 기억 속에 보존된 감각적 형상, 달리 말해 판타즈마(phantasma)[11]를 다시 떠올리는 활동이다. 아리스토텔레스는 이러한 상기를 통한 움직임은 영혼과 함께 시작되고 감각기관에서 끝난다고 말한다. 정리하면 두 종류의 움직임이 있는데, 첫째는 감각작용의 단계로서 감각기관이 감각적 형상을 수용하여 그 움직임이 영혼 속에서 끝나는 경우다. 다음으로 그러한 감각작용에 의해 수용된 감각적 형상이 영혼 속으로 들어와 판타즈마로 존재하는 것을 상기하는 움직임으로써의 판타시아적 단계가 그 두 번째다.[12] 그렇다면 감정의 인식론적 진행과정은 감각작용을 통해 감각적 형상을 수용한 다음에 그러한 감각적 형상이 영혼 안으로 들어온 이후 기억으로 보존되어 있는 것, 이때는 판타즈마를 상기하는 과정

외부 대상에 대한 식별작용이다. 감각의 "구제"라는 적극적인 감각작용을 통해 우리의 감각기관은 감각적 형상을 수용하게 되는 것이다(DA, 417b2-16). 권창은, "Metaphysica Θ10장에 나타난 비유적 표현 θιγειν의 해석문제", 『희랍철학의 이론과 실천』, 고려대출판부, 2004, 85-87쪽 참조.

10) *De memoria,* 451b11-16.

11) *De insomniis*, 458b18-25. *DA*, 3.3, 428a1 이하 계속 참조. phantasia는 일반적으로 상상력(imagination) 또는 표상능력(representaion) 등으로 번역된다. 그러나 phantasia는 기억이나 상기와 같은 다양한 활동을 모두 포괄하기 때문에 정확한 번역어를 선택하기 어렵다. 여기서는 phantasia의 음역어를 사용할 것이며, 문맥에 따라 상상이나 인상 또는 표상과 같은 적절한 번역어를 선택하여 사용할 것이다. 판타시아를 둘러싼 논쟁과 관련해서는 유원기, "장소운동에 있어서 환타시아의 역할", 『철학연구』, 89집(2004), 대한철학회, 295-317쪽. 장영란, "아리스토텔레스의 판타시아 개념의 분석과 비판", 『철학연구』 65권(2004), 29-54쪽 참조할 것.

12) 상기가 판타시아 기능에 의한 것으로 볼 수 있는 이유는 아리스토텔레스에서 꿈이나 기억, 상기 등은 모두 그것들이 판타즈마를 필요로 한다는 점에서 판타시아에 속하는 것으로 간주되기 때문이다(*DA*, 428a12-15. *De memoria*, 450a22-23).

으로 말할 수 있다. 여기서 제기될 수 있는 물음은 그러면 '감정은 감각의 일종인가, 아니면 판타시아의 일종인가' 하는 것이다. 아니면 감정은 몇몇 학자들이 주장하는 것처럼 감각도 판타시아도 아니고 일종의 믿음이나 의견(doxa)의 일종으로 보아야 하는가? 감정의 인식론적 위상을 둘러싼 위 물음들은 앞으로 논의하게 될 감정의 역할을 규명하는 데 중요한 통로가 될 것으로 생각되어 이를 먼저 검토하도록 하겠다.

먼저 감정을 감각의 관점에서 보는 입장은 감정을 일종의 감각대상에 의한 신체의 생리적 운동이나 변화로 보는 것이다. 이처럼 감정을 감각에 의한 신체의 생리적 변화로 볼 경우, 현대의 윌리엄 제임스(W. James)가 주장하는 것처럼,[13] 공포나 분노의 감정은 각각 몸이 떨리기 때문에 또는 얼굴에 경련이 일기 때문에 두렵거나 분노하게 되는 것이다. 감정을 이처럼 감각에 의존한 것으로 보게 되면, 아리스토텔레스의 파테가 의미하는 수동적 의미에 일치되는 이론적 강점이 있다. 앞에서 언급한 것처럼 판타시아에 의한 상상은 감각작용을 통한 감각적 형상의 수용을 전제하지 않을 수 없기 때문이다(DA, 424a17-19. 427b14-16. 428b11-12). 그러나 우리의 감정이 외부적 대상에 의한 신체적인 감각의 움직임이라는 생리적 변화나 느낌으로 환원시켜 볼 경우, 인간의 감정이 동물의 본능적 감정과 어떻게 다를 수 있는지의 문제가 발생한다. 또한 신체적 변화가 어떻게 특정한 감정으로 규정될 수 있는지도 의심스럽게 된다. 예를 들어, 피부의 따끔거림이나 가슴의 죄어옴에서 느껴지는

13) W. 제임스, 『심리학의 원리 3』, 정양은 역, 아카넷, 2005, 2,040쪽 참조. 양선이, "윌리엄 제임스의 감정이론과 지향성의 문제", 『철학연구』, 79권, 2007, 107-128쪽 참조.

것이 수치심이나 분노가 아니라 두려움이라는 특정한 감정으로 규정될 수 있는지가 불분명한 경우가 그것이다.[14] 이처럼 감정을 감각과 관련시켜 해석하는 것은 감정이 분명 신체적인 감각에 의한 영향받음이라는 아리스토텔레스의 언급에는 일치하지만, 개별적인 감정이 갖고 있는 고유한 질적인 차이성을 파악하기 어렵다는 문제가 존재한다.

그렇다면 감정을 신체의 생리적 변화나 움직임이 아닌 인간의 이성적 판단이나 믿음에 의한 것으로 보는 것은 어떤가? 인간의 감정은 분명 동물이 본능에 의해 표출하는 감정적 반응과는 다른 측면이 있기 때문이다. 이런 점에서 감정을 믿음(belief)이나 의견(opinion)으로 보려는 인지적 해석은 설득력이 있어 보인다.[15] 대표적으로 이 입장을 지지하는 Nussabum에 따르면 감정은 "특정한 종류의 믿음과 밀접하게 관련되어 있다." 이것은 감정이 "맹목적인 동물적 힘이 아니라 사람의 지적이며 구별 가능한 부분"의 발현이기 때문이다.[16] 이런 이유로 Nussabum에 따르면 감정은 믿음의 수정에 의해 변화될 수 있다.[17] Fortenbaugh 역시 감정이 맹목적이고 비합리적인 동물적 힘이기보다는 "이성적인 설득에 열려 있는 지적인 것"[18]으로 본다. 만약에 감정이 믿음에 의해 구성되지 않는다

14) N. Sherman, "The Role of Emotions in Aristotelian Virtue", *Proceedings of the Boston area Colloquium in Ancient Philosophy,* Vol.9(1993), p.9.

15) 대표적으로 Fortenbaugh와 Nussbaum을 들 수 있다. W. W. Fortenbaugh, *Aristotle on Emotion*, London: Duckworth, 1975. M. Nussbaum, "Aristotle on Emotion and Rational Persuasion", *Essays on Aristotle's Rhetoric,* A. Oksenberg Rorty(ed.), Univ. of California Press, 1996, pp.303-323.

16) M. Nussbaum(1996), p.303.

17) M. Nussbaum(1996), pp.304-306.

18) W. W. Fortenbaugh(1975), p.17.

면, 감정은 이성적인 행동을 요구하지도 않고, 그래서 우리가 감정을 통제할 수 있는 여지가 좁아질 것이라고 주장한다.[19] 또한 이들 학자의 주장에 따르면 감정을 믿음에 근거한 것으로 볼 경우 개별적인 감정의 구분이 가능하다. 감정을 감각에 근거한 것으로 볼 경우 특정한 신체의 움직임을 특정한 감정과 관련된 것으로 보기 힘든 것에 반해 대상에 대한 지향성에 근거한 판단이나 믿음은 그것이 구체적으로 어떤 감정인지를 알 수 있게 해주기 때문이다. 예를 들어, 두려움과 수치심은 고통이라는 점에서는 구별이 가능하지 않지만, 전자는 위험에 대한 판단으로 인해 후자는 명예를 빼앗긴 것에 대한 판단이라는 점에서 각기 구별 가능하다는 것이다. 이처럼 인지적 해석을 따를 경우 믿음이 감정들을 개별화(individuation)시켜 줄 수 있다는 강점이 있다.[20] 신체의 고통과 같은 영향받음이 두려움과 수치심을 구별하는 것이 아니라 지향적 대상에 대한 믿음이 양자를 구별시켜 주기 때문이다. 결국 인지적 해석에 따르면 감정은 이성적인 설득에 의해 영향을 받을 수 있기 때문에 감정은 비이성적인 힘들이 아니며, 따라서 믿음이 감정의 필수적 요인이 되어야 한다.

믿음이 감정을 구성한다는 인지주의적 해석과 관련해서는 다음 장에서 다루게 될 감정의 쾌락이나 고통과의 연관성을 논하는 가운데 그 문제점이 지적될 것이다. 일단은 믿음이나 이성적 설득이 감정의 모든 것을 설명해줄 수 있는 필요충분조건으로 보기는 어려운 것으로 생각된다. 인지주의적 해석은 모든 감정을 판단의 일

19) W. W. Fortenbaugh(1975), p.17.

20) M. Nussbaum(1996), p.309.

종으로 본다는 점에서 아리스토텔레스적이기보다는 지나치게 스토아적 관점에 가까운 것으로 보이기 때문이다.[21] 아리스토텔레스에게서 믿음과 같은 인지적 판단이 감정의 주요한 요소임이 부정될 수는 없지만, 모든 감정이 판단에 의해 구성되는 것으로 보는 것은 지나친 해석이다. 예컨대 내 앞으로 기어오는 거미가 실상 해(害)가 없다는 것을 알고 있더라도, 여전히 내 몸이 거미에 대한 두려움을 느껴 소름이 돋을 수 있다. 이것은 안전장치가 잘되어 있는 깎아지른 절벽 위에 서 있을 경우 떨어질 위험이 전혀 없다고 판단하더라도 여전히 몸이 떨리는 경우와 같다. 우리의 감정이 항상 이성적인 판단이나 믿음에 일치하여 반응하는 것으로 보기 어려운 이유이다.

필자가 생각하기에 감정을 감각이나 또는 믿음에 근거한 것보다 판타시아와 관련시킬 경우 아리스토텔레스의 감정에 대한 전체적인 생각을 읽어낼 수 있는 가능성이 높아 보인다.[22] 무엇보다 판타시아는 감정을 영혼과 신체의 상호작용이라는 질료・형상론적 관점에서 볼 수 있게 함으로써 감정을 심・신의 조화라는 온전한 인간의 양태로 볼 수 있기 때문이다.[23] 먼저 판타시아의 감각과의 밀

---

21) G. Striker(1996), pp.294-297 참조할 것. 스토아 철학자인 크리시포스의 감정에 관한 상세한 논의는 손병석, "무정념(apateia): 현인에 이르는 스토아적 이상과 실천", 『철학연구』, 80집, 2008, 41-59쪽 참조할 것.

22) 판타시아로 보는 대표적인 학자로 Cooper와 Striker, 그리고 Sihvola를 들수 있다. J. M. Cooper, "An Aristotelian Theory of the Emotions", *Essays on Aristotle's Rhetoric*, A. Oksenberg Rorty(ed.), Univ. of California Press, 1996, pp.238-257. G. Striker, "Emotions in Context", *Essays on Aristotle's Rhetoric*, A. Oksenberg Rorty(ed.), Univ. of California Press, 1996, pp.286-302. J. Sihvola, "Emotional Animals: Do Aristotelian Emotions require belief?", *Apeiron* 29/2(1996), pp.105-144.

23) 예를 들어, 분노에 대한 아리스토텔레스의 설명이 여기에 해당된다. 아리스토텔레스는 분노에 대한 자연학자와 변증론자의 정의를 비판하면서 분노를 단순히 질료적 측면에서 '심장 주위에서의 피의 끓음'이라는 생리적 차원으로만 봐서도 안 되고, 그렇다고 변증론자처럼 복수에의 고통스러운 욕구라는 심리적 차원에서만 보아서도 안 되는 것으로 본다. 아리스토텔레스에게 분노는 "이런저런 이유로 이런저런 목적을 위해 그러그러한 신체의 일종의 움직임(*DA*, 1.1,

접한 관계를 들 수 있다. 앞서 말한 것처럼 판타시아는 기본적으로 감각작용을 전제로 한 영혼의 활동이라는 점에서 신체의 생리적 변화를 부정하지 않는다.[24] 감정은 어떤 식으로든 질료적 요소인 신체에서의 수동적 운동의 특성이 있는 것이다. 이것은 아리스토텔레스가 판타시아를 감각 없이는 불가능하다고 보면서, 판타시아를 "약한 종류의 감각(aisthēsis tis asthenēs)"[25]이라고 말하는 데서 알 수 있다. 『꿈에 관하여(De insomniis)』에서도 마찬가지로 아리스토텔레스는 판타시아의 능력(phantastikon)과 감각 능력(aisthētikon)을 현실태적으로 동일한 것으로 말한다.[26] 앞에서 설명한 것처럼 감각 대상과 판타시아 대상은 공히 감각적 형상으로 볼 수 있기 때문이다.

그러나 간과해선 안 될 점은 아리스토텔레스가 감각과 판타시아를 동일한 것으로 보는 것은 아니라는 점이다. 판타시아는 "우리가 원할 때마다 우리 자신의 힘 안에 있기 때문에" 감각처럼 감각적 대상의 현존을 필요로 하지 않는다는 점에서 그렇다.[27] 감각은 어디까지나 신체의 감각기관을 자극하고 영향을 줄 외적 대상이 있어야 하지만 판타시아는 언제든지 판타즈마를 떠올릴 수 있기 때문이다. 다시 말해 감각은 자체적인 수행능력을 발휘할 수 있는 독립성을 결여하고 있지만, 판타시아는 자체적인 수행능력을 갖고 있다는 점에서 양자는 구분된다. 예컨대 우리의 눈은 그것을 볼 수 있는 외적 대상이 현존해야 되지만, 판타시아는 우리가 눈을 감고

403a26-28)"과 같이 질료적 측면과 형상적 측면이 함께 고려되어 정의되어야 하는 것이다.

24) *DA*, 2.12, 424a17-19. 3.3, 427b14-16. 428b11-12 참조.

25) *RH*, 1,11, 1370a28-29

26) *De insomniis*, 459a16-22.

27) *DA*, 3.3, 427b18. *De insomniis*, 458b18-25.

있어도 이미지, 즉 판타즈마를 자유롭게 떠올릴 수 있는 것이다. 그러면 판타시아가 감각작용을 전제로 하여 진행된다는 사실은 감정과 관련하여 어떻게 이해되어야 할까? 일견 감정이 외적 대상에 의한 감각적 형상의 수용을 통해 신체에서 발생하는 변화라는 점에서 감정은 감각에 의해 발생하는 것으로 보인다. 예를 들어, 거칠고 시끄러운 외부에서의 소리를 듣게 되었을 경우 그러한 감각적인 소리의 전달은 우리를 두렵게 하고 겁먹게 할 수 있는 것이 사실이다. 그러한 소리에 대한 감각적 경험이 우리로 하여금 두려움의 감정을 갖게 하는 것으로 볼 수 있다는 것이다.[28] 그러나 상황을 좀 더 분석해보면 두려움의 감정은 감각적인 것이라기보다는 판타시아적인 것으로 보아야 하는 것이 적절하다. 문밖에서 나는 시끄럽고 큰 소리가 나의 고막을 울리기 때문에 겁먹게 하는 것이라기보다는 그 소리를 듣고 나쁜 어떤 일이 조만간에 나에게 일어날 수 있다고 상상할 때 두려움을 느끼는 것이다. 다시 말해 두려움을 느끼는 것은 감각 자체만으로는 충분치 않고, 그것을 통해 위험한 일이 발생할 것이라는 고통스러운 상상이 요구된다는 점에서 감정은 판타시아적인 것이다.

다음으로 의견이나 믿음과 관련하여 판타시아의 인식론적 우선성을 고려할 필요가 있다. 아리스토텔레스는 『영혼론』에서 '사고(noēsis)나 이해(dianoia) 그리고 믿음(hypolēpsis)의 능력 역시 판타시아 없이는 불가능하다'[29]고 말한다. 독사(doxa) 역시 판타시아에 의

28) S. R. Leighton(1996), p.214 참조.

29) *DA*, 427b14-15, 428b11-12, 427b14-16. *De memoria,* 450a1. 3.7, 431a16-17, 431b2-3, 3.11, 434a10-11.

한 움직임 속에 있다(DA., 434a10-11). 여기서 중요한 것은 인식론적으로 판타시아는 의견을 psis포함한 사고작용의 원인으로 작용한다는 점이다.[30] 이런 점에서 판타시아는 감각과 의견 사이의 주요한 매개역할을 하는 것으로 볼 수 있다. 판타시아는 기본적으로 감각을 통한 신체의 수동적 영향받음을 담보하면서도, 감각에 의해 수용된 감각적 형상, 즉 이미지들을 상상함으로써 대상에 대한 판단 내지 믿음을 형성할 수 있는 이중적인 인식론적 역할을 수행하는 것으로 볼 수 있기 때문이다. 그러나 아직까지 우리가 감정을 왜 믿음이 아닌 판타시아에 의한 것으로 보아야 하는지는 충분하지 않아 보인다. 아래에서 필자는 아리스토텔레스가 제시하는 다양한 개별적인 감정들이 과연 판타시아의 관점에서 설명될 수 있는지를, 특히 쾌락이나 고통과 관련시켜 살펴볼 것이다.

3. 감정과 쾌락 또는 고통의 상관관계

일단 우리는 아리스토텔레스의 판타시아 개념이 간단하지 않음을 염두에 둘 필요가 있다.[31] 그것은 인상(impression)으로 볼 수도,

30) 판타시아가 doxa나 hypolēpsis나 noēsis와 맺는 상관관계는－이들 용어에 대한 적절한 번역도 고민해야 되겠지만－ 간단하게 처리할 수 있는 문제가 아니다. 판타시아도 그 활동영역이 단순히 감각적 판타시아의 기능뿐만 아니라 숙고적 판단과 같은 지적인 기능을 수행하는 광범위성을 고려하면 보다 신중한 논의가 필요하다. 이에 관한 논의는 차후의 과제로 남겨둔다.

31) 이 글에서 판타시아에 대한 관심은 감정의 관점에서 이루어지기 때문에 판타시아에 대한 세부적인 논의는 다루지 않을 것이다. 판타시아에 대한 세부적인 논의는 A. Ferrarin, "Aristotle on ΦΑΝΤΑΣΙΑ", *Proceedings of the Boston area colloquium in Ancient Philosophy*, J. J. Cleary and G. M. Gurtler(eds.), vol.21(2005), pp.89-112. V. Caston, "Why Aristotle needs Imagination", *Phronesis,* vol.41/1(1996), pp.20-55.

아니면 비정형적인 감각 경험(non-paradigmatic sensory experiences)[32]으로 볼 수도, 아니면 욕구와 동물 행동을 위해 필요한 표상적(representative) 능력으로 볼 수도 있다.[33] 중요한 것은 아리스토텔레스가 다양한 감정을 열거하면서 감정을 판타시아 개념을 통해 정의하고 있다는 점이다. 무엇보다 감정을 설득(peithō)의 주요한 요소로 다루고 있는 『수사학』에서 이것을 확인할 수 있다. 예를 들어 두려움(phobos)은 "미래에 파괴나 고통을 야기할 수 있는 해악을 상상하는 데서(ek phantasias) 결과 되는 고통이나 혼란을 말한다(RH, 2.5, 1382a21-22)." 수치심(aischynē) 역시 "현재나 과거 또는 미래에 명예를 실추시킬 수 있을 것으로 예상되는(phainomena) 악들에 관한 고통과 혼란함(tarachē)이다(RH, 2.6, 1383b13-15)." 아리스토텔레스의 이러한 언급들은 두려움과 수치심과 같은 감정이 위험이나 명예상실(adoxia)을 상상하는 것과 밀접하게 연결되어 있음을 말해준다. 그런데 여기서 위험이나 명예실추가 과거나 먼 미래와 관련되는 것이 아니라 가까운 미래와 관련된다는 점이 주목될 필요가 있다. 두려움과 관련하여 아리스토텔레스는 우리가 두려움을 느끼는 것은 모든 악이 아니라 심각한 고통이나 파괴를 야기할 수 있는 것에 대해서인데 "이러한 악은 그것이 멀리 있는 것이 아니라, 가까이 있고 임박한 것일 때 두려움을 느낀다. 왜냐하면 사람들은 매우 멀리 있는 것은 두려워하지 않기 때문이다"라고 말한다(RH, 2.5, 1382a24-26). 예를 들어, 단순히 스파르타인들이 용감한

32) M. Schofield, "Aristotle on the Imagination", *Essays on Aristotle's De Anima*, M. C. Nussbaum and A. O. Rorty(eds.), Oxford, 1992, pp.253-256(note. 20).

33) N. Nussbaum, *Aristotle's De motu Animalium,* Princeton Univ. Press, 1978, p.223.

전사들이라는 믿음 만에 의해 두려움의 감정이 생기는 것이 아니라, 그들의 공격에 의해 해를 입을 것이라는 것이 임박했을 때만 스파르타인들에 대한 두려움을 느낀다는 것이다.[34] 이것은 마치 우리를 향해 달려오는 곰을 보았을 때 우리가 곰을 위험한 것으로 생각하는 이유는 눈앞에 보이는 곰 자체가 아니라 먼 거리에서 달려오는 곰이 잠시 후에 우리에게 왔을 때 벌어질 일을 상상하기 때문에 두려운 것으로 생각하는 것과 같다. 두려움은 해악이 현재나 먼 미래의 것이 아니라 곧 가까이 발생할 것이라고 예상하는 데서 느껴지는 것이다. 이처럼 아리스토텔레스에게서 두려움의 감정은 자기보다 강한 자나 부정의한 자가 자신에게 해를 입힐 것이라는 위험이 "가까이 있을 것(mē porrō)"을 예상함으로써 나타나는 것이다.[35] 두려움의 반대인 자신감(thrralea) 역시 "구해줄 수 있는 것들이 가까이 있다는 희망과 두렵게 하는 일들이 존재하지 않거나 멀리 있다고 상상(phantasia)(RH, 2.5, 1383a17-18)"할 때 갖게 되는 감정이다. 달리 말해 자신감은 불의를 행할 적들이 없거나 그러한 적들로부터 자신을 구해줄 친구가 가까이 있을 것을 예상할 때 갖게 되는 감정인 것이다. 상술한 것처럼 아리스토텔레스에게서 두려움과 수치심, 그리고 자신감의 감정은 그것이 가까운 미래에 다가올 해악이나 명예상실 또는 구원의 희망을 떠올리는 판타시아(phantasia)의 기능에 의해 정의되고 있다는 공통점을 갖고 있다.

그런데 아리스토텔레스는 연민(eleos)[36]이나 분개(to nemesan)[37]

34) *RH*, 2.5, 1382b8 이하 계속 참조.

35) *RH*, 1382b, 9 이하 계속 참조.

36) *RH*, 2.8, 1385b12 이하 계속 참조.

또는 분노(orgē)[38]의 감정은 판타시아 개념이 아닌 그것의 파생어인 phainetai나 phainomena를 사용해 정의한다. 문제는 이 경우 phainetai나 phainomena가 상상의 의미보다는 '-처럼 보인다(appear, seem to be)'의 감각적으로 보임의 의미를 갖는 것으로 볼 수 있다는 것이다.[39] 예를 들어, 연민은 "파괴적이거나 고통을 주는 악이 그것을 당할 만한 이유가 없는 사람에게 행해지는 것을 목격한 것(phainomenōi)으로부터 연유하는 어떤 고통이다(RH,2.8,1385b13-14)." 분노 역시 "*명백한(phainomena)* 모욕에 대한 복수를 위한 고통이 수반된 욕구(RH, 2.2, 1378a31-32)"로 정의된다. 이 두 감정은 '보임'이라는 시각적 경험을 통해 정의되고 있다는 점에서 감정을 판타시아보다 감각의 일종으로 볼 수 있는 여지가 있다.

그러나 연민이나 분노의 감정을 좀 더 생각해보면 그것은 단순히 악으로 *보이는* 것에 대한 고통의 감정이 아님을 알 수 있다. 일견 연민의 경우 고통을 받고 있는 사람을 보면서 동정심을 느낄 수 있다는 점에서 감각과 관련되는 것으로 생각할 수 있다. 그러나 이때의 고통받는 사람에 대한 연민은 단순히 보는 것 자체에 의해 발생하는 것으로 보기 어렵다. 그것은 연민을 느끼는 자가 특정한 관점(aspect)에서 볼 때 느껴지는 것으로 보아야 할 것이다. 좀 더 정확하게 말하면 아리스토텔레스에게 동정심은 '고통받는 사람이 얼마나 고통스러울까' 또는 '과연 그 사람이 그러한 고통을 받을 만한 행동을 했는가', 또는 '그러한 불운이 자신에게도 닥치게 되지

37) *RH*, 2.9, 1387a6 이하 계속 참조.

38) *RH*, 2.2, 1378a31 이하 계속 참조.

39) M. Nussbaum(1978), p.223.

않을까' 하는 것들을 상상함으로써 생기는 것이다. 아리스토텔레스가 "악이 가까이 있고, 자기 자신이나 가까운 사람이 이러한 악에 의해 고통을 받으리라고 예상될 경우 연민을 느끼게 된다(RH, 2.8, 1385b14-16)"라고 말하는 이유가 이것을 뒷받침한다. 분노의 경우는 어떤가? 분노는 다른 감정과 달리 복합적인데, 그것은 한편으론 모욕당한 것에 의한 고통과 다른 한편으론 복수에의 욕구가 혼합되어 있기 때문이다.[40] 중요한 것은 이때의 phainomena가 현재의 단순한 감각적 시각의 의미로만 한정되지 않는다는 것이다. 아리스토텔레스에 따르면 분노는 단순히 모욕을 당한 고통의 상태로 끝나는 것이 아니라 복수할 희망을 상상하면서 쾌락을 함께 느끼는 감정이기 때문이다.[41] 상술한 것을 통해 우리는 연민이나 분노의 정의에서 발견되는 phainetai나 phainomenon이 단순한 보임의 의미로만 해석되어서는 안 됨을 알 수 있다. 연민과 분노의 감정은 직접적인 감각적 의미보다는 그것을 통한 판타시아적 상상의 의미를 통해 각기 감정의 고유성을 담보하는 것으로 생각할 수 있기 때문이다.

그런데 여기서 우리는 감정을 근거 지우는 판타시아적 상상이 구체적으로 어떤 특성을 가진 이미지인지를 물을 수 있다. 앞서 언급한 것처럼 아리스토텔레스에게서 판타시아는 그 기능의 외연이

40) 아리스토텔레스의 분노에 관한 상세한 논의는 손병석, "분노는 정당화될 수 있는가? 아리스토텔레스의 분노(orge)론을 중심으로", 『철학연구』, 93집(2011), 31-60쪽 참조할 것.

41) *RH*, 2.2, 1378b7-9. J. Dow는 여기서 분노에서 모욕에 대한 감각 경험을 할 수 없는데 어떻게 그것에 대한 판타시아를 가질 수 있는가 하는 반론을 제기한다(J. Dow, "Feeling Fantastic? emotions and Appearances in Aristotle" Oxford studies in Ancient Philosophy, 37, pp.171-172). 그러나 모욕을 주는 악행자가 행한 것에 대한 감각적 경험이 어떤 식으로든 실제적으로 이루어지지 않은 것으로 보기는 어렵다.

넓다. 판타시아는 단순한 상상뿐만 아니라 꿈이나 상기, 또는 기억이나 사고작용에도 포함되기 때문이다. 그러나 감정을 근거 지우는 판타시아는 꿈이나 사고, 상기와 관련된 판타시아적 기능과는 다른 것으로 생각된다. 기억이나 꿈을 우리가 감정과 관련시켜 말하지는 않기 때문이다. 그렇기 때문에 어떤 근거에서 판타시아의 기능을 감정과 관련시켜 말할 수 있는지는 필히 해명될 필요가 있다. 아래에서 상론되겠지만 결론부터 말하면, 감정을 규정짓는 판타시아적 상상은 단순한 이미지 떠올리기가 아니라, 그것이 쾌락(hedonē)이나 고통(lypē)을 포함한다는 점에서 다르다. 아리스토텔레스는 감정이 쾌락이나 고통과 맺는 상관관계를 다음과 같이 말한다.

> "내가 말하는 감정이란 욕망, 분노, 두려움, 대담함, 시기, 기쁨, 친애, 미움, 갈망, 시샘, 연민, 일반적으로 *쾌락이나 고통이 포함되는(hepetai)* 것들이다(*EN,* 1105b21-23)."

> "나는 감정이란 말을 분노, 공포, 수치심, 욕망, 그리고 전체적으로 대부분의 경우에 *감각적 쾌락이나 고통(aisthētikē hēdonē hē lypē) 자체를* 포함하는(hepetai) 것들을 가리킨다(*EE*, 1220b12-14)."

위 인용문들에서 아리스토텔레스는 먼저 분노, 두려움, 수치심 그리고 동정심의 감정들에 공통된 특성이 고통이나 쾌락을 포함한다(hepetai), 또는 쾌락과 고통이 감정과 함께(meta)한다고 말한다.[42] 그리고 이러한 쾌락과 고통은 감각적인 것으로서 우리의 신체를 통해 감지될 수 있는 것으로 말해진다. 이것은 아리스토텔레스가

42) *RH*, 1378a31. 1378b1. J. M. Cooper(1996), pp.245-246. G. Striker(1996), pp.289-293 참조.

쾌락을 신체의 감각이 정상적인 자연적 상태로 회복되는 영혼 전체의 영향받음으로, 그리고 고통을 그 반대의 과정으로 설명하는 데서도 알 수 있다.[43] 그렇다면 감정은 판타시아적 상상이되 그것은 어디까지나 쾌락이나 고통을 포함한 상상이 되는 것으로 볼 수 있다. 만약에 꿈속에서의 판타시아처럼 그것이 신체에서의 감각적인 쾌락이나 고통으로 느껴지지 않는다면, 그것은 감정을 발생시키는 판타시아가 아닌 것이다. 판타시아적 상상은 그것이 신체에서의 쾌락이나 고통으로 느껴질 때 특정한 감정으로 발현될 수 있는 것이다. 만약 우리의 판타시아가 영혼 내의 판타즈마를 떠올릴 때 그것이 쾌락이나 고통과 연관되지 않는다면, 그래서 신체의 감각적 쾌락이나 고통으로 느껴지지 않는다면, 그것은 우리의 감정으로 구성될 수 없는 것이다. 예를 들어, 분노의 경우 모욕당함을 고통으로 느끼지 못한다면 그것은 모욕을 준 자에 대한 복수에의 욕구를 표출하는 분노의 감정으로 표출될 수 없을 것이다. 단순히 모욕을 당했다는 믿음 내지 판단만 갖고 분노의 감정이 표출되는 것이라기보다는 모욕을 당한 것이 고통으로 느껴졌기 때문에 분노의 감정이 일고, 그로 인해 복수하고자 하는 것이다.[44]

그런데 여기서 쾌락과 고통의 원리가 판단과 갖는 우선성의 문제가 제기될 수 있다. 다시 말해 쾌락이나 고통스러운 상상으로 인해 대상을 좋은 것이나 나쁜 것으로 판단하는지, 아니면 좋은 것이

---

43) *RH*, 1369b33-35. *DA*, 408b5-7 참조.

44) 믿음이나 의견을 감정의 핵심적 요소로 보는 Nussbaum이나 Fortenbaugh에게 쾌락과 고통은 감정에 부수하는 것이지 감정의 핵심적 요소가 아니다[M. C. Nussbaum(1996), p.322, note.19., W. W. Fortenbaugh, "Aristotle and Theophrastus on the Emotions", J. T. Fitzgerald(ed.), Passionsa and Moral Progress in Greco-Roman Thought, London, p.41].

나 나쁜 것으로 판단 내지 믿기 때문에 쾌락이나 고통을 느끼는지 하는 것이다. 쾌락이나 고통이 감정과 관련해서 어떤 역할을 하는지에 관한 이 물음은 논쟁의 여지가 있다. 앞서 언급한 믿음이나 판단에 의해 감정이 구성되는 것으로 해석하는 누스바움과 포르텐바우에게 감정은 어디까지나 판단을 통해 대상을 고통으로 느끼는 것이지 그 반대는 아니다.[45] 모욕을 당했다는 부정의함에 대한 판단이 섰기 때문에 고통스러워하고 분노한다는 것이다. 앞서 설명한 것처럼 이러한 인지주의적 해석은 예컨대 두려움이나 분노 또는 수치심이 고통의 감정이라는 점에서는 구별 불가능하지만 대상에 대한 판단을 통해 개별화된 감정으로 구별시켜 줄 수 있다는 점에서 설득력이 있다. 두려움의 감정은 그것이 단순히 고통이라는 점에서는 수치심의 감정과 다를 바 없지만, 전자의 감정은 'X는 위험하다'는 판단에서 수반된 고통으로 본다는 점에서 후자의 명예를 빼앗긴 것에 대한 판단에서 비롯한 고통의 감정과 구별될 수 있다는 것이다.[46] 고통이 두려움과 수치심을 구별하는 것이 아니라 지향적 대상에 대한 믿음이 양자를 구별시켜 준다는 것이다. 뒤에서 좀 더 언급되겠지만 아리스토텔레스에게서 감정이 판단이나 믿음과 갖는 밀접한 관련성이 부정될 이유는 없는 것으로 생각된다. 문제는 감정의 개별화가 믿음이나 의견만에 의해 이루어질 수 있는가 하는 것이다. 앞서 말한 것처럼 판타시아 기능은 특정한 상황이나 사태와 관련되어 그에 부합하는 판타즈마를 떠올리거나 상상함으로써 쾌락이나 고통을 느끼는 것이다. 달리 말해 판타시아는 과

45) M. C. Nussbaum(1996), p.309.

46) M. C. Nussbaum(1996), p.309.

거에 감각작용을 통해 수용했던 감각적 형상을 영혼 속에 판타즈마로 기억하고 있다가, 특정한 상황에서 우리가 감각적 경험을 하게 될 때 그러한 영혼 속의 판타즈마를 떠올림으로써 감각적 고통이나 쾌락을 느낀다는 것이다. 예를 들어, 분노는 모욕받은 것에 의해 느껴지는 고통의 감정인데, 이것은 과거의 언젠가 누군가에 의해 모욕을 받았던 판타즈마를 떠올림으로써 나타나는 신체에서의 고통스러운 움직임인 것이다. 우리는 고통을 느끼면서 모욕을 어떤 나쁜 것이 되는 것으로 판단한다는 것이다. 아래의 인용문은 아리스토텔레스의 이러한 생각을 확인시켜 준다.

> "고통과 모욕에 대한 판단은 분노가 무엇인가의 술어가 되는 것으로 보인다. 왜냐하면 분노한 인간은 고통 속에 있으면서 자신이 모욕당했다고 판단하고 있기 때문이다(*Topica*, 127b30-31)."

위 인용문을 통해 알 수 있는 것처럼 분노하는 사람은 고통 속에 있으면서 모욕에 대한 판단을 내리는 것으로 볼 수 있다. 실상 아리스토텔레스에게서 판단이 쾌락이나 고통과 분리되어 이해될 수 있는지는 의심스럽다. 잘 알려진 것처럼 아리스토텔레스는 『니코마코스 윤리학』 7권에서 쾌락과 고통을 활동과 분리시키지 않고 있다는 점이 중요하게 고려될 필요가 있다. 여기서 아리스토텔레스는 쾌락을 활동(energeia)을 완결시키는 것으로 보면서, 쾌락이 없는 활동을 생각하기 어려운 것으로 말하고 있기 때문이다(*EN*, 1153a10-16). 마찬가지로 아리스토텔레스는 『영혼론』에서 어떤 대상에 대한 긍정이나 부정 또는 추구는 항상 쾌락이나 고통이 존재한다고 말한다. 양자는 양태에서 다를 수 있어도 본질적으로 다른 것이 아니라는 것이다(*DA*, 3.7, 431a8-14). 이것은 위에서 말한 분노의 감정과 관련하여 고통과 모욕에 대한 판단이 분리되어 이해되어서는 안 됨을 의미하는 것으로 볼 수 있다. 아리스토텔레스에게서 고통으로 느끼거나 쾌락으로 느끼는 것은 곧 대상을 악이나 또는 선으로 판단하는 것과 개념적으로 분리될 수는 있어도 존재론적으로 분리되기는 어렵기 때문이다. 아리스토텔레스에게서 고통이 없는 분노나 쾌락이 없는 사랑을 생각하는 것은 반직관적인 것이다. 이런 점에서 아리스토텔레스에게서 쾌락과 고통은 바로 감정이 단순히 신체적인 생리적 변화만이 아닌 영혼 전체가 겪는 인간적인 감정이 될 수 있게끔 자리매김시켜 주는 핵심적 요소가 되는 것으로 볼 수 있다.

상술한 판타시아의 쾌락이나 고통과의 관련성을 염두에 둘 때 우리는 감정이 단순히 신체상의 수동적 겪음에만 한정된 것이 아님을 알 수 있다. 감정은 판타시아가 영혼 속에 존재하는 판타즈마를 떠올림으로써 쾌락이나 고통의 관점에서 대상에 대한 좋고 나쁨의 판단을 내릴 수 있듯이 능동적인 역할까지 담보할 수 있는 것이다. 이제 아래에서 필자는 감정이 판단과 실천에서 수행하는 능동적 의미를 좀 더 분명히 밝혀보도록 하겠다.

4. 판단과 덕행위에서 감정의 능동성

감정이 판타시아 기능에 의해 구성되고, 그것이 쾌락과 고통의 상상이라 함은 감정 자체가 가치론적 판단의 의미를 함의하고 있는 것으로 볼 수 있다. 쾌락은 대상을 좋은 것으로 고통은 대상을 나쁜 것으로 판단하기 때문이다. 그런데 여기서 판단의 의미를 분명히 하고 넘어가는 것이 필요할 것 같다. 특히 감정과 관련된 판단과 관련하여 희랍어 krisis에 주목할 필요가 있다. 아리스토텔레스는 그의 작품들에서 krisis라는 말을 감각적 판단부터 독사(doxa)적 판단 또는 이성적 판단까지 두루 폭넓게 사용하고 있다.[47] 그리고 일반적으로 krisis를 판단으로 새길 경우 이것은 명제적 형태로 생각되며, 그렇기 때문에 지식이나 의견과 관련된 것으로 이해된다. 그러나 감정과 관련하여 사용될 때 krisis는 일반적인 의미의 독사적 판단이나 이성적 판단과 같은 명제적 의미보다는 감각적 판단에 가까운 비명제적(non-propositional) 판단으로 보는 것이 타당하다. 다시 말해 위의 인용문에서 모욕에 대한 판단은 엄격한 의미의 명제적 판단이 아니라 감각을 통한 고통이 수행하는 비명제적인 감각적 분별(discernment) 내지 식별(discrimination)로 이해되는 것이 맞다.[48] 그러면 여기서 감정이 수행하는 판단이 비명제적이라는 것은 어떻게 이해되어야 할까? 이에 관한 아리스토텔레스의 분명한 언급을 찾기는 어렵지만, 우리는 이때의 비명제적 내용을 마

47) T. Ebert, "Aristotle on What is done in Perceiving", *Zeitschrift fur Philosophische Forschung*, 37(1983), pp.181-182.

48) krisis의 의미와 관련된 보다 상세한 논의는 T. Ebert(1983), pp.181-198 참조할 것. Leighton은 krisis를 명제적 내용을 갖는 것으로 본다. 이렇게 보게 되면 감정은 주체로 하여금 믿음이나 의견과 같은 판단을 형성하거나 판단 이상의 것을 포함하는 것으로 보게 된다(Leighton, "Aristotle and the Emotions", *Phronesis*, 1982, pp.1-38. pp.7-8, 15-16). 이에 반해 Striker는 판단을 비명제적인 인상으로 본다(G. Striker, 1996, p.291). 영어 번역어는 judging보다는 discriminating이나 discerning이 보다 적절하다. 전자는 도덕적 법적인 차원에서 옳고 그름을 판단하는 의미가 강하다면 후자는 눈으로 색깔을 구분하는 의미가 강하다(DA, 426b9-12. 425b2). 감정이 판단적이라는 것은 감각적 식별에 가까운 의미이기 때문에 그것은 구체적 상황에서의 개별자에 대한 판단이 의미를 갖는 것으로 볼 수 있기 때문이다.

치 영화관에서 다양한 장면을 빠르게 보여줄 때 그에 대한 인상을 생각해볼 수 있다. 빠른 속도로 보이는 장면에 대한 인상들은 아직까지 그 인상을 통한 대상에 대한 내용을 명제적 형태로 표현할 수 없지만, 분명 그러한 인상들을 통해 갖게 되는 판단이 형성될 수 있다. 이것은 마치 그랜드캐니언과 같은 장대한 협곡을 바라보았을 때 갖게 되는 직관적 판단과 같은 것이다. 파노라마처럼 보이는 어마어마한 전경(全景)에 압도되어 갖는 이러한 인상은 아직까지 정형화되거나 또는 명제화되지 않은 판단으로 볼 수 있다.

이런 이유로 감정과 관련된 판단은 아직까지 이성적인 숙고를 통한 실재에 대한 구조와 원리를 반영한 명제적 판단이 아니다. 감정의 판단은 단지 상황이나 사태에 대한 특정한 측면에 대한 아직까지 숙고되지 않은 비명제적 판단으로 이해되어야 하는 이유가 여기에 있다. 그렇기 때문에 아리스토텔레스는 "우리는 합리적으로 선택결정하지 않고 분노하고 두려워한다"[49]라고 말한다. 여기서 분노와 두려움의 감정은 숙고(bouleusis)와 선택결정(prohairesis)을 통한 판단으로 간주되지 않고 있기 때문이다. 그러나 감정이 숙고를 하지 않았다는 것이 감정이 지향적이지 않고, 비자발적인(akōn) 것으로 이해되는 것은 곤란하다. 아리스토텔레스는 『니코마코스 윤리학』 3권 3장에서(1111a24-1111b3) 자발적인 것(hekōn)과 비자발적인 것(akōn)의 원인의 종류를 구분하면서,[50] 분노나 욕망으로

49) *EN*, Ⅱ.5, 1106a2-3. "ἔτι ὀργιζόμεθα μὲν καὶ φοβούμεθα ἀπροαιρέτως."

50) 아리스토텔레스에 따르면 자발성(hekousion, voluntary)은 행위의 원인이 자신에게 있는 것이며, 이것은 알고서, 달리 말해 숙고와 선택결정을 통한 행위를 가리킨다. 반면에 비자발성(akon, involuntary)은 강요나 무지에 의한(by ignorance) 또는 무지 속에서(in ignorance) 이루어진 행위이다. 무지에 의한 것은 예를 들어, 실수로 사람을 죽이는 경우를, 무지 속에서 이루어지는 행위는 분노나 성적 욕망에 의한 행위가 여기에 속한다(*EN*, Ⅲ.1, 1110a1 이하 계속 참

말미암은 것을 비자발적인 것으로 주장하는 것은 옳지 않다고 말한다. 그 이유는 욕망이나 분노를 비자발적인 것으로 간주하면 동물이나 아이 역시 자발적으로 행위하는 것으로 볼 수 없기 때문이다. 또한 욕망과 분노로 행한 것 중에 고귀한 것(to kalon)도 있고, 수치스러운 것도 있는데 어떻게 이것들의 원인이 하나인데 다르게 구분되는지 이상하게 된다. 마땅히 욕구해야 될 것도 있고, 마땅히 분노해야 될 때가 있는데, 이것을 비자발적인 것으로 규정하는 것은 이치에 맞지 않기 때문이다. 이러한 이유에 근거해 아리스토텔레스는 분노와 같은 감정 역시 이성적인 판단 못지않게 인간적인 것이며, 따라서 그것을 비자발적인 것으로 간주하는 것은 이상한 일이라고 결론을 내린다. 따라서 감정이 숙고를 거친 것이 아니라는 것이 곧 감정이 비자발적인 것이고 그래서 상황에 대한 지향성이 결여된 것으로 보기는 어렵다. 다만 감정이 선택결정을 거친 것이 아니라는 것은 그것이 이성적인 숙고를 거친 명제적 형태의 판단이 아님을 의미하는 것으로 볼 수 있다.

감정과 관련된 판단(krisis) 또는 판단함(krinein)을 이처럼 합리적인 숙고적 활동을 거친 의견이나 믿음과 같은 명제적 판단의 의미가 아닌 비명제적인 식별로 이해하게 되면, 감정은 상황이 보여주는 특정한 사태를 식별 내지 감별하는 인지적(cognitive) 판단으로 볼 수 있다. 달리 말해 감정에 의한 판단이 비명제적 내용을 갖는다 할지라도 그것은 대상에 대한 지향성을 통해 이루어지는 인지적 활동이라는 것이다. 그것은 대상의 특성을 집합적으로 뭉뚱그려

조할 것).

그것을 일종의 윤곽적인 형태로 인지하는 것이다. 감정이 발생하는 특정한 상황 속에서는 숙고하거나 또는 숙고의 결과를 반성해서 명제를 형성할 수 있는 시간이 없으며, 따라서 우리를 둘러싼 상황이나 사태를 보고 우리는 단지 그것에 대한 개략적인 형태만을 식별할 수 있을 뿐이다. 따라서 감각적 판단은 어디까지나 상황적(contextual) 또는 맥락 의존적이며, 이것은 다시 말해 판단주체와 대상, 즉 타인이나 대상 세계와의 상호작용 속에서 이루어지는 판단으로 이해할 수 있다. 그렇기 때문에 이러한 상황 속에서 이루어지는 감정의 판단은 논리적이며 숙고적 사고와 같은 이성적 활동을 통해 이루어지는 명제적 판단이 아닌 것이다.

그런데 중요한 것은 아리스토텔레스적인 의미의 감정의 판단은 단순히 비명제적 판단의 형태에만 머무는 것이 아니라는 점이다. 감정에 의한 판단은 또한 의견(doxa)이나 지식(episteme)과 같은 새로운 명제적 형태의 판단을 형성 내지 구성하는데도 기여할 수 있는 것으로 볼 수 있다. 다시 말해 아리스토텔레스적인 의미의 감정은 행위자로 하여금 새로운 믿음이나 의견을 형성하도록 이끌 수 있다는 것이다. 그러면 감정에 의한 판단이 새로운 판단의 형성에 기여할 수 있다는 것은 구체적으로 어떤 의미이며, 그것을 우리는 어디서 확인할 수 있는가? 일단 우리는 아리스토텔레스의 작품 『수사학』을 통해 이것에 관한 이해를 얻을 수 있다. 잘 알려진 것처럼 이 작품에서 아리스토텔레스는 설득의 목적을 웅변가가 청중의 판단 내지 믿음을 자신의 판단과 일치할 수 있도록 변화 내지 재정향시키는 것으로 말한다. 그리고 웅변가가 청중으로 하여금 새로운 판단이나 믿음을 갖도록 설득함에 있어 중요한 세 가지를 고려해야 하는데, 웅변가의 성품(ēthos)과 이성적인 논증(logos), 그리고 청중의 감정이 그것이다. 그래서 아리스토텔레스는 설득은 "판단하는 자들이 특정한 감정 상태에 있을 때 성취된다(Rhetorica, 1403b11-13, 이하 RH)"라고 말한다. 아리스토텔레스에게서 감정이 판단의 형성에서 적극적이며 주도적인(kyrion) 역할을 하고 있음은 다음의 인용문을 통해 알 수 있다.

> "사람들은 친하거나 평온함을 느낄 때, 대상을 어떤 것으로 생각한다. 우리가 분노하거나 적대감을 느낄 때, 그들은 어떤 것을 전적으로 다른 것으로 생각하거나 또는 동일한 것을 다른 강도를 갖는 것으로 생각한다. 판단(krisis)을 위해 그들 앞으로 오는 사람에 대해 그들이 친근함을 느낄 때, 그들은 그를 어떤 것이 있더라도 잘못을 약간 범한 것으로 간주한다. 그러나 그들이 적대감을 느낄 때 그들은 정반대의 견해를 취한다(*RH*, 2.1, 1377b31-1378a3)."
>
> "우리가 기쁘고 우호적일 때의 우리의 판단(kriseis)은 우리가 고통스럽고, 적대적일 때와 같은 것이 아니다(*RH,* 1356a15-16)."
>
> "변화를 겪음으로써 감정의 상태에 있는 사람들은 그들의 판단(krisis)을 다르게 내린다(*RH*, 1378a20-21)."

위 인용문들을 통해 알 수 있는 것처럼 아리스토텔레스에 따르면 우리가 우호적일 때의 판단(krisis)은 적대적일 때의 판단과 다르다. 분노의 감정 상태에 있는 사람은 평온한 상태에 있는 사람과는 분명 다른 판단을 내리기가 쉽다는 것이다. 물론 감정과 판단의 관계가 반드시 필연적인 대응관계에 있는 것으로 보기는 어렵다.[51]

---

51) 필자가 여기서 '감정과 판단이 필연적인 대응관계가 아니라는 것'은 이성적인 사람이 감정에

자제력이 있고 신중한 사람이라면 분노나 친근함의 느낌을 겪을 경우 그러한 감정적 상태 속에서 이루어지는 대상에 대한 판단이 잘못될 수 있을 것을 생각하여 자신의 판단을 중지하거나 거부할 수 있는 가능성이 충분히 있기 때문이다. 그러나 아리스토텔레스의 생각에 따르면 대상을 우호적으로 느끼는가 아니면 적대적으로 느끼는가는 대상에 대한 판단에 어떤 식으로든 영향을 미쳐 각기 다른 판단을 내린다는 것이다. 예를 들어, 질투하는 사람은 질투의 대상에 우호적인 판단을 할 수 없고 따라서 질투를 받는 사람에게 동정심을 느낄 수 없다(*RH*, 1388a26-28). 마치 경멸을 느끼는 사람이 경멸받는 사람을 자신에게 잠재적으로 위험한 사람으로 판단하지 않음으로써 두려움을 경험하지 않는 것과 같다(*RH*, 1378b17-21). 질투와 동정심은 공존할 수 있는 감정의 쌍이 아니기 때문에 그에 따른 판단 결과 역시 다를 수밖에 없는 것이 우리의 직관적 통념에 맞는 것이다. 이렇듯 아리스토텔레스에게서 감정과 그 심리적 기능에 따른 판단은 정확하게 대응하는 것은 아니지만 그렇다고 임의적인 관계는 결코 아니다.

또 하나 아리스토텔레스에 따르면 감정이 갖는 효과 내지 결과는 우리가 일반적으로 판단을 형성하기 위해 요구하는 기준을 바꿈으로써 우리가 생각하는 방식을 변화시킬 수 있다는 것이다. 또는 일반적으로 우리가 간과할지 모르는 상황적 특성에 대한 우리

휩싸여 비이성적인 감정적 판단을 내린다는 의미가 아니다. 논점은 이성이 아니라 감정이며, 감정의 종류에 따라 그 감정이 지향하는 결과적인 판단이 긍정이나 부정과 같은 경향성 내지 일향성을 보인다는 것이다. 본문에서 예를 든 것처럼 질투는 부정적 판단의 경향성을, 그 반대로 동정심은 대상에 대한 긍정적인 판단의 성향을 보인다는 것이다. 타인에 대한 동정심을 갖고 있으면서 그 대상을 부정적으로 판단하는 것은 동정심이라는 감정의 태생적 성향에 맞지 않는 것과 같다.

의 관심이나 주의를 재정향함으로써 우리의 사고방식을 변화시킬 수 있다는 것이다. 아래의 인용문을 통해 이에 대한 이해를 시도해 볼 수 있다.

> "우리는 감각과 관련하여, 우리가 영향을 받게 되었을 때 쉽게 속는다. 즉, 다른 사람들은 다른 감정 속에 있게 마련인데, 예를 들어, 겁쟁이는 두려움 속에, 사랑하는 자는 사랑 속에 있는 것이다. 그래서 조그마한 유사성에 근거하여, 전자는 적을 보고, 후자는 연인을 보게 된다. 그 사람이 더 강한 감정 속에 있을수록, 그것은 더 작은 유사성에 근거하여 그렇게 보인다. 같은 방식으로 모든 사람은 분노와 모든 종류의 욕구 속에서 쉽게 속게 된다. 그들이 더 영향을 받게 되었을 때 그것은 더욱 그렇다(*De insomniis,* 460b3-11)."

위 인용문에서 아리스토텔레스는 사랑에 빠진 사람은 낯선 사람을 그가 사랑하는 사람으로 잘못 판단하는 반면에 겁쟁이는 다가오는 사람을 적으로 볼 것이라고 말한다. 아리스토텔레스에 따르면 사랑이나 두려움 또는 분노의 감정을 느끼는 사람은 특정한 각각의 감정의 상태에 더 깊게 빠질수록 대상이나 상황에 대한 판단 역시 더 많은 영향을 받게 된다는 것이다. 이러한 언급들을 통해 알 수 있는 것처럼 아리스토텔레스는 사람들이 특정한 감정의 상태에 있을 때, 그러한 감정은 그들의 판단에 영향을 미쳐 판단을 바꿀 수 있는 것으로 본다고 말할 수 있다. 특정한 감정의 경험은 행위 주체의 판단에 영향을 줌으로써 다른 판단을 내리도록 변화시킨다는 것이다. 예를 들어, 분노한 사람들은 분노하지 않았더라면 그들이 도달하지 않을 수 있었던 결론에 이를 수 있다는 것이다.[52] 앞

52) *EN,* 1149a25-30 참조.

서 언급한 것처럼 감정과 판단의 관계가 필연적인 것은 아니지만 감정은 대상에 대한 주의와 집중에 영향을 줌으로써 상반된 판단 결과를 보여줄 수 있다.

감정의 적극성은 또한 도덕적 행위에도 적용될 수 있다는 점에서 중요하다. 아리스토텔레스는 "덕이 행위와 감정에 관련되고, 또 모든 감정과 행위에 쾌락과 고통이 따른다면, 이런 이유로 덕은 쾌락과 고통에 관련될 것이다(*EN*, 1104b13-16)"라고 말한다. 이때의 덕은 아리스토텔레스에게서 지적인 덕이 아닌 성품적 덕(hē ēthikē aretē)을 의미한다. 중요한 것은 성품적 덕이 "우리가 감정들에 대해 제대로 태도를 취하거나 나쁘게 태도를 취하게 되는 것(*EN*, 1105b26-27)"과 관련된다는 점이다. 잘 알려진 것처럼 아리스토텔레스는 성품적 덕의 획득을 어렸을 때부터의 반복적인 습관을 통해 이루어진다고 말한다. 이것은 덕의 획득이 곧 행동과 감정의 습관화를 통해 이루어짐을 의미한다. 그런데 여기서 덕의 획득이 행동뿐만 아니라 감정의 습관화를 통해 이루어진다는 것은 쉽게 이해되지 않는다. 아리스토텔레스에게서 덕은 특정한 방식으로 정향된다는 점에서(diakeisthai pōs, EN, 1106a4-5) 굳건하면서도 확고한 헥시스(hexis), 즉 성품상태로 정의되지만 감정은 어디까지나 질적인 변화와 같은 영향받음의 일종이라는 점에서 일시적이고 불안정한 특성이 있기 때문이다.[53] 또 이런 이유로 아리스토텔레스는 윤리적인 칭찬이나 비난은 행위주체의 덕이나 악에 적용되지, 단적으로 감정에 적용되지는 않는다고 말한다. 놀라게 되고 분노하게 되

---

53) *EN*, 1106a3-6.

는 것에 대해 우리가 칭찬하거나 비난하지는 않기 때문이다(*EN*, Ⅱ.5, 1105b31-32). 이렇듯 감정은 수동적이고 합리적인 숙고를 통해 이루어지는 것이 아니기 때문에 그것에 대한 도덕적인 평가를 내리기 어렵다.

그러나 아리스토텔레스는 감정이 특정한 방식으로(ho pōs, EN, 1105b35) 있게 될 경우 그것에 대한 칭찬이나 비난이 가능하다고 말한다. 다시 말해 아리스토텔레스에 따르면 우리는 '화남' 자체를 통제할 수는 없어도, 화를 내는 방식을 새롭게 형성할 수 있다는 것이다. 다시 말해 감정은 일차적으로 영향을 받는다는 점에서는 수동적이지만, 그것의 방식을 바꾸거나 강도를 순화시켜 감정을 새롭게 구성해낼 수 있다는 점에서 능동적일 수 있다는 것이다. 우리가 영향을 받는 방식을 수정해 그것을 다르게 표출할 수 있다는 것은 곧 아리스토텔레스에게서 감정이 덕의 획득에서 능동적인 역할을 수행할 수 있음을 의미한다. 그래서 아리스토텔레스는 정의라는 덕은 정의로운 행동을 함으로써 정의롭게 되는 것처럼,[54] "어렸을 때부터 죽 기뻐해야 할 것에 기뻐하고, 마땅히 괴로워해야 할 것에 고통을 느끼도록 어떤 방식으로 길러져야만 하는 것(*EN*, 1104b12-14)"이 올바른 교육임을 강조한다. 기뻐할 때 기뻐할 줄 알아야 하고, 슬퍼할 때 슬퍼할 줄 알아야 하는 것이 곧 덕에 따른 행위가 된다는 것이다. "분노와 관련해서 너무 지나치거나 너무 느슨하다면 우리는 나쁘게 태도를 취하는 것이며, 중용적으로 느낀다면 제대로 태도를 취하는 것이다(NE 1105b26-28)"라는 아리스토텔레스의 말

54) *EN*, 1103a33-b2.

은 바로 감정에서의 중용 가능성을 확인해준다. 그리고 중용에 따른 감정의 적합성에 대한 이러한 아리스토텔레스의 언급은 왜 그가 세상에 대한 일체의 "무감정(ἀπάθεια)"이나 "평정(ἠρεμία)" 상태를 올바른 규정이 아님을 비판하는지를 이해할 수 있게 한다(*EN*, 1104b23-25). 아리스토텔레스는 특정한 상황에서 우리의 올바른 태도나 반응은 스토아적으로 판단을 통해 감정을 부정하거나 배제하는 방식이 아니라 상황에 적합한 감정적 반응을 보이는 것이 올바른 태도라는 것이다. Striker가 말하는 것처럼 "부당하게 고통받는 사람에 대한 연민의 감정을 느끼지 않는다면, 또는 사악한 행위에 대해 분노를 느끼지 않는다면, 그것은 덕의 교육을 잘못 받은 것이다."[55] 이런 이유로 아리스토텔레스에 따르면 관대함의 덕은 대상에 대한 적합한 연민의 감정을 느끼지 않는다면 실제로 이루어지기 힘들다. 용기 역시 마찬가지다. 두려움에 대한 특정한 방식의 겪음을 특정한 방식에 의해 숭고함에 대한 지향으로 바꾸지 않는다면 용기의 덕을 발휘할 수 없게 되는 것이다. 아리스토텔레스가 생각하기에 감정은 세상에 의해 고통스럽거나 또는 즐겁게 영향을 받을 수 있지만, 그것에 대한 방식과 태도를 어떻게 갖는가에 따라 그것은 얼마든지 덕에 따른 감정이 될 수 있는 것이다(*EN*, 1104b25 이하 계속 참조).

55) G. Striker(1996), p.299.

5. 맺으면서

지금까지 고찰한 감정의 능동성은 다음과 같이 정리될 수 있다. 첫째는 감정의 인식론적 과정을 살펴볼 때 감정이 판타시아 기능에 의해 발현된다는 점에서 그 능동성이 인정된다. 판타시아는 기본적으로 감각을 통한 신체적 영향받음에 의해 영혼 안으로 들어온 감각적 형상, 달리 말해 판타즈마를 떠올림으로써 대상에 대한 판단을 능동적으로 수행할 수 있기 때문이다. 이것은 판타시아의 작동이 기본적으로 쾌락과 고통을 통한 판단이라는 점에서 특히 그렇다. 둘째로 아리스토텔레스에게서 감정은 판단의 형성에서 주도적이며 적극적인 역할을 수행한다는 점이다. 아리스토텔레스는 특히 설득에서 청중이 어떤 감정 상태에 있는가에 따라 그 판단이 다르게 내려질 수 있는 것으로 보면서 감정의 판단에의 영향력을 긍정적으로 인정한다. 마지막으로 감정은 덕의 획득에서 주요한 역할을 한다는 점에서 그 능동성이 인정될 수 있다. 아리스토텔레스는 감정이 단순히 대상이나 세계에 의해 일방적으로 규정되는 수동적인 의미만 갖는 것으로 보지 않고, 중용에 맞게 표출하는 능동적 역할도 할 수 있는 것으로 보기 때문이다. 이것은 감정이 성격 형성과 덕의 획득에 실상 능동적인 힘(energetikon)으로 작용할 수 있음을 의미한다. 감정은 그것이 어떤 방식으로 수용하고 표출하는가에 따라 곧 우리의 성격을 현실태화하는 부분이 되는 것으로 볼 수 있기 때문이다.[56)]

---

56) 아리스토텔레스에 따르면 교사의 가르침이라는 능동적 활동과 학생의 배움이라는 수동자의 겪음은 실상 하나의 두 부분이고 같은 동일한 운동이다. 교사의 가르침은 학생의 배움의 영

일반적으로 수동적(passive)이란 말은 능동적(active)이란 말의 반대 개념으로 간주된다. 그렇기 때문에 어원적으로 '영향받음(paschein)'이라는 수동적인 의미를 갖는 감정은 무기력하면서도 불안정한 요소로 간주되는 경향이 있다. 그래서 감정은 한편으론 판단과 관련해서 이성적인 사고를 방해하거나 왜곡하는 것으로, 다른 한편으론 사람들의 판단을 조작하거나 오도(誤導)하기 위한 부정한 수단이 되는 것으로 비판받기도 한다. 아리스토텔레스는 감정의 이러한 부정적 속성을 부정하지 않는다. 그러나 아리스토텔레스가 감정의 긍정적인 측면까지 모두 부정하는 것은 아니다. 아리스토텔레스가 감정에 대해 과도한 낙관주의를 가진 것은 아니지만, 그렇다고 인간의 행위와 판단에서 차지하는 감정의 순기능까지 모두 부정한 것은 아니기 때문이다. 아리스토텔레스는, 스토아 철학자들이 주장하는 것처럼 감정을 부정함으로써가 아니라, 감정과 함께하는 삶(zēn kata to pathos)이 오리혀 우리의 행복을 실현할 수 있는 실존적 조건이 되는 것으로 보는 것이다.[57]

향받음 속에서 발생하기 때문이다(*Physica*, Ⅲ.3, 202a17).

57) 이 글을 읽고 유익한 코멘트와 생산적인 물음을 제시해준 익명의 심사자들에게 고마움을 표한다.

참고문헌

Aristoteles, *Ethica Nicomachea,* I. Bywater, Oxford Univ. Press, 1970

___________, *Ethica Eudemia,* H. Rackham, Cambridge, Mass, 1952

___________, *De anima,* Oxford, 1955

___________, *Ars Rhetorica*, R. D. Ross(ed.), Oxford, 1959

___________, *Metaphysica*, Oxford, 1955

권창은, 「Metaphysica Θ10장에 나타난 비유적 표현 θιγειν의 해석문제」, 『희랍철학의 이론과 실천』, 고려대출판부, 2004, 77～123쪽

손병석, 「무정념(apateia): 현인에 이르는 스토아적 이상과 실천」, 『철학연구』 80집, 2008, 41～59쪽

______, 「분노는 정당화될 수 있는가? 아리스토텔레스의 분노(orge)론을 중심으로」, 『철학연구』 93집, 2011, 31～60쪽

양선이, 「윌리엄 제임스의 감정이론과 지향성의 문제」, 『철학연구』 79권, 2007, 107～128쪽.

유원기, 「장소운동에 있어서 환타시아의 역할」, 『철학연구』 89집, 대한철학회, 2004, 295～317쪽

장영란, 「아리스토텔레스의 판타시아 개념의 분석과 비판」, 『철학연구』 65권, 2004, 29～54쪽

W. 제임스, 『심리학의 원리 3』, 정양은 역, 아카넷, 2005

Cooper, J. M, "An Aristotelian Theory of the Emotions", *Essays on Aristotle's Rhetoric*, A. Oksenberg Rorty(ed.), Univ. of California Press, 1996, pp.238-257

Dow, J., "Feeling Fantastic? emotions and Appearances in Aristotle", *Oxford studies in Ancient Philosophy,* 37, pp.143-176

Ebert, T., "Aristotle on What is done in Perceiving", *Zeitschrift fur Philosophische*

Forschung, 37, 1983, pp.181-198.

Ferrarin, A., "Aristotle on Fantasia", *Proceedings of the Boston area Colloquium in Ancient Philosophy,* Vol.21, 2005, pp.89-112

Fortenbaugh, W. W., *Aristotle on Emotion*, London: Duckworth, 2002

____________________, "Aristotle and Theophrastus on the Emotions", J. T. Fitzgerald(ed.), *Passions and Moral Progress in Greco-Roman Thought*, London, pp.29-47

Konstan, D. *The Emotions of the Ancient Greeks*, Univ. of Toronto Press, 2006

Leighton, S. R, "Aristotle and the Emotions", *Essays on Aristotle's Rhetoric*, A. Oksenberg Rorty(ed.), Univ. of California Press, 1996, pp.206-237.

M. Nussbaum, "Aristotle on Emotion and Rational Persuasion", *Essays on Aristotle's Rhetoric*, A. O. Rorty(ed.), Univ. of California Press, 1996, pp.303-323

______________, *Aristotle's De motu Animalium*, Princeton Univ. Press, 1978

Rorty, A. O., "Aristotle on the Metaphysical Status of 'Pathe'", *The Review of Metaphysics* 37/3, pp.521-546

Schofield, M., "Aristotle on the Imagination", *Essays on Aristotle's De Anima*, M. C. Nussbaum and A. O. Rorty(eds.), Oxford, 1992, pp.249-277

Sherman, N. "The Role of Emotions in Aristotelian Virtue", *Proceedings of the Boston area Colloquium in Ancient Philosophy,* Vol.9, 1993, pp.1-33

Striker, G., "Emotions in Context", *Essays on Aristotle's Rhetoric*, A. Oksenberg Rorty(ed.), Univ. of California Press, 1996, pp.286-302

Sihvola, J., "Emotional Animals: Do Aristotelian Emotions require belief?", *Apeiron* 29/2, 1996, pp.105-144

감정에 관한 지각이론은 양가감정의 문제를 해결할 수 있는가?

– 프린츠의 유인가 표지 이론을 지지하여 –

양선이

1. 문제제기: 양가감정(Ambivalent Emotion)의 문제

양가감정이란 서로 모순적인 감정이 동시에 발생하는 경우를 말한다. 예컨대, 절친한 친구와 함께 지원한 모 대기업에 친구는 합격한 반면 나는 합격하지 못했다면 나는 친구의 합격에 대해 축하하는 마음에서 기쁘면서도, 나의 불행에 대해 실망과 함께 슬픈 감정을 느낄 수 있다. 감정철학에서 양가감정의 문제는 감정에 관한 강한 인지주의로 분류되는 판단주의를 주창한 솔로몬의 입장[1]에 반대하여 그린스팬이 제기했다.[2] 감정에 관한 인지주의에 따르면 인지적 믿음이나 판단이 감정 그 자체이거나 감정의 필수적 구성요소이기 때문에, 그린스팬이 보기에 감정이 믿음이나 판단으로 구성된다고 한다면 양가감정의 사례에 있어 우리는 모순에 빠지게 되기 때

---

1) 감정에 관한 판단주의란 감정을 평가적 판단이나 믿음과 동일시하는 견해를 말한다. 이러한 견해의 연원은 스토아학파에서 찾을 수 있고 현대의 대표적 신스토아주의자인 누스범과 사르트르주의자인 솔로몬을 들 수 있다. R. C. Solomon, *The Passions*, New York, Doubleday, (1976); Solomon, "Emotion and Choices", in A. Rorty (ed.), *Explaining Emotions*, Berkeley, University of California Press, (1980); M. C. Nussbaum, *Upheavals of Thought*, Cambridge University Press, (2001) 등을 참조하라.

2) P. Greenspan(1980), 'A Case of Mixed Feeling: Ambivalence and the the Logic of Emotion.' in *Explaining Emotions*, ed. A. O. Rorty. Berkerley: University of California Press.

문이다.[3] 즉, 양가감정의 경우에는 아래와 같이 두 개의 모순되는 평가적 판단 또는 믿음이 대립하고 있는 현상으로 볼 수 있다.

> 나는 그가 합격한 것을 좋아한다(그의 합격을 좋다고 판단한다).
> 나는 그의 합격을 나빠한다(그의 합격을 나쁘다고 판단한다).

그러나 그린스팬에 따르면 판단주의자들은 판단의 이유를 부여함으로써 양가적 판단이 모순되지 않고 양립할 수 있다는 점을 보임으로써 양가감정을 판단의 측면에서 해명하고자 시도 한다. 이를 우리의 예에 적용해보면 다음과 같다.[4]

> 친구의 승리는 내가 공감하는 누군가의 욕구를 만족시킨다는 점에서 좋다.
> 그의 승리는 나 자신의 욕구를 좌절시킨다는 점에서 나쁘다.

우리의 양가감정이 이처럼 어떤 사태와 사건에 대한 '일면적 판단'일 수 있다는 점에서, 위와 같은 판단으로 양가감정을 분석하는 것은 나름의 의미가 있다. 그러나 그린스팬에 따르면 양가감정을 일종의 일면적 판단으로 규정하는 것은 문제가 있다. 왜냐하면 시간이 흘러 과거의 일면적 판단을 떠나, 일면적 판단을 모두 고려하는 현재의 종합적 판단을 통해 결국 하나의 사태나 사건에 대한 현재의 '하나의 판단'이 생성되었다고 해보자. 하지만 양가감정은 그러한 판단에 수렴되지 않고 여전히 존재하게 된다. 만일 강한 인지

---

3) Greenspan, Ibid., p.231.

4) Ibid., p.232.

주의자인 판단주의자들처럼 감정이 판단으로 구성되거나 동일시된다면, 판단이 하나로 수렴될 때, 감정도 하나로 수렴해야 한다. 하지만 그린스팬이 보기에 양가감정의 경우, 판단은 하나더라도 여전히 감정은 두 개일 것이며, 따라서 판단과 감정을 일치시키는 판단주의는 양가감정을 설명하기 어렵다. 또한 양가감정이란 결국 감정주체가 두 가지의 서로 다른 판단 사이에서 지속적으로 동요하는 것이라고 설명할 수도 있는데, 이럴 경우, 위의 사례는 우리가 즉각적으로 사태나 사건에 대해 하나의 판단을 결정하지 못할 수도 있다는 사례가 된다.[5)]

이상과 같은 판단주의에 대한 그린스팬의 주된 공격은 반대되는 두 판단은 동시에 참일 수(true) 없지만 반대 감정 둘은 동시에 적절할 수(appropriate) 있다는 것이다. 그 이유는 믿음(판단)의 경우 양립 불가능한 두 믿음 중 하나만이 참일 수 있고, 그래서 하나만이 성공적일 수 있지만 양립 불가능한 욕구나 감정들의 경우 하나만이 유일하게 성공적일 필요는 없기 때문이다. 따라서 그린스팬에 따르면 합리적인 사람은 동일한 사태에 대해, 예컨대 p라는 명제, 즉 나의 라이벌이면서 동시에 친구인 철수가 나 대신 복권 당첨이 되었다는 사실에 대해 기쁘면서 동시에 기쁘지 않을 수도 있다. 왜냐하면 어떤 것이 한 측면에서 보면 좋지만 다른 면에서 보면 나쁠 수 있기 때문이다. 이것은 p라는 명제에 대해 기쁘다는 것은 p가 어떤 면에서 좋을 때 적절하다고 말하는 것이며, 또한 동일한 p에 관해 기쁘지 않은 것 또한 적절하다고 말하는 것과 완전히 양립 가

5) Ibid., p.231.

능하다. 왜냐하면 위의 예에서 복권 당첨한 그가 나의 친구이기 때문에 그가 복권 당첨한 것이 좋긴 하지만 동시에 내 대신 그가 거금을 갖게 되었다는 점에서 실망스럽기도 한 것이 사실이기 때문이다. 따라서 그린스팬은 주장하길, 만일 이것이 옳다면 감정은 평가적 판단(믿음)과 다르다. 왜냐하면 감정을 평가적 판단 또는 믿음이라고 보면 p라는 명제가 좋다고 믿으면서 동시에 나쁘다고 믿는 것은 합리적이지 못하기 때문이다. 따라서 그린스팬에 의하면 두 반대되는 감정은 동시에 적절할 수 있지만 반대되는 판단은 동시에 참일 수 없기 때문에 적절함(being appropriateness)은 참임(being true)과 다르다고 주장한다.[6] 그린스팬의 판단주의에 대한 해결책은 감정의 논리와 판단의 논리를 구별해야 한다는 것이다. 최근 그녀의 저서에서 그린스팬은 다음과 같이 말한다. 즉, "우리는 증거적 보증으로서 합리적 적절성과 사회적 또는 도덕적 규범에 적합(fit)하냐 하지 못하냐는 것으로서 사회적 도덕적 적절성을 구별하여야 한다."[7] 여기서 그린스팬은 감정의 적절성을 후자로 보고 있는 것 같다.

최근에 모턴과 태폴렛도 양가감정의 문제를 감정에 관한 지각이론을 지지하는 과정에서 다루고 있는데, 그린스팬이 판단주의를 공격하기 위해 양가감정의 문제를 다룬 반면, 모턴과 타폴렛은 지각이론을 지지하기 위해 이 감정을 다룬다.[8] 모턴과 타폴렛이 제안하고자 하는 바는 감정을 평가적 판단으로 보지 않고 지각과 유사한

---

6) Ibid., p.234.

7) Greenspan(2003), 'Emotion, Rationality, and Mind/Body', in Anthony Hatzimoysis (ed.), *Philosophy and the Emotion,* Cambridge University Press, p.120.

8) A. Morton(2002), 'Emotional Accuracy', *Proceedings of the Aristotelian Society*, Suppl. Vol.76. 265-75; C. Tappolet (2005), 'Ambivalent Emotions and the Perceptual Account of Emotions', *Analysis*, 65, p.230.

것으로 보면 양가감정은 모순적인 것이 아닌 상태라는 것이다.

본 논문에서 나의 목적은 감정에 관한 지각 이론에 입각하여 양가감정의 문제를 설명하고자 하는 것이다. 따라서 나는 양가감정을 다루는 데 있어 그린스팬처럼 감정에 관한 판단주의를 비판하는 데 초점을 맞추기보다 감정에 관한 지각이론을 다루는 과정에서 지각 이론이 판단주의가 부딪히는 감정모순의 문제를 피해갈 수 있음을 보이고자 한다. 그러나 내가 지지하고자 하는 지각 이론은 모턴이나 태폴릿이 따르고 있는 인지주의 지각 이론[9]과 달리, 제시 프린츠(2003, 2004, 2010)의 비인지주의 지각이론이라는 점에서 다르다.[10] 이하 나는 감정에 관한 인지주의 지각이론에서 그린스팬이 제기한 양가감정의 문제를 어떻게 해결할 수 있는지를 보이고, 여기서 제기되는 문제점을 보인 후, 프린츠의 비인지주의 지각이론 모델을 통해 양가감정의 문제를 해결할 수 있는 방안을 모색하고자 한다. 먼저 인지주의 지각이론에서 양가감정의 문제를 어떤 식으로 설명하는지에 대해 살펴보자.

---

9) 태폴릿이 따르고 있는 지각이론은 드 수자(1987)의 인지주의 지각이론이다. Ronald De Sousa (1987) *The Rationality of Emotion,* Cambridge, Mass., London: IT Press, 543-51.:(2002), 'Emotional Truth', *Proceedings of the Aristotelian Society,* Supplementary Volume 76, 247-64.:(2002); 'Emotions: What I Know, What I'd Like to Think I Know, and What I'd Like to Think', in *Thinking about Feeling,* ed. R. Solomon. Oxford University Press, 61-75.

10) J. Prinz (2004), *Gut Reactions: A Perceptual Theory of Emotion*, Oxford University Press,:(2010) 'For Valence', *Emotion Review* Vol.2. No.1. 5-13.

2. 감정에 관한 인지주의 지각이론과 양가감정의 문제

먼저 감정에 관한 인지주의 지각모델을 토대로 하여 양가감정의 문제를 해결하고자 하는 태폴릿의 입장을 살펴보도록 하자. 그녀는 이를 위해 동일한 상황에 대해 상충되는 감정을 가지는 것이 전적으로 적절한 듯 보이는 상황을 제시한다. 그녀의 감정에 관한 지각이론에 따르면, 동일한 상황에서 우리의 감정은 두 가지 가치, 예컨대, '위험성(dangerousness)'과 '매력적임(attractiveness)'이라는 두 가치를 동시에 드러낸다. 유사한 맥락에서 모턴은 감정은 참(truth)과 아주 유사한 것일 수 있지만 참보다는 정확성(accuracy)이라고 말하는 것이 더 낫다고 하면서, 감정에 관해 진리를 주장하는 것은 문제가 있다는 것을 보이기 위해 두 반대 감정, 예컨대, '공포(fear)'와 '유쾌함(delightfulness)'이 동일한 주체에 공존할 수 있는지 하는 문제를 제기한다.[11)]

태폴릿은 공포와 매력이라는 속성이 서로 공존할 수 있는 가능성을 제시할 수 있다면 감정에 관한 지각이론은 양가감정이 갖고 있다고 제기되는 문제를 피할 수 있다고 주장한다. 모턴 역시 이 문제를 인지했으며, 이 문제에 대한 그의 해결책은 다음과 같다. 즉, (진화의) 초기 단계에서는 어떤 상황이 공포스러움과 매력적임이라는 속성 둘 다를 갖고 있다고 할지라도 공포과 매력과 같은 감정이 동시에 발현되는 것은 불가능했다. 그러나 진화상 우리의 감정이 보다 발전되고 정교해지면서 우리는 그 상황이 갖는 속성들

11) A. Morton(2002), pp.274-275.

둘 다를 동시에 드러내는 "희열을 느끼는 공포(delighted horror)"와 같은 "미묘한 감정(subtle emotions)"을 발현할 수 있게 되었다.[12] 그러나 감정에 관한 지각 이론가들이 모턴의 이와 같은 주장을 받아들이게 되면 그들은 "미묘한 감정", 즉 "희열을 느끼는 공포"와 같은 감정의 형식적 대상(formal object)이 무엇인지를 밝혀야만 한다.[13] 그것은 "어떤 대상이 갖고 있는 위험성에 대한 매력적임(the attractiveness of danger"인가, "매력적임에 대한 위험성"인가? 지각 이론은 이와 같은 "미묘한 감정"에 대한 '형식적 대상'을 설명하기가 힘든 것 같다. 왜냐하면 이와 같은 미묘한 감정들이 관련된 둘 다의 속성을 발현할 수 있는 서로 다른 방식이 많이 있을 수 있고 이와 같은 서로 다른 속성들이 서로 다른 종류의 혼합 감정을 구성하기 때문이다. 각각이 서로 다른 한에서 그 각각은 서로 다른 형식적 대상을 가질 수도 있다. 이와 같은 문제는 아주 복잡한 문제를 만들 수 있고 이러한 것은 또 다른 하나의 논문에서 다룰 수 있는 것이기에 이 논문에서 나는 이 문제에 더 깊이 들어가지 않고 태플렛의 해결책에만 주목해보겠다. 태폴릿은 모턴의 "미묘한 감정"의 존재를 가정하지 않고 이와 같은 도전에 응수할 대안을 제시한다.

먼저 태폴릿은 다음과 같은 예를 제시한다. 당신이 아주 위험한 등산로를 따라 걷고 있다고 가정해보자. 특히 위험한 구간에 도달

---

12) Morton, Ibid., pp.274-275.

13) 감정을 유발하는 세계 속의 다양한 대상들은 구체적 대상(particular object)이며, 그 구체적 대상들의 공통적인 속성은 형식적 대상(formal object)이다. 공포에 대한 사자, 슬픔에 대한 가족이나 연인의 죽음 등은 구체적 대상이다. 그리고 구체적 대상들의 공통적인 속성, 즉 공포에 대한 위험, 슬픔에 대한 상실이 바로 형식적 대상이다. Prinz(2004b), p.62.

했을 때(물론 안전장치는 다 설치되어 있다고 할지라도), 당신은 특정한 종류의 감정을 발현할 것이다. 첫째, 당신은 경악스러운 공포를 느낄 것이다. 왜냐하면 가능성은 희박하긴 하지만 안전장치가 잘못될 경우 한 발짝 더 내디디면 곧바로 추락하여 고통스럽게 죽어야 할지 모르기 때문이다. 둘째, 당신은 한 발짝 더 나갈 것에 대해 아주 강한 매력을 느낄 것이다. 왜냐하면 그렇게 함으로써 황홀한 경치에 매료될 수 있기 때문이다.[14)]

만일 어떤 이가 이와 같이 두 반대되는 감정을 동시에 느낀다면, 그 사람은 모순적 상태에 있다고 말해야만 하는가? 우리가 지각이론이 옳다고 가정한다면, 지각이론가들은 이와 같은 양가감정을 어떻게 설명할 수 있는가? 양가감정이 모순적이지 않다는 것을 지지하기 위해 태폴릿은 다음과 같은 논증을 제시한다.

① 위험과 매력적임의 속성들은 둘 다 실제로 나타난다.

② 위험성과 매력적임이라는 속성이 동일한 상황 S에 귀속될 수 없는 양립 불가능한 속성들이라는 것이 사실이라면 공포와 매혹적임이라는 감정은 진리를 드러내는 것이라 볼 수 없다.

③ 그러나 위의 예(등산의 예)는 실제로 그와 같은 속성이 공존할 수 있는 가능성을 보여준다.

④ 따라서 감정은 참을 나타내는 것으로 생각해도 별문제가 없다.

여기서 핵심적인 문제는 위험과 매력적임이 양립 불가능한가 하

14) Tappolet(2005), p.230.

는 것이다. 태폴릿에 따르면 모턴은 이 둘이 양립 가능함을 명확하게 보여주지 못했다. 태폴릿의 등산의 예와 유사한 경우인 번지점프의 상황 S를 고려해보자. 당신은 번지점프대에 서 있다. 번지점프를 함으로써 자신의 한계를 넘어설 수 있으리라는 사실과 주변 풍경의 아름다움 때문에 당신은 번지점프를 하는 것에 대해 매력을 느낀다. 한편으로, 당신은 번지점프를 하는 것이 공포스럽다. 가능성이 매우 희박하기는 하지만, 번지점프 줄이 끊어지면 당신은 죽게 될 것이기 때문이다. 이 경우, 당신은 번지점프를 하는 것(S)에 매혹되었으면서도 공포를 느끼고 있다. S는 위험하면서 동시에 매력적이다. 당신이 S에 대한 이 두 감정을 동시에 느낀다고 가정해보자. 태폴릿은 다음과 같이 지적한다. “자신의 한계를 넘어설 수 있다는 측면에서는 매력적이면서 다른 측면으로는, 가령 위험하다는 측면에서는 매력적이지 않다고 말해질 수 있다면, 여기에는 어떤 모순도 없다.”[15] 즉, 태폴릿에 따르면 동일한 대상은 한편으로는 매력적이면서 한편으로는 매력적이지 않을 수 있다. 그러므로 S에 대해 공포와 매혹됨을 동시에 느끼는 것은 모순을 일으키지 않는다.

태폴릿은 1) 위험과 매력적임을 ‘양가느낌(ambivalent feeling)’으로 보면 두 느낌은 양립 불가능할 수 있다고 주장한다. 혹은 2) 위험하다고 판단하면서(P) 동시에(&) 매력적이라고 판단하는(-P) 경우도 모순이 가능하다(P&-P). 그러나 이와 반대로, 당신이 위험하다고 판단하면서 동시에 매력을 느끼는 것, 즉 그 상황이 매력적이라

15) Tappolet(2005), p.231.

고 경험하는 것은 모순이 아니다. 왜냐하면 그 사람은 위험성에 대해 표상한다는 점에서 공포의 형식적 대상에 향해 있는 동시에, 그럼에도 불구하고 그 상황을 짜릿하게 느끼고 있다고 해석할 수 있을 것이다.

태폴릿은 위험한 줄 알면서도(믿으면서도) 매혹을 느낌은 공존할 수 있다고 하면서, 이는 마치 '최선의 판단'에 반해서 욕구하는 대로 행동하는 '아크라시아'의 경우와 같이 비합리적 감정이라고 부른다. 즉, 드 수자가 지적하듯이, 이러한 비합리성은 위험하다는 판단(또는 믿음)에도 불구하고 매혹적임이라는 느낌에 주의 집중되어 위험에 대한 판단이 기각됨으로써 생길 수 있다.[16]

이 후 나는 양가감정을 단지 감정들 사이의 갈등이나 불일치로 봐서는 안 되며, 이미 존재하는 감정들의 감정가 또는 유인가(valence) 사이의 불일치 때문에 일어는 것으로 봐야 한다고 주장하게 될 것이다. 즉, 양가감정은 두 상반되는 감정들의 감정가 또는 유인가 사이의 불일치 때문에 일어나는데, 일관성을 유지하고자 하는 인간의 성향으로 인해 어느 한쪽을 택하고자 하는 태도와 행위로 연결될 수 있으며, 따라서 동기로 작용하게 된다는 사실을 보일 것이다. 이렇게 보지 않으면, 개체의 안녕을 위협하는 행동을 지속하는 중독환자들이나 위험한 스포츠를 탐닉하는 사람들에게서 나타나는 양가성을 설명하기 어려울 것이다.

이제 다음 장에서 양가감정을 감정과 감정가 사이의 관계를 통해 설명할 수 있는 대안을 프린츠의 이론에서 찾고자 한다. 프린츠

16) De Sousa(1987), Tappolet(2003).

는 감정을 주체의 안녕(well-being)에 대한 '체현된 평가(Embodied Appraisal)'라고 정의하지만 그럴 경우, 주체의 안녕을 저해할 가능성이 있는 위험한 스포츠들이 왜 주체들에게 그것을 반복하게 하는 긍정적 강화인 보상으로 작용하는지에 대해 설명하기 어려울 것이다. 따라서 이 지점에서 체현된 평가라는 감정과 보상/처벌에 따른 강화인 유인가(감정가) 사이의 관계규명이 요구되는 것이다. 이 둘의 관계규명을 통해 감정이 행동에 어떻게 영향을 미치는지를 밝히는 과정에서 양가감정이 설명될 수 있을 것이다.

3. 프린츠의 비인지주의 지각이론과 양가감정의 문제

1) 프린츠의 체현된 평가로서의 감정

프린츠(Jesse Prinz)에 따르면 감정은 그것이 신체적 변화에 대한 내적 반응이라는 점에서 체현된(embodied) 평가이다.[17] 평가로서의 감정은 유기체가 자신의 안녕을 유지할 목적으로 자신과 세계 사이의 관계를 표상하는 것을 의미한다. 프린츠는 자기 자신의 안녕과 관련하여 환경과의 관계를 표상하는 평가가 인지적 판단에 의해서가 아니라 신체적 변화를 지각함으로써 이루어진다고 보았다. 여기서 프린츠는 왜 평가가 인지적인 것이 아니라 신체적 변화를

17) Jesse Prinz(2003), "Emotion, Psychosomatics, and Embodied Appraisals", in A. Hatzimoysis (ed.), *Emotion and Philosophy*, Cambridge University Press.; (2004a) 'Embodied Emotions', *in Thinking about Feeling,* Oxford University Press,; (2004b) *Gut Reactions: A Perceptual Theory of Emotion,* Oxford University Press.

지각함으로써 가능하다고 보았을까? 이에 답하기 위해 그는 드레츠키의 표상이론을 받아들인다. 드레츠키에 따르면 심적 표상은 어떤 것에 의해 신빙성 있게 야기된 상태이며, 진화나 학습을 통해 그것을 탐지하도록 설계되어야 한다.[18] 이를 감정에 적용해보면, 감정은 '위험(danger)'과 '상실(loss)'과 같이 감정을 유발하는 공통적인 속성들인 '핵심 관련 주제들(core relational theme)'을 표상한다.[19] 예컨대, 분노라는 감정은 나와 내 것에 대해 무시하거나 모욕하는 것들이 존재했을 때 그런 것들과 관련된 주제(theme)와 상응한다. 핵심 관련 주제에 대한 표상과 비인지적 구성요소라 볼 수 있는 신체적 변화에 대한 내적 반응인 체현된 상태, 이 두 요소를 결합하면 프린츠의 '체현된 평가 이론'이 된다. 이와 같은 이론에 따르면, 한편으로 감정은 신체적 변화를 나타내는 내적 상태, 즉 '체현된 상태'이다. 다른 한편으로, "체현된 상태는 핵심주제를 재현한다. 왜냐하면 체현된 상태는 핵심 주제에 의해 신빙성 있게 야기되기 때문이다."[20] 이러한 맥락에서 우리는 솔로몬이나 누스범과 같은 판단주의와 다른 방식으로 '평가' 또는 '판단'이라는 용어를 택해야만 한다고 프린츠는 제안한다. 프린츠에 따르면, "만일 우리가 판단이란 개념을 우리의 안녕과 관계있는 유기체-환경의 관계를 표상하는 어떤 정신적 상태로 규정한다면, 체현된 상태는

---

18) F. Dretske(1986) 참조.

19) '핵심 관련 주제'라는 용어는 라자루스(R. S. Lazarus)가 강한 인지주의를 피하면서 인지주의를 유지하기 위해 고안한 것이다. 라자루스는 개인과 세계 사이의 관계에 대한 평가가 인지적 판단에 의해서 수행된다고 보았다. 그에 따르면 감정적으로 중요한 대상을 지각하고 나서 인지적 판단을 거친 다음 최종적으로 감정적 상태에 이르게 된다고 보았다. 이와 같은 인지적 판단은 개념적이며 신체와 무관하다. R. S. Lazarus(1991), *Emotion and Adaptation,* New York: Oxford University Press.

20) Prinz(2003), p.80.

이와 같은 상태로 특징지어질 수 있을 것이다."[21] 평가를 평가적 판단으로 규정한 판단주의자들과는 달리, 프린츠는 평가를 "행복과 안녕을 산출하는 유기체 환경 관계에 대한 어떤 표상"으로 간주한다.[22] 따라서 프린츠는 주장하길, 만일 우리가 판단을 이와 같이 이해한다면 체현된 상태는 '체현된 판단'이다.

감정에 관한 프린츠의 비인지주의 지각이론을 이상과 같이 간략히 이해했을 때 다음과 같은 질문이 가능하다. 신체적 변화와 핵심 관련 주제는 감정과 서로 어떻게 관련을 맺고 있는가? 여기에 대해 프린츠의 대답은 "감정은 신체적 변화를 등록(register)함으로써 핵심 관련 주제를 표상한다(represent)"는 것이다. 예를 들어, 어떤 사람이 화가 났을 때 심장박동수가 증가하고 뺨이 빨개지는 것을 등록함으로써 어떤 행동이 공격적임을 우리는 표상하게 된다. 여기서 프린츠는 감정이 표상하는 핵심 관련 주제를 '실질적 내용(real content)'이라 보고, 이는 세계에 의해 결정되는 내용이라 본다. 반면, 감정이 등록하는 신체적 변화는 '명목적 내용(nominal content)'으로, 이는 마음에 의해 결정되는 내용이라 보며 이 두 기준을 감정에 적용한다.[23] 예를 들어, 산길을 가다 독사를 만난 경우, 이때 독사의 눈빛이나 혀의 움직임을 보고 나는 나(유기체)의 평안과 안전이 위협받음으로써 핵심 관련 주제인 '위험'을 표상하게 되어 공포를 느끼게 된다. 이때 공포의 실질적 내용인 '위험'은 유기체와 세계의 상호작용과 관련된 핵심 관련 주제인 형식적 대상이다. 반면, 외부의

21) Ibid.

22) Prinz(2004a), p.57.

23) Prinz(2000), p.1.

위험스러운 상황에 따른 신체적 변화는 상대적으로 내적으로 결정된 결과이다. 이런 점에서 신체의 생리적 변화 양식은 명목적 내용이다.

프린츠는 자신의 체현된 평가 이론이 윌리엄 제임스의 이론에 대한 수정된 견해라고 한다. 프린츠가 제임스로부터 물려받은 것은, 한편으로 제임스에게 있어 감정은 일정한 패턴을 갖는 신체적 감각의 복합체이라는 것과, 다른 한편으로 때때로 감정은 항상 의식적으로 느껴진다는 것이다.[24] 프린츠에 따르면 감정은 제임스가 제안한 것처럼, 몸을 통해 구현된다. 그는 말하길, 한편으로 "감정은 우리 신체 구조 속에서 일어나는 변화에 대한 지각이며, 다른 한편으로 그것은 또한 평가(appraisal)이다."[25] 그렇다면 판단주의(judgmentalism)와 프린츠의 이론의 차이점은 무엇인가? 프린츠에 따르면, 판단주의자들은 평가를 평가적 판단으로 규정하는 반면, 프린츠 자신은 평가를 '우리의 안녕과 관련이 있는 유기체-환경과의 관계에 대한 어떤 표상'으로 본다.[26] 신체적 지각이 유기체-환경 관계를 표상하는 방식은 '올바른 인과적 관계'를 통해서이지 '개념을 사용하거나 기술(description)을 통해서'가 아니다.[27]

이상과 같이 프린츠의 비인지주의 지각 이론을 이해했을 때, 이러한 이론은 양가감정의 문제를 어떻게 설명할 수 있는지를 다음 장에서 살펴보기로 하자. 이를 설명하기 위해서는 프린츠의 유인가

---

24) 프린츠의 감정이론에서 제임스로부터 물려받은 점에 대해서는 양선이(2007), 「윌리엄 제임스의 감정이론과 지향성의 문제」, 『철학연구』 참조.

25) Prinz(2004a), p.57.

26) Prinz, Ibid., 57.

27) Prinz, Ibid.

(Valence) 이론을 이해할 필요가 있다. 왜냐하면 그의 '체현된 평가' 이론은 감정이 어떻게 해서 생기는지에 관한 설명인데, 감정이 생긴다고 해서 우리가 그 감정이 행위의 동기가 되지는 않기 때문에 프린츠는 감정이 어떻게 행동에 대한 이유를 제공할 수 있는지를 설명하기 위해 유인가 표지 이론을 추가로 제시한다. 따라서 프린츠의 감정이론을 제대로 이해하기 위해서는 유인가 표지 이론을 함께 이해해야 한다. 특히 이 논문에서 나는 우리의 주제인 양가감정의 문제가 유인가 표지와 체현된 평가 이론과의 관련 속에서 해명될 수 있다고 주장하게 될 것이다.

2) '유인가 표지(Valence Maker)' 이론

감정 철학에서 유인가 개념을 처음으로 다룬 사람은 솔로몬이다.[28] 솔로몬은 모든 감정은 긍정적 그리고 부정적인 두 범주로 나눌 수 있다고 보며, 대부분 감정이 유인가를 갖는다는 것을 부정하지 않는다. 그러나 인지주의자로서 그는 감정은 유인가적 평가(Valenced Appraisal)라고 주장한다. 한편 프린츠는 솔로몬의 인지주의에 반대해 유인가 개념에 관해 비인지주의 입장을 택하면서 환원주의 입장을 취한다. 그는 의식적 차원에서는 유인가를 부정할 수 있지만 무의식적 차원에서는 인정할 수 있다고 보고 이 두 차원이 어떻게 상호작용할 수 있는지에 주목한다. 그에 따르면 무의식적 두뇌사건이 의식적 의사결정에 영향을 미치도록 개입될 수 있

28) R. C. Solomon(2001), 'Against Valence', in R. C. Solomon, *Not Passion's Slave*. New York: Oxford University Press. pp.135-147.

다고 주장한다.[29)]

부정적 감정은 나쁘게 느끼는 것이고 긍정적 감정은 좋게 느끼는 것이라는 것은 보편적으로 인정되는 것이다. 그렇다면 우리의 부정적 감정에 들어 있는 부정적 느낌(negative feeling)은 무엇인가? 혹자는 그것은 고통(Pain)이라고 말할지도 모르겠다. 그러나 솔로몬은 이를 부정하는데, 왜냐하면 그가 생각하기에 고통은 물리적으로 감각에 국지화시킬 수 있지만 부정적 감정은 우리에게 물리적으로 어딘가에 상처를 주는 것은 아니기 때문이다. 그렇다면 부정적 느낌은 아마도 괴로움(suffering)과 동일시될 수도 있을지 모르겠다. 그러나 솔로몬은 이도 부정한다. 왜냐하면 그가 생각하기에 부정적 감정은 다른 방식으로 우리를 괴롭히는 것이기 때문이다. 솔로몬은 비애(grief), 질투심(jealousy), 죄책감(guilt), 좌절감(frustration) 등 부정적 감정을 열거하면서 이러한 감정들 각각에 결부된 괴로움(suffering)은 서로 다르고 비교할 수 없는 것이라고 주장한다. 이러한 감정들은 서로 다른 형태의 괴로움에 연루되는데, 그 이유는 괴로움은 감각이 아니라 '의미(meaning)'와 '해석(interpretation)'과 연결되어 있기 때문이라고 솔로몬은 주장한다. 따라서 솔로몬에 따르면 부정적 감정은 그 의미에 있어 서로 다르기 때문에 그 감정들이 동일한 방식으로 고통을 줄 것이라 가정할 필요가 없다. 이와 유사하게 긍정적인 감정의 경우에도 우리는 다음과 같이 말할 수 있다. 즉, 긍정적 감정은 서로 다른 의미와 해석에 의존하여 서로 다른 형태의 쾌락에 연루되어 있는 것이므로 동일한 방식으로 쾌락을 느낄 것이

29) J. Prinz(2010), 'For Valence', *Emotion Review,* pp.5-13.

라 가정할 필요가 없다.[30)]

프린츠는 유인가가 쾌나 고통과 동일시될 수 없다는 솔로몬의 입장에는 동의하지만 솔로몬이 부정적 감정(또는 긍정적 감정) 각각 달리 느껴지는 이유가 감정적 '의미' 또는 '해석'의 차이 때문이라고 본 점은 받아들이지 않는다. 솔로몬과 프린츠가 기본적으로 공유하는 점은 유인가는 쾌락과 고통의 문제 때문이 아니라는 것이다. 왜냐하면 쾌락(pleasure)과 고통(pain)은 서로 다른 감정들, 즉 각각의 부정적 감정들 또는 각각의 긍정적 감정들에 통일적인 방식으로 적용될 수 없기 때문이다. 이는 감정이 현상적으로 너무 다양하기 때문이다.[31)]

유인가가 쾌나 고통과 동일시될 수 없다면, 첫 번째 대안은 접근(approach)과 회피(avoid) 모델이 될 수 있다. 이러한 것은 긍정적/부정적 감정에 대한 행동주의적 접근이라 볼 수 있다. 이에 따르면, 긍정적 감정은 접근하려는 성향과 관련되고 부정적 감정은 회피하고자 하는 성향이다. 우리는 수치스러울 때 숨고자 하며 두려울 때 도망가고자 하는데, 이는 곧 회피의 형태라 할 수 있다. 이와 유사하게, 우리는 긍정적인 감정을 느끼게 하는 것을 추구한다.

솔로몬은 이와 같은 행동주의적 유인가 개념도 부정한다. 이를 위해 그는 다음과 같은 반례를 든다. 화(anger)는 대표적으로 부정적 감정이지만, 반대로 접근 행동과 관련된다. 왜냐하면 우리는 우리를 화나게 만든 사람에 대적하여 그들에게 공격하고자 하기 때문이다. 공포(fear)는 종종 회피와 관련되지만 그러한 감정은 또한

---

30) R. C. Solomon(2001), pp.135-147.

31) Prinz(2010), p.7.

그 대상에 맞서 극복하고자 싸우기도 한다. 비애(grief)는 어떤 상황을 피하고자 하는 것이기도 하지만, 그러한 상황에서 의지할 사람이나 위로가 될 상황을 찾기도 한다. 솔로몬은 이와 같이 '접근'과 '회피'와 무관한 감정의 리스트로 기쁨, 질투심, 선망 또는 죄책감 등을 들고 있다.[32]

프린츠도 솔로몬에 동의하여 각각의 감정들과 관련된 행동의 다양성을 볼 때 긍정적인 그리고 부정적인 감정을 '접근'과 '회피'라는 경향성으로 설명하려는 시도가 문제가 있다고 본다. 왜냐하면 여러 실험의 결과를 통해 볼 때 행동주의적 유인가 이론은 유인가와 행위 사이의 어떤 체계적인 상관관계가 있다는 것을 보여주지 못하기 때문이다. 그러나 그렇다고 프린츠는 유인가 개념을 포기할 필요는 없다고 주장한다. 프린츠는 유인가 개념을 2004년 그의 저서 Gut Reaction에서 다음과 같이 말한다.

> 두뇌 내부에는 자극에 대한 반응을 강화하는 쌍이 있다. 이러한 것들은 자극에 대한 표상과 연관되는 상태이다. 주된 강화인자(primary reinforcers)는 내적 강화인자와 유전적으로 연결되어 온 자극이며, 이차적 강화인자는 그와 같은 연관을 아는 자극이다. 이와 같은 내적 강화는 유인가 표지(Valence Marker)이다. 부정적인 유인가 표지 상태는 부정적 내적 강화인자(INR)를 포함하는 상태이고 긍정적 유인가 표지 상태는 긍정적인 내적 강화인자(IPR)를 포함한다.[33]

프린츠에 따르면, 이와 같은 IPR과 INR은 '내적인 명령어'로 작용한다. 전자는 우리로 하여금 어떤 것을 더 하도록 종용하는 반면,

---

32) Solomon, Ibid., p.137.

33) Prinz(2004), p.173.

후자는 어떤 것으로부터 물러나도록 명령한다. 긍정적 감정은 우리가 유지하기를 원하는 것이고 부정적 감정은 우리가 없애기를 원하는 것이다. 우리 주변에 있는 어떤 대상이 부정적으로 강화되면, 우리는 그것으로부터 물러나기를 시도할 수 있으며, 어떤 대상이 긍정적으로 강화되면 우리는 그것을 추구할 수 있을 것이다.[34]

프린츠는 최근(2010) 논문 「For Valence」에서 '부정적 내적 강화인자'와 '긍정적 내적 강화인자' 개념이 행동주의적 색채를 띨 수 있다고 하여 그 개념 대신 처벌(punishment)과 보상(reward) 표지(Marker)라는 용어로 대체할 것을 제안한다.[35] 내적 강화(Inner Reinforcement) 개념은 외적 자극에 대한 반응과 관련된다고 볼 수 있는 반면, '처벌과 보상 표지'는 내적인 상태를 말하는 것으로 볼 수 있기 때문이다. 따라서 그는 말하길, 처벌과 보상 표지는 행동에 있어 더하거나 덜하게 하는 것을 의미하는 것이 아니라고 한다. 우리가 분노를 느낄 때 낯빛이 붉어지고 심장이 빨라지고 근육이 긴장상태에 있게 되는데, 프린츠에 따르면 이와 같은 신체적 요소는 행동을 위해 우리를 준비시키며, 유인가 표지는 우리에게 행동을 하려는 경향을 갖도록 한다. 즉, 분노의 경우 우리의 신체 변화는 공격을 위해 준비되어 있으며, 유인가 표지는 우리가 그 감정 상태를 유지하는지(긍정적 유인가) 혹은 변화시켜야 하는지 (부정적 유인가)를 말해준다. 그러나 이 과정에서 구체적인 행동은 선택되지 않는다.[36] 이런 점에서 '처벌과 보상 표지'로서 유인가 표지는 내

---

34) Ibid, p.174 참조.

35) Prinz(2010), p.10.

36) Prinz(2004), p.194.

적인 상태로서 행동의 동기나 이유를 말하는 것이지 행동 그 자체는 아니다.

여기서 프린츠는 유인가 개념을 각각의 감정에 본래적인(내재적인) 특성으로 보지 말고, 대신 각각의 감정에 대한 우리의 태도(attitude)로 보자고 제안한다.[37] 이런 점에서 유인가 표지는 가치반응 의존적인 평가라고 볼 수 있다. 앞서 살펴본 '체현된 평가로서의 감정'은 유기체가 자신의 안녕을 위해 유기체와 환경과의 관계를 평가함으로써 신체 변화에 대한 핵심 관련 주제를 표상하는 것이다. 이때 신체변화를 지각함으로써 표상하는 핵심 관련 주제들은 좋다 혹은 나쁘다와 같은 선호의 가치와 무관하다. 그렇다면 프린츠가 제시한 체현된 평가와 유인가 표지는 어떤 관련을 맺고 있는가? 만일 둘 다 평가와 관련된다면 두 평가체계는 동등한가? 아니면 어느 체계가 다른 체계에 우선하는가?

앞서도 언급했듯이 프린츠에 따르면 감정의 지향적 대상은 신체적 변화가 아니라 핵심 관련 주제이며 신체적 변화는 감정의 명목상의 내용이다. 프린츠에 따르면 모든 핵심 관련 주제는 유기체와 환경 사이의 관계적 속성이다. 즉, 공포라는 감정이 표상하는 '위험'이라는 핵심 관련 주제는 우리의 반응에 독립적이다. 반면, 유인가 표지는 어떤 행동과 관련된 감정이 긍정적인지 부정적인지를 행위자의 가치반응에 의존한 '평가'이다. 다시 말하면 어떤 것을 좋다거나 나쁘다고 표상하는 것은 체현된 평가가 아니다. 왜냐하면 신체 변화를 지각함으로써 표상하는 핵심 관련 주제들은 좋다 혹

37) Prinz(2010), p.8.

은 나쁘다와 같은 선호의 가치와 무관하기 때문이다. 이에 반해 유인가 표지는 특정 감정상태가 좋다거나 나쁘다고 하는 평가이다. 프린츠는 우리가 어떻게 감정 상태에 이르게 되는가를 체현된 평가로 설명하고, 일단 우리가 어떤 감정상태에 처하게 되면 그 감정이 선호할 만한지 아닌지를 2차적으로 평가하게 된다고 주장한다. 이런 점에서 유인가 표지는 '체현된 평가'에 대한 '평가'라 할 수 있다. 체현된 평가는 핵심 관련 주제를 표상한다는 점에서 평가이며, 이때 감정은 신체의 생리적 변화인 명목적 내용을 지각함으로써 형성된다. 이렇게 감정이 일단 형성되고 나면 그 감정 상태를 강화할 것이지 말 것인지를 다시 평가하게 되는데, 이때 긍정적인 강화인자는 감정을 보상으로 평가하며, 반대로 부정적인 강화인자는 처벌로 평가한다. 이런 점에서 프린츠는 유인가 표지는 메타 평가(meta-appraisal)라고 주장한다.[38)]

그러나 프린츠는 여기서 평가(appraisal)를 인지주의자들이 말하는 인지적 평가로 보지 않고 제임스주의의 평가 개념을 제안한다. 그가 인지주의의 평가 개념을 받아들이지 않는다면 그에게 있어 유인가는 인지주의자들이 말하듯 감정이 포함하는 평가적 판단이 갖는 유인가를 의미하는 것이 아니다. 프린츠의 제임스주의에 따르면 화는 어떤 사건을 나쁘다고 평가하는 것과 관련되지도 않고 모욕을 준 상대방을 나쁘다고 평가하는 것과 관련되지 않는다. 그에 따르면 화는 행위자로 하여금 공격을 준비토록 하는 신체적 변화의 패턴에 대한 지각에 불과하다. 물론 이때 인지적 평가를 포함할

38) Prinz, Ibid., p.8.

수 있는 사건이 일어나긴 하지만 그러한 사건은 순전히 지각적인 어떤 것－신체에 대한 공격, 욕설, 기분 나쁘게 째려봄, 성가신 소리, 등등이다. 이와 같은 돌연의(불시의) 지각들(그리고 많은 불시의 판단들)은 인지주의자들이 말하는 평가적 개념을 포함하지 않으며, 신체적 상태의 결과도 아니다.[39]

이러한 맥락에서 앞서 살펴보았던 체현된 평가와 유인가 표지와의 관계를 살펴보면, 신체변화를 지각함으로써 이루어진 체현된 평가는 행동을 가능케 하는 준비단계이다. 그리고 이 체현된 평가에 대한 유인가 표지가 그 감정 상태를 지속할 것인지 변화시킬 것인지를 결정함으로써 우리는 행동을 하려는 경향성을 갖게 된다.

4. 결론: 프린츠의 '유인가 표지'는 양가감정을 설명할 수 있는가?

이상과 같은 프린츠의 유인가 이론이 주어졌을 때 유인가 이론은 우리의 문제인 양가감정을 설명할 수 있는가? 여기에 대해 프린츠는 유인가 표지이론은 양가적 유인가를 배제하지 않는다고 주장한다.[40] 왜냐하면 양가적 감정을 인지주의자들처럼 양가적 판단(믿음)이나 비인지주의자들처럼 '느낌(feeling)'으로 보면 두 상반되는 믿음이나 두 상반되는 느낌은 양립 불가능하므로 설명의 어려움이 있지만, 양가적 태도(ambivalent attitude)로 보면 우리는 이를 설명

39) Prinz, Ibid., p.9.

40) Prinz, Ibid., p.12.

할 수 있기 때문이다. 여기서 프린츠는 양가적 태도는 강화인자(reinforcement)나 회피(avoid)와는 다르고, 끌림(tempting)과 동시에 주저함(hesitating)이라는 두 공존적 태도로 보기를 제안한다.[41] 왜냐하면 앞서도 지적했듯이 믿음(판단)의 경우 양립 불가능한 두 믿음 중 하나만이 참일 수 있고 그래서 하나만이 성공적일 수 있지만 양립 불가능한 욕구나 감정들의 경우 하나만이 유일하게 성공적일 필요는 없기 때문이다.

따라서 프린츠는 모턴처럼 우리의 등산의 예에서 제시된 동시 공존하는 상반되는 두 감정의 형식적 대상에 관해 답할 필요 없이, 유인가와 처벌 보상 표지와 동일시함으로써 이 문제를 설명할 수 있을 것이다. 우리의 예에서 그 사람은 그와 같이 황홀하면서 위험 상황에 대해 위험에 따른 공포에 대해서는 끌리지 않으면서도 동시에 황홀한 경치의 매력적임에 대해 끌림이라는 양가적 태도를 취할 수 있다. 이때 그 사람의 내적 상태는 위험을 감수하면서도, 즉 공포를 느끼면서도(처벌 표지 신호 작동) 황홀한 광경에 대한 매력(보상 표지 작동)을 느끼는 내적 상태라 할 수 있다. 이와 같은 내적 상태는 행위의 동기, 즉 행위에 대한 이유가 되긴 하지만, 이 상태에는 구체적인 행동 전략과 계획이 아직 없다는 점에서 동기화(motivation)와는 구별된다. 이런 점에서 프린츠의 유인가 표지는 동기화(motivation)를 설명하지 못한다고 비판받을 수는 있다. 하지

41) Prinz, Ibid., 프린츠는 여기서 양가감정의 예로 '노스텔자'를 들면서, 이 경우 양가적 태도를 과거 고향에 대해 "tempting"과 현재의 불만족한 상태에 대해 "depressing"이라는 두 공존적 태도라고 말하고 있지만, 나는 여기서 우리의 문제를 풀기 위해 "등산의 예"에 적용하고자 한다. 따라서 우리의 예의 경우 양가적 태도를 나는 여기서 "tempting"과 "hesitating"으로 들고 있다.

만 내가 보기에 그가 말하는 유인가 표지는 우리가 어떻게 느낄지와 같은 내적 상태의 변화에 관련되며 우리가 어떻게 행동할지와 같은 특정행동의 변화를 말하지는 않는다.[42] 필자는 여기서 프린츠가 유인가로서의 감정이 행동의 동기화에 미치는 영향에 대해 설명하지 못했다고 하더라도 행위의 동기로서 내적 상태에 관해 말해주는 것이라 보는 것만으로도 우리의 문제인 양가감정은 설명할 수 있다고 본다.

42) Prinz(2004), p.194.

참고문헌

양선이, 「윌리엄 제임스의 감정이론과 지향성의 문제」, 『철학연구』 제79집, 2007

De Sousa, R., *The Rationality of Emotion*, Cambridge, Mass., London: IT Press, 1987, pp.543-51

____________, "Emotional Truth", *Proceedings of the Aristotelian Society*, Supplementary volume 76, 2002, pp.247-64

____________, "Emotions: What I Know, What I'd Like to Think I Know, and What I'd Like to Think", *Thinking about Feeling*, R. Solomon(ed.), Oxford University Press, 2004, pp.61-75

Dretsske, F., "Misrepresentation", R. Bogdan(ed.), *Belief: Form, Content and Function*, Oxford University Press, 1986, pp.17-36

Greenspan, P., "A Case of Mixed Feelings", A. Rorty(ed.), *Explaining Emotions*, 1980, pp.139-161

Morton, A., "Emotional Accuracy", *Proceedings of the Aristotelian Society*, Suppl. Vol. 76, 2002, pp.265-75

Nussbaum, M. C., *Upheavals of Thought*, Cambridge University Press, 2001

Prinz, J., *Gut Reactions: A Perceptual Theory of Emotion*, Oxford University Press, 2004

_________, *The Emotional Construction of Morals*, Oxford University Press, 2007

_________, "For Valence", *Emotion Review* Vol. 2. No. 1, 2010, pp.5-13.

Solomon, R. C., *The Passions*, New York: Doubleday, 1976

Tappolet, C., *Emotions et Valeurs*, Paris: Presses Universitaires de France, 2000

____________, "Ambivalent Emotions and the Perceptual Account of Emotions", 2005

Yang Sunny, "Emotion, Intentionality and the Appropriateness of Emotion: In Defence of Response Dependence Theory", *The Journal of Organon F.*, 2009

____________, "A Defence of the Perceptual Account of Emotion against the alleged Problem of Ambivalent Emotion: Expanding on Tappolet", *Human Affairs*, 2010

유표성 이론을 통한 인지주의와 비인지주의 재해석

– 주자철학의 감정 이해를 중심으로 –

이찬

1. 서론: 감정이란 무엇인가?
2. 인지주의와 비인지주의, 그리고 유표성이론 (Markedness theory)
3. 주자철학의 감정론과 유표성
4. 결론

1. 서론: 감정이란 무엇인가?

감정에 관한 철학적 논의들 가운데서 가장 먼저 해결해야 할 과제는 아마도 감정이란 무엇인가라는 질문에 답하는 일일 것이다. 이 물음에 우리는 아마도 "당신이 말하는 '감정'이 어느 분야에서 다루는 감정을 가리키나요?"라고 되물어야 할 만큼 '감정'이란 말은 개인의 주관적인 경험에 따라 폭넓게 쓰일 뿐만 아니라 오늘날 개별 분과학문에 따라 매우 다르게 규정되고 있다. 문학적 감성과 예술적 창작의 영감에 닿아 있을 뿐만 아니라 오늘날 뇌과학, 인지과학, 신경과학, 심리학, 진화생물학 등 과학 영역에서도 분석 대상이 된 '감정'은, 피터 골디에 따르면, 심리철학 연구의 심화와 더불어 인간의 주된 심적 현상으로서 그것이 가지는 여러 기능적 측면들에 주목하면서 철학적으로 중요한 테마가 되었다고 한다. 예를 들어, 인간의 감정이란 어떤 것이며, 감정이 우리의 판단, 선택, 행위와 어떻게 이어지는지 탐색하게 되었고 나아가 철학적 윤리학의 영역에서도 감정의 중요성은 새롭게 주목받지 않을 수 없는 형국이 되었다는 것이다.[1)] 더구나 이와 같은 상황은 영미권에서 발달심리학, 진화심리학, 신경과학, 인지과학, 인공지능 등과 맞물리며 감정 연구를 증폭시켜 온 것과 맥이 닿아 있다.

물론, 감정에 관한 이와 같은 '철학적' 천착은 비단 최근의 현상만은 아닌, 상당히 오랜 역사를 가지는 것이라고 주장할 수도 있다. 그런데 이때 철학의 주요 소재 가운데 하나로 감정을 다루어왔던 철학사의 실상을 들여다보면, 감정이 맡았던 배역은 '이성'이라는 주연과의 관련 속에서만 빛을 발하는 조연이었다. 말하자면, 이성과 대립하는 상대역으로서 혼란을 야기하는 어떤 부정적인 내면의 힘, 혹은 정화되거나 순치해야 할 대상으로 여겨왔다고 거칠게 이야기할 수 있다. 이는 감정을 이해하는 주요한 준거 틀이 여전히 '이성'을 중심으로 형성되어 있음을 의미한다. 감정은 감정 스스로 자신의 이야기를 하고 있지 못하며 다른 이들의 입을 빌려서야 육화될 수 있는 무엇이었다. 따라서 감정 자체에 대한 철학적 관심은 상대적으로 희박했다고 말할 수 있으며 1960년대 이후 심리철학 연구들을 일별해보아도 '감정'에 관한 항목들을 찾기 힘들다.[2] 20세기 중반을 넘어서면서 '감정'은 비중 있는 독립적인 연구주제가 되었고 철학의 영역에서도 예외일 수는 없었다.

감정이란 주제를 다루기 위해 오늘날 영미권 연구자들이 사용하고 있는 '인지주의'와 '비인지주의'라는 틀은 감정 자체의 속성들을 이해하는 데 매우 유용함에도 불구하고 그 구도가 보여주는, 양립하기 어려워 보이는 대립으로 인해 여전히 감정을 온전하게 포착하는 데에 어려움을 주고 있어 보인다. 실은 그 구도가 어떤 면

1) Goldie, P. "Introduction", *The Oxford Handbook of Philosophy of Emotion*, 2010. pp.2-3.

2) Goldie, P. 위의 책, p.1.

에서는 이성과 감정의 대립양상이라는 연장선에서 형성되었다고 말할 수 있기 때문이다. 따라서 '감정'은 종종 그 틀에서 미끄러져 나가거나 두 진영 모두를 포괄하는 광범위한 영역에 걸쳐 있는 무엇이 되곤 한다. 게다가 '인지'라는 단어가 지닌 폭넓은 의미도 인지주의와 비인지주의 구도에 혼란을 가중시키는 요인 가운데 하나라고 생각한다. 달리 말하면, 무엇을 인지주의라고 규정할 것인가라는 질문 자체가 논란거리다. 그렇다면 우리는 감정을 이해하기 위해 '인지주의'와 '비인지주의'의 틀 자체를 뜯어볼 필요가 있다. 혹은 그 틀 자체의 문제라기보다 그 두 틀 사이의 관계나 배치도를 오인함으로써 감정의 특질을 온전하게 포착하는 데 어려움이 생기는 것은 아닌지 고민하지 않을 수 없다.

이를 위해 나는 첫째, 언어학, 기호학의 이론 가운데 하나인 유표성이론을 빌려 감정 이해의 지배적인 틀인 '인지－비인지주의'라는 두 진영의 경계와 접점, 혹은 두 진영 사이의 위계나 위상(topology)을 비판적으로 검토하고자 한다. 둘째, 이와 같은 차이를 감정과 관련한 주자철학의 개념어들, 특히 待對的 雙關語인 性·情을 중심으로 人心·道心, 中節 및 感應 등을 검토함으로써 유표성이론이 보여주는 상관론적 관점이 주자철학의 사유방식을 잘 포착해낼 뿐만 아니라 감정의 존재론적 특질을 더욱 잘 드러낸다고 본다. 이런 논의를 통해 우리는 마지막으로 감정을 이해하기 위한 틀이 실은 인간을 어떻게 바라볼 것인가라는 문제와 연동됨을 설명하고자 한다.

2. 인지주의와 비인지주의, 그리고 유표성이론 (Markedness theory)

1) 인지주의와 비인지주의의 길항

논의에 앞서 인지-비인지주의 논의를 간략하게나마 정리할 필요가 있다. 인지주의 진영은 감정을 지향성과 명제성으로 포착해낸다. '지향성'이란 감정이 무엇인가에 '대한(about/on)'-그것이 무엇이든 간에-정신의 활동임을 가리키는 말로 대상이 없을 수 없음을 뜻한다. 비인지주의자들도 지향성을 부정하거나 간과하진 않는다. 그러므로 두 진영 간의 논란은 대부분 명제성에서 발생한다. '명제성'이란 '알아차림'이라는 감정의 활동을 설명하기 위한 용어라고 나는 생각한다. 즉, 감정은 무언가에 대한 믿음이나 판단으로 재기술될 수 있는, 일종의 명제적 태도(propositional attitudes)라고 주장하는 이들이 인지주의 진영에 속한다. 예컨대 두려움은 당연히 대상이나 어떤 사태에 대하여 갖는 감정이지, 그런 것들이 전제되지 않은 막연한 두려움이란 사실 불가능하다. 또한 누군가를 사랑하는 감정은 내가 그를 좋아한다는 '믿음', 혹은 그와 함께하기를 원한다는 '바람'-'판단'이 개재되어 있기 때문이라는 말이다.[3)]

이 두 진영 간의 입장 차이는 첫째, 신체성과 심적 현상에 대한 관점, 둘째, 심적 현상 내에서 그 다양한 양상을 구획하는 문제, 예

3) 인지주의에 대한 비판과 문제제기에 관한 간명한 요약은 Ronald de Sousa, 'Emotion', *Stanford Encyclopedia of Philosophy*, (plato.stanford.edu/entries/emotion/) 가운데 특히, 5. 'Cognitivist Theories' 참조.

를 들어, '적응방향(direction of fit)에 관한 문제' 등으로 크게 그려 볼 수 있다. 첫째 문제는 인지주의심리학의 발생과 그 궤를 같이한다고 나는 생각한다. 인간을 단순하게 자극-반응 체계로 이해하던 행동주의심리학에 반대하여 1960년대 이후 인지주의심리학이 등장했던 것처럼, '인지주의자들'은 감정을 인간 내면의 심적 현상과 동일시하거나 적어도 심적 현상 가운데서도 믿음이나 판단에 의해 본질적으로 구성됨으로써 표출되는 상태로 이해하였던 것이다. 누스바움의 언급에서도 포착할 수 있는 것처럼, 인지주의적 설명방식에서 감정은 인간의 심적 활동 가운데 하나로 규정되면서 신체성에 대비되는 입장을 견지해온 듯하다.[4] 이는 비인지주의의 고전적 입장을 대표하는 윌리엄 제임스가 자신의 심리학을 실은 자연과학, 특히 생물학의 한 분야로 규정했다는 사실,[5] 그리고 다윈의 진화론적 입장을 도입해 의식의 생리적 기초나 기능, 행동적 측면을 강조하는 철학적 심리학을 정초하였다는 점을 상기하면 감정에 대한 신체적 이해와 심적 이해의 대비는 더욱 또렷해진다.

그런데 감정 연구가 깊어질수록 심적 현상과 신체적 특질이라는 인지주의와 비인지주의의 고전적 대립국면은 그 戰線이 모호해진다. 대표적인 인지주의자 가운데 한 사람인 누스바움은 감정을 신체적인 것에 뚜렷이 대비되는 심적 현상이라고 말하는 반면, 같은 인지주의자이면서도 솔로몬이나 드 수자는 감정의 신체성을 긍정하고 있다.[6] 그럼에도 솔로몬에게 감정의 본질적인 부분은 여전히

4) Nussbaum, M. "Emotions as Judgments of Value and Importance", in *Thinking about Feeling*, 2004, p.186.

5) James, W. *The Principles of Psychology*, p.183.

6) Solomon, R. "Emotions, Thoughts, and Feelings: Emotions as Engagements with the World", Ibid.,

인지(cognition)다. 솔로몬의 경우 신체성은 인지를 가능하게 하는 기반, 혹은 조건에 해당한다. 이런 차이는 인지주의 그룹 내에서도 감정의 존재론적 기반에 대한 입장이 상이함을 드러낸다. 그뿐만 아니라 '무엇을 인지적인 것으로 규정할 것인지'도 논란거리일 수밖에 없다.

이처럼 인지적인 요소들을 감정 경험의 본질로 파악하면서도 감정이 지닌 신체성을 적극적으로 긍정할 경우, 인지는 굳이 명제적 태도이거나 개념적인 인식일 필요가 없는, 넓은 의미의 '인지'로 재규정되어야 한다.[7] 이럴 경우 감정이란 '무엇인가를 알아차리는 것', 즉 '지각(perception)'의 일종이라는 주장으로 옮겨가게 되며 이 주장에 대해서 인지주의들과 비인지주의자들은 공히 동의한다. 그렇지만 지각의 메커니즘, 또는 지각의 내용을 설명하는 방식에서 그들은 갈라선다. 인지주의자들은 감정이 반드시 명제적 태도로만 기술되어야 하는 것은 아니지만 무엇인가를 알아차린다는 점에서 '지각하는' 과정이며 그와 같은 지각이 옳음을 명제적 기술이 아닌 방식으로 정당화하고자 한다. 그 대표적인 경우가 드 수자다.[8] 반면, 비인지주의 진영에 속하는 프린츠의 경우, 감정은 신체적 변화를 나타내는 내적 상태로, 말하자면, 몸에 체현되는 것(the embodied)을 뜻한다. 그에 따르면 '지각'은 신체적 변화를 야기하는, 구체적 대상뿐만 아니라 기억, 회상과 같은 정신작용까지도 포함하는 어떤 자

pp.84-87. de Sousa, "Emotions: What I know, What I'd like to think I know, and What I'd like to think", in *Thinking about Feeling*, 2004, p.65.

7) Solomon, R. Ibid., p.87.

8) De Sousa, R. *The Rationality of Emotion*, 1987.; "Emotions: What I know, What I'd like to think I know, and What I'd like to think", in *Thinking about Feeling*, 2004.; *Emotional Truth*, 2011.

극을 알아차리는 것이며 감정은 그런 신체적 변화의 느낌과 동일한 것이다. 이때 느낌은 결국 위험, 상실, 공포와 같은 "핵심 관련 주제들(core relational theme)을 재현하는" 몸의 어떤 상태에 해당한다.[9] 드 수자나 프린츠 모두 감정이 보여주는 신체성과 심적 현상이라는 대립적 국면을 조율하거나 화해시킴으로써 감정을 총체적으로 설명하려고 시도한다고 요약할 수 있다.

인지주의와 비인지주의의 전선이 모호해지는 또 하나의 사례는 심적 현상의 '적응방향(direction of fit)'에 관한 문제다. 인지주의의 핵심적인 주장 가운데 하나는 감정을 믿음이나 판단의 일종으로 해석하는 명제성이다. 이때, "믿음은 세계에 관한 것"[10]이며 믿음이 세계와 맞아드는 방식은 마음에서 세계로(mind-to-world) 향한다. 그렇지만 다른 심적 현상, 예를 들어, 욕망의 경우는 믿음과 정반대 방향으로 세계와 맞아드는 방식(world-to-mind)을 취하며 대개 이 두 가지 적합방향(direction of fit)은 서로 배타적이라고 여겨왔다. 그런데 감정은 믿음뿐만 아니라 욕망, 혹은 욕망에 대한 표출로도 충분히 해석될 수 있는 특질들을 가지고 있다. 따라서 감정은 두 가지 적합방향 그 어디에도 쉽게 귀속되기 어렵다는 논의들 역시 설득력 있음을 골디는 인정하고 있다.[11]

---

9) 핵심 관련 주제는 라자루스가 강한 인지주의를 피하면서 인지주의를 유지하기 위해 고안한 용어다. 그에 따르면 감정은 사고와 비인지주의적인 구성요소의 결합이다. Lazarus, R. S. *Emotion and Adaptation*, 1991. 양선이, "감정에 관한 지각이론은 양가감정의 문제를 해결할 수 있는가?: 프린츠의 유발성(valence)이론을 지지하여" 65쪽 재인용. 또한 비인지주의 진영에서 프린츠가 윌리엄 제임스의 감정론을 어떻게 독창적으로 발전시켜 신체적 느낌과 인지를 결합하고 있는지에 대해서는 신인자, "신체적 느낌과 인지는 감정을 구성하기 위해 어떻게 결합되는가?: 프린츠의 이론을 중심으로"를 참조.

10) Solomon, R. "Emotions, Thoughts, and Feelings: Emotions as Engagements with the World", *Thinking about Feeling*, Oxford University Press, 2004, p.77.

11) "Interview with Peter Goldie", *Praxis*, vol.2, no.2, Summer 2010, 5-6쪽. 골디는 여기서 두 가지

인지 및 비인지주의자들의 입장을 개관하면서 지적하고 싶은 점은 양 진영이 서로가 서로의 입장들을 논박하거나 조율하는 과정을 통해 그 중간지대를 더욱 정교하게 구축하고 확장해간다는 사실이다. 감정의 다면적인 얼굴들이 한편으론 인지주의적으로, 다른 한편으로는 비인지주의적으로도 설득력 있게 비춰진다는 점에서 이와 같은 연구 방향은 어찌 보면 지극히 당연한 수순인지도 모른다. 감정을 정감이 실린 판단(affect-laden Judgments)[12]이라거나 믿음과 욕망이 다 갖춰져 있다[13]거나 믿음, 욕망, 그리고 느낌(feeling)의 복합체[14]라고 주장했던 사례들을 보면 이미 드 수자나 프린츠 이전부터 감정을 인지주의와 비인지주의의 특질을 공유하는 어떤 것으로 규정하고자 했던 노력들이 있었음을 알 수 있다.

양 진영의 이런 변모는 최초의 입론, 즉 감정이 지닌 인지적 특질과 신체적 특질이 마치 정신과 신체처럼 화해하기 힘든 이원론적인 두 기둥을 암묵적으로 전제하고 있던 데서 많이 벗어난 것처럼 보인다. 달리 말하면 감정의 총체상을 보려는 노력이 그와 같은 이원론적인 기둥을 허물어뜨리고 어떤 접점을 지속적으로 확장하도록 요구하고 있다고 보아야 한다. 이때 '인지－비인지주의'라는 구도는 그와 같은 접촉면의 확장에 장애가 되거나 감정의 총체상

적합방향이 어떻게 가능할 수 있는가에 대한 통찰력 있는 논의들로 밀리컨의 논문(Millikan, R. 1995, Pushmi-Pullyu Representations. In J. Tomberlin, ed., Philosophical Perspectives Volume IX. Atascadero, CA: Ridgeview, 1995, pp.185-200)과 버나드 윌리엄스의 글을 언급하고 있다.

12) Broad, C. D., 1971[1954]. "Emotion and Sentiment", in *Critical Essays in Moral Theory*. London: Allen & Unwin. Lyons, W. 1980. *Emotion*, Cambridge: Cambridge University Press. [De Sousa(2013), 'Emotion'에서 참조].

13) Marks, Joel, 1982. "A Theory of Emotion", *Philosophical Studies*, 42: 227-242.[De Sousa (2013). 'Emotion'에서 참조].

14) Oakley, Justin, 1992. *Morality and the Emotions*, London: Routledge and Kegan Paul.

을 그리는 데 혼란을 초래한다고 나는 생각한다. 더구나 그렇게 접촉면을 확장하면서 그 중간지대를 정교하게 구축해갈 때, 인지－비인지주의 틀은 이미 다른 패러다임으로 재배치되었음을 함의한다. 만일 재배치되었다면 그 과정에서 두 진영이 어떤 위계, 혹은 형태로 구성되고 관계 맺는지 검토해볼 필요가 있다. 감정은 두 진영의 교집합인가? 그렇지 않으면 두 진영의 모든 영역을 아우르는 합집합인가? 만일 감정이 교집합이라면 교집합을 제외한 각 진영의 나머지 부분들은 어떻게 이해해야 하는가? 만일 합집합이라면 인지와 비인지의 구분이 무슨 의미가 있는가?라는 의문들을 갖게 된다.

2) 유표성이론

이를 위해 나는 유표성이론(Markedness Theory)으로 '인지－비인지주의' 구도를 살펴보기를 제안한다. 알다시피 유표성이론은 언어나 개념 혹은 기호학적 구조 내의 상관적 요소들, 특히 대립적 요소들 사이에서 빚어지는 비대칭적 관계[15]를 설명하는 방식이다. 이 이론은 언어학 내에서도 구조주의 음운론과 형태론에서 태동하였다. 이후 의미론 및 화용론 차원으로도 그 이론적 설명력을 넓혔다. 따라서 어느 차원에서 파악하느냐에 따라 유표성 개념의 구체적인 적용은 다양하게 전개될 수 있다.[16] 음운론적 상관관계를 설명하기

15) '비대칭적(asymmetry)'이라고 말한 까닭은 대립하는 두 진영 가운데 하나가 더 넓고도 지배적인 관계에 있기 때문이다. 이 비대칭성은 고정적이지 않다. 기준에 따라 달라질 수 있다.

16) 홍택규, 『현대러시아어 상과 화행: 언표내적 기능의 문제』, 서울대학교 박사학위논문, 1999, 29쪽. 이하 '유표성이론'에 관한 논의는 한림대학교 러시아학과 홍택규 교수의 가르침을 통해 가능할 수 있었음을 밝힌다.

위해 처음 제시된 이 이론은 언어학의 공간을 뛰어넘어 삶과 죽음, 자유와 속박, 죄와 미덕, 휴일과 평일 등 문화인류학적 상관개념어들에도 폭넓게 적용할 수 있다고 연구자들은 보았다.[17)]

이처럼 언어 자체의 기능, 형태 및 화용론적 상관관계에 초점을 맞추었던 구조주의 언어학을 그 모태로 삼아 발전했다는 점에서 유표성이론은 상관론적 사유방식이라고 부를 수 있는 陰陽과 같은 동아시아의 전형적인 프레임과 절묘하게 조응한다고 말할 수 있다.[18)] 음과 양이 독립적이고 불변하는 실체가 아니라 "시간과 공간의 상반된 두 양상을 구체적으로 가리키는 것처럼"[19)] '삶－죽음' 같은 상관어가 실은 구조적인 관계 속에서 맥락에 따라 쓰일 수 있음을 유표성이론은 잘 보여주고 있다. 예를 들어, 陰을 지칭하지만 실은 그 안에 늘 陽의 가능성이 내재해 있다거나, 어떤 하나를 가리키는 것이 반드시 그것만을 배타적으로 드러내지 않는다는 동양적 사유의 암묵적인 이해를 떠올린다면 우리는 유표성이론이 음양처럼 어떤 상관성을 기본 관점으로 삼는 사유방식 전반에 영감을 줄 수 있으리라고 믿는다. 따라서 인지－비인지주의 구도를 비판적으로 검토하기 위해 주자철학에 기대면서도 이 이론을 차용하려는 모양새가 마치 현대 언어학의 흥미로운 장식을 흉내 내어 동양의 사유방식에 덧대려는 어설픈 시도로 오독되지 않기를 바란다.

우선 유표성 이론을 간략하게 살펴보자. 앞서 언급한 것처럼, 이 이론은 유성음과 무성음이라는 음운상의 대립에서 출발해 조어론

---

17) Waugh, L. "Marked and Unmarked: a Choice between Unequals in Semiotic Structure", *Semiotica* 38 (3/4), 299-318. 홍택규, 위의 논문, 31쪽에서 재인용.

18) Graham, A. C., *Yin-Yang and the Nature of Correlative Thinking*, p.16.

19) 마르셀 그라네, 『중국사유』, 129쪽.

적 차원에서 언어기호의 형태적 속성에 주목하면서 형성되었다. 예를 들어, '정직(正直:honest) 對 부정직(不正直:dishonest)'에서 '不;dis-'이라는 형태적 특질이 커뮤니케이션 과정에서 일차적이며 본질적인 의의를 가진다는 말이다. 그 형태적 요소로 인해 단어의 의미는 특정한 방향으로 고착화, 혹은 수렴된다. 그러므로 유표성은 대립하는 상관어쌍(相關語雙)에서 의미론과 화용론적 차원의 함의를 드러낸다.

이때 그 상관어쌍 가운데 단순하고 일반적인 것, 달리 말하면 기본적으로 설정된 일반적인 디폴트값에 해당하는 것을 '무표적인 것(unmarked)'으로, 그에 비해 더 복잡하고 특수한 것을 '유표적인 것(marked)'이라고 부른다. 예를 들어, '남자(man) – 여자(woman)'는 유표성을 설명하기 좋은 대표적인 예다. 여자(woman)라는 단어에는 wo-라는 특정한 표지(mark)가 '형태적으로' 붙어 본질적으로 남자와는 다른 의미를 드러낸다. 또한 man이 '남자'만을 특칭함으로써 '여자'와 서로를 포함하지 않는 대립항을 형성할 때도 있지만 사람 일반을 뜻하기도 한다. 이처럼 사람 일반을 지칭하는 man은 man과 woman을 모두 포함하는 일반적인 기준이자 긍정적 가치를 지닌 일종의 디폴트값에 해당하는 무표적 범주에 속한다. 이에 반해 wo-라는 표지는 man과는 다른, 그것이 차별적이든 혹은 부정적이든, 특정한 의미를 덧보태는 역할을 함으로써 유표적 범주에 속하게 된다.[20)]

20) 이런 예가 인도유럽어권의 특징이지 한국어와는 다를 것이라는 의문은 충분히 있을 법하다. 이는 유표성이론이 형성되던 초기에 음운론의 형태소를 그 예로 들고 있기 때문에 생길 수 있는 의문이다. 한국어의 경우 '남자・여자'라는 대립항에 비록 유표적 형태소는 없지만 의미론 차원에서 남자가 사람 일반을 가리키는 경우는 가능하다. 예를 들면, '놈 – 년'의 경우가

'남(man):여(woman)'에 대한 이런 설명은 두 층위를 가진다. 첫째, 의미론 차원에서 남과 여는 공유하는 지점이 전혀 없는 상호배타적인 관계다. 두 번째는 '사람(man)'이라는 상대적으로 넓은 의미 영역을 가지는 단어로 '여자'까지 가리킬 수 있다는 면에서 '지시잠재성(reference potential)' 관계가 가능하다는 점이다. 이 관계에서 '사람'에 '여자'는 온전하게 포함된다. 이를 통해 우리는 상관어 내에서 일종의 가치의 위계를 드러냄으로써 흔히 대립항으로 이해될 수 있는 하나의 상관조합이 실은 해석의 층위에 따라 다른 방식으로 관계 맺을 수 있음을 보여준다. 이렇게 가치의 위계를 보여줌으로써 유표성은 역사나 문화인류학적 차원으로도 확장해 적용시킬 수 있게 된다. 예를 들면, 전도유망하고 건강하던 청년이 불의의 사고로 유명을 달리할 때, 만일 "참, '사는 게' 뭔지. '삶'이란 알다가도 모를 일이야"라고 넋두리를 한다면 인간에게 주어진 일종의 디폴트값인 '삶'이라는 무표적 범주를 언급함으로써 '죽음'이라는 예기치 않은 유표적 사태를 드러냈다고 설명할 수 있다. 이때 '죽음'이 유표적 범주에 속하는 까닭은 태어나 살아가면서 '죽을 수밖에 없는 운명(mortal)'이라는 경험적 기준에서 모든 인간은 '죽음'으로 한 걸음씩 더 걸어가는 존재이며 '삶'은 그에 반하는 저항적 상태(non-mortal)를 뜻하기 때문이다.

그에 해당한다. 여자를 '야, 이놈아'라고 부를 때가 있는데, 이때 '놈'은 사람 일반, 넓게는 대상 일반을 가리킨다. 한국어에서 '야, 이것아'라고 꾸짖을 때가 있음을 상기하자. 이때 '것'은 '남녀' 모두, 즉 '사람'에 대해 무표적 범주에 속한다.

3) 유표성이론과 인지-비인지주의 구도

유표성이론을 염두에 두고 감정 이해의 '인지-비인지주의' 틀을 살필 때, 이해에 가장 큰 도움이 되는 사례는 언어학 이론에 걸맞게 감정 표현과 관련한 우리의 언어생활이다. 예를 들어, 심하게 놀랐을 때 "간이 철렁했다"든가, 초조함, 불안감 등을 나타낼 때 '애가 탄다' 등의 표현을 살펴보자.[21] 인지주의자들의 주장처럼 '놀람'이라는 감정이 비록 우리의 마음 활동 속에서 인지주의적인 과정으로 해석될 수 있다고 하더라도 우리는 그 놀람을 매우 효과적으로 표현하기 위해 신체성을 적극적으로 활용하는 경우가 잦다. 이는 내가 느끼고 지각한 감정의 공감력을 증폭시키기 위해 사용하는 매우 상징성 높은 수단이다. 신체적 상태에 대한 유비적 표현은 감정의 표현과 이해에서 유표적 범주를 지칭하기 위해 무표적인 범주를 활용하는 대표적인 방식이다. 대상에 대한 감각적 지각이 내 생명에 위협을 가하리라는 '판단'으로 인해 발생하는 놀람[인지주의적 해석: 유표]을 몸에 가해진 느낌[비인지적 영역: 무표]으로 표상화함으로써 그 놀람을 더욱 극명하게 드러내기 때문이다.

유표성이론을 조금 더 구체적으로 적용시켜 보자. 첫째, '인지주의(cognitivism)와 비인지주의(non-cognitivism)'라는 이름표는 우선 그 형태적 요소에서 유표성이론의 기본적 발상과 정확하게 일치한다. 그렇다면 어떤 것들이 무표적-유표적 범주에 각각 속할까? 달리 말하면 어떤 감정 상태가 지배적인 디폴트값에 해당하는지 살

21) '사촌이 땅을 사면 배가 아프다'거나 누가 나를 비판하는 소리는 '귀에 거슬리고' '가슴을 파고들기'도 한다. 부끄러워 '몸 둘 바를 모르며' 무서움에 '등골이 오싹하기'도 한다.

펴보아야 한다는 말이다. 공포라는 감정을 인지주의자들은 어떤 대상에 대한 판단을 포함한다고 주장하는 반면, 비인지주의자들은 신체 변화에 대한 느낌일 뿐이며 이 느낌이 뭔가를 알아차리는 것일 수는 있으나 반드시 인지적이라고 볼 필요는 없다고 설명한다. 이런 설명을 볼 때, 각 진영 내부의 디테일한 논의들을 걷어내고 거칠게 일반화하자면 감정이 '대상인식'이나 '가치평가'의 기능을 가지는 명제적 태도로 기술될 수 있다고 보는 인지주의 논의들을 유표적 범주에, 신체적 변화에 대한 느낌 혹은 반응이라고 보는 비인지주의 논의들을 무표적 범주에 귀속시키는 것이 오늘날 우리들의 직관적 이해에 더 부합한다.

이를 확인하기 위해 이런 구획이 과연 비인지적(무표적) 영역이 인지적(유표적) 영역을 포함하고 지칭하는 '지시잠재성' 관계를 갖는지 살펴보아야 한다. 오늘날 인지과학 및 뇌과학, 인지심리학의 성과에 기댄다면 인간의 심적 현상에서 일반적이며 지배적인 디폴트값은 무의식의 세계, 즉 비인지적인 활동이다. 사람들의 일상과 대개의 행동패턴을 결정하는, 진화의 산물인 오늘날 우리의 뇌 구조를 살펴보아도 알 수 있다. 인간의 뇌는 생명을 관리하는 '뇌간', 본능적 욕구와 원초적인 감정 활동을 담당하는 '구피질', 언어, 수리, 기억 및 복잡한 문제 해결 능력과 같은 고도의 정신능력을 관장하는 '대뇌피질', 즉 신피질로 크게 나뉜다. 뇌의 형태적 구조는 뇌간을 구피질이 덮고 있고(포함), 그 구피질을 신피질이 덮고 있지만 발생론적 차원에서 보자면 생명의 바다(뇌간)에 본능적 감정 활동(구피질)이 담기고 거기에 다시 사고 및 언어능력(신피질)이 돋아난다고 보는 것이 타당할 것이다. 그림으로 표현하면 다음과 같다.

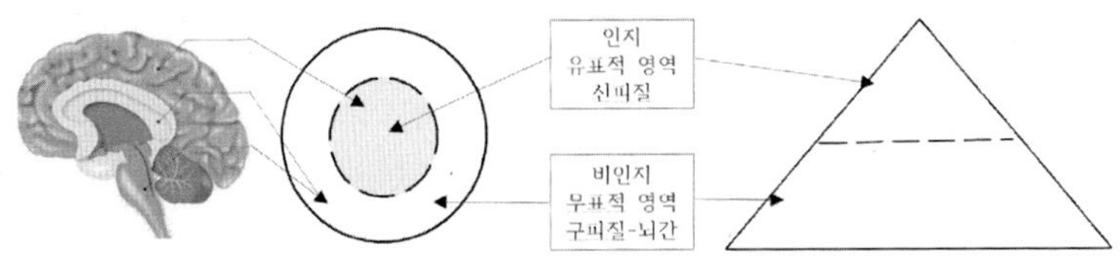

인지주의적 해석을 가능하게 하는 감정의 명제적 태도는 인간의 심적 현상에서 도드라지는 유표적 형상(figure)인 데 반해 신체적 변화라든가, 말로 표현 못 할 느낌은 그 명제성을 떠받치는 배경(background), 즉 무표적 영역에 속한다. 예를 들어, 부패하거나 악취가 나는 음식들을 보고 혐오감을 일으키는 까닭은 그런 현상이 나타나는 음식을 섭취했을 때 우리 건강에 위해를 가할 수 있다는 진화론적 경험의 축적과 관련 있다.[22] 즉, 외부세계나 대상과 조우할 때, 우리의 생명을 건강하게 보존할 수 있도록 지시잠재성(the reference potential)인 본능적 정서반응은 활성화되어 경고음을 발하는 것이다. 이때, 대뇌피질에서는 혐오를 불러일으키는 신체적 반응을 '위험'이라고 유표화(marked)해 분류한다. 이런 대뇌피질의 유표화 분류작업은 무표적 배경으로부터 돋을새김되는 '형상(figure)'[23]

22) 사실 밝은 노랑과 진초록, 회청색 같은 색 그 자체는 아무런 호감이나 혐오를 일으킬 만한 기제를 가지고 있지 않음에도 우리는 음식물의 색이 빚어내는 상태만 보고도 식욕을 느끼거나 진저리치게 된다. 물론 최초로 경험했을 때는 그런 혐오감이 없었을 것이다. 그래서 그 음식물을 섭취하게 되었고 복통이나 구토, 심지어 사망에 이르는 생리적 통증을 경험하는 과정을 통해 일종의 방어기제로 그와 같은 혐오감이 생겼으리라고 추정할 수 있다. 이 과정에서 고통도 불사하는 인간의 호기심과 味感에 대한 욕구가 아마도 발효식품을 발명하게 되지는 않았을까? 화학작용이라는 측면에서 발효와 부패의 차이는 없다. 따라서 몸에 이로우면 발효식품이 되는 것이다. 이런 까닭에 특정문화권의 독특한 발효음식이 그 문화권에서는 식욕을 자극하는 중독성 강한 珍味가 되지만 다른 문화권에서는 부패한 혐오식품 취급을 받게 된다.

23) 이것이 결국 앤서니 케니가 중세스콜라철학의 용어를 빌려 개념화한 '형식적 대상(formal object)'이거나 라자루스가 '핵심 관련 주제(core relational theme)'라고 명명한 것과 같다고 생각한다. 양선이, 위의 글, 63, 65쪽에서 재인용. 이 과정을 이른바 도덕경에서 말하는 無와 有의 다이내믹스, 또는 무의식에서 의식으로 떠오르는 여정이라고도 해석할 수 있다.

을 인지해내고 다른 것과 비교해 평가하거나 판단하는 일련의 과정들이다. 이런 관점은 이른바 비인지적 영역(뇌간－구피질)으로부터 인지적 영역(신피질)을 가로지르는 인간 감정의 진화사를 공시적으로 설명하는 방식이다.

이처럼 진화생물학적 관점에서 이해한 인간의 감정은 뇌 전체의 유기적 작용과 밀접한 연관을 가지며 '인지주의적이거나 비인지주의적인 방식만으로 설명하기는 어려울 수밖에 없다. 예를 들어, '아픔'이란 통각에 가해지는 격심한 자극으로 인해 겪는 신체적 변화다. 그런 육체적 고통으로 인한 감정 체험을 축적하면서 고등동물들의 신피질은 통각을 자극하지 않는 심리적 아픔, 예를 들어 혈육을 잃었을 때 느끼는 상실감과 같은 감정도 '고통'으로 체화해 신체적 변화를 일으킨다. 말하자면, 뇌는 아픔을 느끼는 통각점이 없는데도 우리는 고생만하시다 돌아가신 어머니를 떠올리는 것만으로도 눈물을 흘린다. 즉, 우리 몸은 기억과 상상만으로도 슬픈 감정 상태에 빠지며 심할 경우 육체적 통증을 수반하기도 한다. 상실감, 슬픔, 우울함과 같은 몇몇 특정한 감정들은 호랑이에 대한 공포와는 달리[24] 육체적 통증과 같은 직접적인 감각경험이 없이도 가능하다는 데 동의한다면, 이런 감정들은 믿음, 평가, 판단으로부터 기원했다고 추정해볼 수 있다.

그러므로 감정이 믿음, 판단에 의해 구성되거나 동일시된다는 인

24) 호랑이와 마주친 순간 느끼게 되는 공포도 신체에 곧바로 가해지는 물리적 고통 없이 가능하지 않은가라는 반문이 가능하다. 하지만, 이 공포는 생명의 위협이라는 인간의 뇌에 장착된 기제와 연동된 감정이다. 이 기제는 여러 경로의 간접경험 등을 통해 세팅된다. 하지만 하룻강아지 범 무서운 줄 모르는 것처럼, 그 어떤 경험도 축적되지 않은 상태라면 호랑이를 만나더라도 공포가 활성화되지 않을 수 있다.

지주의자들의 주장도 매우 설득력 있는 반면, 감정 자체는 신체의 변화를 나타내는 특정한 상태일 뿐이며 믿음이나 판단은 그런 상태를 '표상'할 뿐이라는 비인지주의자들의 주장 역시 옳다. 두 진영이 공히 동의하는 바는 그것이 시각이나 청각과 같은 직접적인 감각경험의 형태이든, 기억이나 상상의 형태이든 어떤 감응을 통해 감정이 발생하며 그 동역학은 비인지적 영역에서 인지적 영역으로, 혹은 그 역으로도 '관계'를 맺는다는 점이다. 인지주의자들이라고 해서 감정의 신체성을 부인하는 것도 아니고 비인지주의자들도 믿음이나 판단과 같은 명제성 자체를 부인하기 힘든 까닭은 바로 감정이 생물학적 진화 과정에서 형성된 인간의 總體相이라는 데에 있다. 예를 들어, 인지주의자로 분류되는 솔로몬은 감정이 지닌 신체성을 최대한 끌어안아 거기에 '판단'을 구겨 넣음으로써(the judgments of th body)[25] 심신의 경계를 최대한 지워내고자 한다. '믿음'이라는 심적 현상을 감정과 동일시(identified)하거나 그런 것들로 '구성된다(constituted)'는 언어적 표현이 그 증거다. 체현된 평가이론을 설명하며 신체적 느낌과 인지의 결합을 위해 프린츠가 사용하는 '표상(representation)' 역시 마음과 몸 사이의 존재론적 간극을 메우기 위한 장치다.[26] 달리 말해, 감정 판단이 명제적일 필요가 없다는 데까지 달려간 인지주의자들과 신체적 변화란 곧 평가에 다름 아닌 의미론적인 것이라고 외치는 비인지주의자들을 구분하기란 쉽지 않다.

감정을 설명하기 위해 설정된 인지주의와 비인지주의적 입장은 애초에 감정의 특정 국면에 각각 주목하였다. 인지－비인지주의 구

25) Solomon, Ibid., 87.

26) Prinz, J. *Gut Reactions: A Perceptual Theory of Emotion*, 52-78.

도 속에서 이해된 감정의 그와 같은 특질은 암묵적으로 인간을 이원론적인 틀로 이해하도록 이끈다. 그런데 각 진영은 감정을 포착하기 위한 스스로의 이론적 단점을 극복하고 양 진영 간의 접점들을 정교하게 재구축하는 과정에서 필연적으로 이원론적인 구도를 재고하지 않을 수 없게 된다. 달리 말해 감정의 전체적인 그림을 그리려는 노력이 인지-비인지 구도 자체에 대한 조율을 요구하면서 양 진영 간의 경계마저 모호한 정황을 낳았다. 경계의 이런 모호함은 '인지성 대 신체성'이라는 이원론적 구도에서 벗어나 인간을 총체적으로 보도록 이끈다.

기본적으로 인지주의자들과 비인지주의자들은 모두 감정 주체로서의 인간을 자연과학적 관점에서 바라보고 있다. 인간의 심적 현상에서 비인지적 영역은 무표적인 것으로, 인지적 영역은 유표적인 것으로 규정하는 것이 우리의 직관에 부합하는 까닭도 자연주의적 관점에서 인간을 바라보았기 때문에 가능한 구도다. 그렇다면 인지주의자와 비인지주의자들을 구분하는 선은 그들이 감정의 어떤 면에 더 주목하고 있느냐로 볼 수 있다. 자연주의적 인간 이해를 바탕으로 인지주의자들은 감정의 기능적 국면에, 비인지주의자들은 감정의 본질적인 면에 주목하고 있다고 말할 수 있다. 그런데 이들이 각각 강조하는 측면들은 '인지-비인지주의' 구도의 초기 입론처럼 화해하기 힘든 이원론적인 두 평행선이 아니라 상관론적 관계성을 보인다. 이때 인지-비인지주의 구도는 감정 이해에서 포기하기 힘든 어떤 입장이라기보다 어디에 더욱 강조점을 두고 있는가라는 맥락적인 적절성을 의미하게 된다. 이와 같은 맥락적 적절성은 인간의 감정을 총체적 관점에서 바라보고 상관론적 관계로 해석하는 방식이라고 말할 수 있다.

감정에 관한 주희의 논의를 유표성이론을 통한 상관론적 관계에 유의하면서 살펴보자. 그의 논의에서 감정을 자리매김하는 지배적인 디폴트값이 오늘날 감정 연구자들의 관점과는 확연하게 다름을 확인해봄으로써 이성과 감정을 대립시킨다거나 인지주의 입장처럼 감정을 넓은 의미의 이성에 포섭시키려는 논의들을 비판적으로 검토할 수 있으리라고 본다.

3. 주자철학의 감정론과 유표성

1) 氣와 情 그리고 感應: 느끼는 존재로서의 인간

인지－비인지주의 양 진영에서 함께 인정하는 하나의 전제는 감정을 뭔가를 '알아차리는 것'[27]으로 본다는 점일 것이다. 솔로몬이나 드 수자 같은 인지주의자들 역시 인지적 특징을 명제적 태도에 국한시키지 않고 알아차림 일반으로 확장해 지각론의 틀 안에서 감정을 설명한다. 이처럼 감정을 넓은 의미에서 지각의 일종이라고 정의할 때, 우리는 '느끼는'[28] 주체인 인간을 이야기하지 않을 수 없다.

인간은 살아 있기 때문에 '느낄 수 있다.' 그 생명성을 주자철학은 氣로 설명한다.[29] 생명현상으로서 氣에 주목하고 있지만 그렇

27) '알아차린다'는 표현은 知覺(perception)을 풀어 쓴 말이다.

28) 『예기』「악기」나 주역에서 情은 대상을 느낄(感) 때 생기는 것으로 말하고 있다.

다고 『주자어류』를 포함한 주희의 문집 전반에 걸쳐 생리학적·해부학적 관점에서 인간의 기능이나 작용들을 언급한 내용을 찾아보기는 힘들다. 인간을 구성하는 氣는 그 다양성이 빚어내는 차이로 인해 '다른' 인간들을 가능하게 한다. 도덕적 특성, 지적 능력의 차이 등이 모두 기의 속성, 그 속성들의 다른 조합들로 인해 생긴다. 주희는 그와 같은 기의 차이로 인해 감정을 표출하는 정도도 사람들마다 다를 수밖에 없다고 본다.30) 이처럼 기적 존재인 인간이 세계와 교감하면서 情은 일어난다. 이런 사유방식은 주희 고유의 생각이 아니라 漢代 이후 氣에 기반을 둔 우주론이 정립된 이래, 중국 지식인들의 일반적인 세계 이해방식임은 널리 알려진 사실이다. 예컨대, "사람이 태어나 平靜한 상태가 천성이다. 사물과 교감하며 움직이는 것이 성의 욕동"이라고 「樂記」는 천명하고 있다.31) 주희와 동시대인들의 의학서에 따르면 희로애락과 같은 감정들은 특정한 臟腑에 영향을 미치며 감정으로 인해 생긴 병리현상들을 오행관에 의한 감정치료로 치유할 수 있다고 보았다.32)

주희의 논의에서 인간에게 일어나는 이런 현상을 통칭하는 말은 그의 심성론을 구성하는 핵심적 개념 가운데 하나인 情33)이다. 물

29) 『語類』 92:53 音律只有氣. 人亦只是氣, 故相關.

30) 『語類』 4:73 人性雖同, 稟氣不能無偏重. 有得木氣重者, 則惻隱之心常多, 而羞惡·辭遜·是非之心爲其所塞而不發; 有得金氣重者, 則羞惡之心常多, 而惻隱·辭遜·是非之心爲其所塞而不發.

31) 『禮記』 「樂記」, "…人生而靜, 天之性也. 感於物而動, 性之欲也…."

32) 가노우 요시미츠, 『몸으로 본 중국사상』, 286-295쪽.

33) 동아시아의 문헌에서 사용되는 홑글자 情을 우리는 문맥에 따라 조심스럽게 읽을 필요가 있다. 왜냐면 김명석의 언급처럼, 감정에 관한 논의를 위해 '情'이라는 글자에 주목하지만 그 문맥을 고려해보면 오늘날 우리가 지칭하는 '감정(emotion)'이라는 의미와 정확하게 일치한다고 보기 어려울 때가 드물지 않기 때문이다. 그럼에도 그 글자가 희로애락이나 호오 등 구체적인 감정을 가리키고 현대 중국어나 한국어에서 감정과 관련한 단어–감정(感情), 정감(情

론, 주희는 너무도 분명하게 희로애락이 情이라고 언급하고 있지만[34] '감정'에 관해 이야기하고 있지 않다. 아니 정확하게 말하자면 그는 감정을 오늘날 우리들이 논의하는 방식으로 이야기하고 있지 않다. 왜냐하면 그가 보기에 정은 희로애락만을 가리키지 않기 때문이다. 그의 심성론에서 발견되는, 情이 갖는 가장 뚜렷한 특징은 '발현되다', '드러나다', '움직이다'라고 하는 발현, 혹은 어떤 활성화에 관한 술어들이다.[35] 고대 중국의 문헌에서 확인할 수 있는 것처럼, 이 발현은 일차적으로 내가 세계를 느끼는 과정에서 생기는, 모든 것을 포괄하는 현상이다.[36] 이에 대하여 주희는 "그 느낌의 주체는 마음이요, 그 마음의 움직임이 정"이라고 분명하게 말하고 있다.[37] 즉, 발현되는 모든 움직임, 미세한 떨림이나 기미까지도 포함하는 情은 부끄러움, 분노, 두려움, 슬픔, 나아가 四端까지 포함하는 다양한 스펙트럼의 감정들을 아우를 뿐만 아니라 모든 심적 작용의 발현, 즉 느낌(feeling), 지각(perception), 감수성(sensibility) 등에 이르는 심적 능력 일반이라고 말할 수 있다. 주자철학의 용어를 빌려 요약하자면, 정은 '마음이라는 맑고도 빼어난 기'[38]의 활동으로 발현되는 모든 것이며,[39] 기의 形・質과 感受되

感), 정서(情緖)－들에 여전히 들어 있다는 점에서 고찰해야만 하는 중요한 개념임에 틀림없다. 고대 중국문헌에서 사용된 情 개념에 관해서는 김명석, 「『논어』의 정(情) 개념을 어떻게 이해할 것인가?」, 2-3절 참조.

34) 『주희집』 55권. 「答潘謙之」, 喜怒哀樂, 皆情也.

35) 『語類』 5:58 發者, 情也.

36) 『禮記』, 「樂記」, …其本在人心之感於物也. 是故其哀心感者,… 『易』 「咸」 彖曰, …天地感而萬物化生, 聖人感人心而天下和平, 觀其所感, 而天地萬物之情可見矣! 『역』의 「咸」에서 말하는 끝부분의 情은 감정이 아닌, 드러난 實情이다.

37) 『주희집』 32권. 「問張敬夫」, 熹謂感於物者心也. 其動者情也.

38) 『語類』 5:28 心者, 氣之精爽.

39) 『語類』 5:68 …心所發爲情.

는 대상의 다양성에 따라 희로애락이라는 '감정'이 되기도 하고, 지적 작용이 되기도 하며, 느낌이 되기도 한다.

이 모든 활동은 중국의 전통적 사유 속에서 '感應'에 따른 결과다. 기로 이루어진 인간의 몸이 세계와 교감하여 울리는 것들이 情인 것이다. 주희는 인간의 몸을 텅 빈 통[腔子]처럼 묘사하면서 그 안을 가득 채우고 있는 惻隱之心은 외부의 사물이나 현상과 감응하면서 그 감응의 정도에 따라 발출된다고 설명하고 있다.[40] 상관론적이며 끊임없이 갈마드는 순환론적 양상을 띠는 감응의 존재론적 양식[41]은 외부의 현상들이 인간에게 영향을 줌은 물론이려니와 인간의 태도와 행위가 자연현상들에게도 영향을 준다는 생각을 가능하게 했다. 이는 감정 이해와 관련하여 중요한 시사점을 제공한다. 그것은 바로 앞서 언급했던 심적 현상의 '적응방향(direction of fit)'과 관련해서 감정이 단지 믿음이나 판단만이 아니라 욕망이나 바람의 형태로도 작동할 수 있음을 보여줄 수 있기 때문이다. 물론 주희의 감응론 자체가 인지－비인지주의 구도를 염두에 두지는 않았지만 우리는 감응 개념에서 감정의 동역학이 어느 한 방향으로만 흐를 수는 없다는 직관적 통찰을 얻을 수 있다고 믿는다. 따라서 이런 사유의 실마리는 감정을 단순히 인지주의적이라거나 비인지주의적 틀로 해석하기 어렵다는 오늘날 연구자들의 논의와도 일정하게 그 궤를 같이한다. 논자가 말하고자 하는 바는 '느끼는 인

40) 『語類』 53:27 問: "'滿腔子是惻隱之心.' 只是此心常存, 纔有一分私意, 便闕了他一分." 曰: "只是滿這箇軀殼, 都是惻隱之心. 纔築著, 便是這箇物事出來, 大感則大應, 小感則小應. 恰似大段痛傷固是痛, 只如針子略挑些血出, 也便痛. 故日用所當應接, 更無些子間隔. 癢痾疾痛, 莫不相關. 纔是有些子不通, 便是被些私意隔了."

41) 感應에 관한 주희의 자연철학적 관점은 김영식, 『주희의 자연철학』, 7장 참조.

간'으로서 세계와 감응하는 과정에서 발생하는 감정의 역동성은 맥락적인 접근을 요하며 이로 인해 그 무게중심, 혹은 해석의 기준점에 따르는 상관론적 이해가 요청된다는 점이다.

2) 性發爲情: 性情의 상관론적 이해와 유표성

이와 같은 情은 주자철학에서 항상 性과의 상관 속에서 그 위상을 부여받고 존재를 드러낸다. 그런데 주희는 性을 여러 층위에서 설명하고 있다. 그는 "性은 생명의 바탕"이라는 동중서의 규정도 긍정[42]하거나 性이란 도가 드러난 모습(形體)이라는 소강절의 정의[43]도 훌륭하다고 평하고 한편으로 性을 마음의 이치라거나 天理라고 주장하는 등 性을 존재론, 심성론적 차원, 혹은 생명과 관련한 맥락, 형이상학적 논의 등 여러 각도에서 나름의 의미로 규정하고 있다. 따라서 情도 그 규정에 따라 다른 의미를 부여받게 된다.[44] 예컨대, 천지 변화의 내재적 질서[道]를 性이라고 이름할 때, 情은 그 질서가 가늠하기 힘들 정도로 오묘하게 전개되는 양상[神]을 뜻한다.[45]

---

42) 『語類』 59:8 或問: "董仲舒: '性者生之質也.'" 曰: "其言亦然."

43) 『語類』 4:39 邵堯夫說: '性者, 道之形體; 心者, 性之郛郭.' 此說甚好. 蓋道無形體, 只性便是道之形體.

44) 인지-비인지주의라는 감정 이해의 프리즘으로 性情에 관한 주희의 논의에 접근할 때 우리는 그것이 필함하고 있는 가치론, 특히 도덕적 선함의 문맥에 주의해야 한다. 이런 성리학의 도덕형이상학적 문맥에 충실할 경우 情 자체의 존재론적 위상이나 역할을 오롯이 드러내기 어렵기 때문이다. 달리 말하면 情은 성리학의 담론에서 性과의 도덕론적 상관성 속에서만 그 위상이 규정되므로 이 글에서 주목하고자 하는 정의 존재론적 속성을 논의하기에는 장황한 부연 설명을 붙여야만 하는 부담이 따르게 마련이다. 따라서 이와 같은 성리학의 특수한 문맥을 우선은 잠시 옆으로 치워두고자 한다.

45) 『語類』 5:92, 易, 心也; 道, 性也; 神, 情也.

한편으로 '마음'을 곡식 자체에, 性을 밤이나 콩이 되는 종적 경향성으로 비유한 제자와의 문답[46]을 참고하면 여기서 性은 인간을 포함한 구체적인 개체들이 타고나는, 그 종이 '<u>되게끔 하는</u>' 성향을 의미한다. 이런 의미를 일반화하면 성은 그것이 식물이든, 동물이든, 광물이든, 특정한 종의 '<u>종 됨을 가능하게 하는</u>' 종적 방향성이다.[47] 이처럼 '되게끔 한다'거나 '종 됨을 가능하게 하는' 경향성이 바로 '소이연(所以然)－소당연(所當然)'으로서 성이 가지는 원리적인 면[性卽理]을 의미한다. 나아가 性은 단순히 '인간'이라는 종의 생리 및 기질적 경향성을 띠는 원리에만 국한되지 않으며 도덕적 선택과 가치에 관한 물음을 가능하게 하는 '가치지향성[本然之性]'까지 아우르고 있다. 한 걸음 더 나아가 주희는 우주론과 형이상학적 차원에서도 성을 규정하고 있다. 즉, 주희가 성을 태극이라고 지칭할 때 이는 우주의 보편적 질서라는 의미로 사용하고 있는 것이다.[48] 또한 性은 性 그 자체일 때는 그런 경향성을 온전하게 구현한다고 말할 수 없다. 달리 말해, 어떤 계기를 통해서 情으로 발현될 수 있어야 한다.

이런 맥락에서 性은 陰과 陽, 體와 用의 관계처럼 정과 필연적

46) 『語類』 5:64, 叔器問: "先生見敎, 謂'動處是心, 動底是性. '竊推此二句只在'底'·'處'兩字上. 如穀種然, 生處便是穀, 生底卻是那裏面些子." 曰: "若以穀譬之, 穀便是心, 那爲粟, 爲菽, 爲禾, 爲稻底, 便是性. 康節所謂"心者, 性之郛郭"是也. 包裹底是心, 發出不同底是性. 心是箇沒思量底, 只會生. 又如喫藥, 喫得會治病是藥力, 或涼, 或寒, 或熱, 便是藥性. 至於喫了有寒證, 有熱證, 便是情."

47) 이승환, 「성리학의 수양론에 나타난 심－신관계 연구」, 469쪽. 이승환은 성의 이런 특징을 심의 활동성과의 관계 속에서 '지향성'이라고 명명하지만 이것은 인지주의자들이 감정의 특징으로 '지향성'이라고 부를 때와는 다르다. 오히려 性은 '지향적'이라기보다 '목적론적'인 것이다.

48) 天이 主宰, 性情 등 각각의 위상에서 다른 함의를 지칭하는 것처럼 [『語類』 1:18, 1:20] 성 역시 주희의 논의에서 기질적 차원, 가치론적 차원, 우주론적 차원 등 다의적 의미를 가진다. 본고에서는 성을 감정을 중심으로 한 인간론에 국한시킨다.

으로 짝을 이루는 상관성을 형성하고 그 동역학 속에서 성리학적 인간은 정의된다. 더구나 중화설 확립을 통해 드러난 주희의 已發·未發에 관한 입장을 고려한다면 性情의 상관론적 성격은 더욱 분명하게 드러난다. 상관론에 관한 전형적인 사례는 "있음과 없음이 서로에 기대어 생기며, 어려움과 쉬움이 서로에 기대어 이루어지고, 길고 짧음도 서로 견주어야 한다"는 『도덕경』 3장에 잘 나타난다. 이때 짝패를 이루는 개념어들은, 예컨대, '짧음'이라는 속성을 어떤 독립적 실체로서 가지고 있지 않으며 대상과의 관계 속에서 형성된다. 性과 情 역시 마찬가지다. "하늘이 명한 것을 性이라고 이른다"는 『중용』의 첫 문장을 믿어 의심치 않았을 뿐만 아니라 더욱 더 정교하게 개념화했던 주희는 情을 性과 동일한 무엇이지만 어떤 계기로 인해 다르게 나타나는, 발현된 인간의 어떤 양태로 보았다.

> A: "情과 意를 어떻게 체인할 수 있습니까?" 답하길: "性과 情은 하나다. 性은 움직임이 없지만 情은 움직이는 곳이다. 意는 주향이 있다. 예를 들어, 좋아하고 싫어하는 것은 情이지만 아름다운 빛을 좋아하고 악취를 싫어하는 것은 意다."[49]
> B: 좋아함과 싫어함에 대한 질문이 있었다. 답하길: "좋아하고 싫어하는 것은 情이고 선을 좋아하고 악을 싫어하는 것은 性이다. 성에서는 선을 좋아해야 하고 악을 싫어해야 한다. 그저 데면데면하게 좋아하거나 싫어하는 것은 곧 사적인 태도다."[50]

여기서 주희가 설명하는 情은 기본적으로 지향적 사태를 함의한

---

49) 『語類』 5:86 問: "情·意, 如何體認?" 曰: "性·情則一. 性是不動, 情是動處, 意則有主向. 如好惡是情, '好好色, 惡惡臭', 便是意."

50) 『語類』 13:58 有問好惡. 曰: "好惡是情, 好善惡惡是性. 性中當好善, 當惡惡. 泛然好惡, 乃是私也."

다. 정은 기본적으로 性이 대상과 반응함으로써 생기는 최초의 발화태다. 또한 정은 대상과 부딪힐 때 일어나는 느낌이라고도 말할 수 있는데, 이때 好와 惡는 감지될 수 있는 최초의 수준에서 일어나는 그 느낌의 분화 국면이다. 이런 情은 A에서 性과 일체이며 대상[物]에 감응하는 바에 따라 드러나는, 이른바 파도와 같은 것으로 묘사된다. 이처럼 A에서 情의 發動 여부에 주목한다면, 인간에게 주어진 최초의 조건이자 지배적인 디폴트값은 性이다. 따라서 무표적 범주에 속하며 이에 반해 자극에 반응하는 情은 유표적 범주에 속한다고 볼 수 있다. 즉, 情은 인간 삶의 도드라진 어떤 특정 국면에 해당된다는 말이다.

그런데 어떤 것이 인지주의, 혹은 비인지주의에 "가까운가"라는 잣대로 B의 대화를 읽어보면 그렇게 단정해버릴 수만은 없다는 생각이 든다. B에서 性은 윤리적 가치를 뚜렷하게 지향하고 있는 어떤 것임을 알 수 있기 때문이다. 그저 끌리거나(好) 피하고 싶은(惡) 느낌의 차원이 아닌, 명제적 판단이 전제되어야 가능한 선악이라는 가치를 추구하는 경향성으로 묘사되고 있다. 나아가 주희에게 그것은 일종의 당위적인 경향성으로서 사심이 없는 도덕적 태도와 동일하다. 인지－비인지의 스펙트럼을 기준으로 B의 대화에 무표성 이론을 적용시킨다면 이때는 감각적 체험을 기반으로 하는 情이 우리에게 주어진 기본적인 생리적 조건이자 지배적인 디폴트값에 해당하는 무표적 범주인 반면, 性은 유표적 범주에 해당한다고 볼 수 있다.

문제는 '인간'에 대한 기준을 어떻게 설정하느냐에 따라 이 범주의 설정이 달라진다는 점이다. 성리학의 인간관은 하늘이 부여한 강건하고도 부드러운 五常의 德, 즉 도덕적 가치에 대한 판단과 윤리규범을 구현하고자 하는 가치론적 지향성을 인간에게 주어진 기본 설정값[性][51]이라고 본다. 다른 각도에서 보면, 인간의 삶을 구성하는 모든 것에서 완벽한 질서[理]-그것이 가치－규범적 차원이든, 형이상학적 차원이든, 아니면 그 모든 것을 망라한 것이든－가 기본값이라는 말이다. 이처럼 성리학의 가치－지향적 질서를 무표적 범주로, 감응에 따라 발하는 情, 또는 느낌을 포함한 감정 현상 일반을 유표적 사태로 설정할 경우 앞서 그림을 통해 이해했던 인지－비인지주의의 유표성－무표성 범주 구도와는 정반대의 그림이 그려진다. 이렇게 정반대의 그림이 가능한 까닭은 이른바 감정을 포함한 인간의 정신현상 일반을 자연주의적 방식으로 이해할 때와 '인간됨'의 기준 자체를 특정한 문화 및 가치 맥락 속에서 설정할 때가 달라지기 때문이다.

중국철학사 안에서 性은 인간이 태어나면서 갖는, 기질적－생물학적 조건들을 포함한, 어떤 최초의 조건들이라는 그 개념의 원형적 이해를 감안한다면 무표적 범주에 넣어도 그리 이상할 것은 없다. 또한 우리가 주희 당대의 인간 이해를 존중한다면 그리고 주희의 철학적 관점으로부터 감정에 대한 이해에 도움을 얻고자 한다면, 비록 그것이 오늘날 우리가 알고 있는, 감정과 관련한 뇌의 생물학적, 혹은 기능적 진화에 대한 과학적 이해와 상충하더라도 성리학의 체계 내에서만은 적어도 性이 무표적 범주, 情이 유표적 범주가 되어야 한다.

51) 朱熹, 『中庸章句』註. "以爲健順五常之德, 所謂性也."

그런데 앞서 인지–비인지주의 구도를 무표성 논의로 배치할 때와는 달리 성을 무표성 범주로 볼 경우, 性에 배태된 가치 지향성이 문제가 된다. 왜냐면 가치에 대한 지향은 대개 가치에 대한 (명제적) 판단이라는 심적 작용을 거치며 이를 인지주의적 경향으로 독해하는 것이 오늘날 우리에게 훨씬 자연스럽기 때문이다. 이때 인지주의적 속성들은 비인지주의적 속성과 관계 속에서 유표적 범주에 속한다. 그 까닭은 앞서 살펴본 것처럼 그 구도가 자연주의적 인간 이해를 기반으로 하고 있기 때문이다. 즉, 자극–느낌을 포함해 감정–정서로 이어지는 감각적 경험의 스펙트럼에서 추론 및 판단 등을 포함한 앎의 능력 차원에서의 '인지(cognition)'는 당연히 감각적 자극을 통한 '알아차림(perception)'보다 더욱 짙고 밀도가 높아 '두드러져 보일 수밖에 없는' 인간의 정신현상인 것이다.

그러나 주희에게 인간 이해의 기준은 적어도 동물과는 다른 의미에서 설정되어야 하며 이때 性은 인간의 두뇌가 진화론적 관점에서 더욱 정교해지면서 인지적 능력들을 발전시키고 나아가 도덕적 판단과 선택이 가능해지면서 형성된 그 무엇과는 다른 차원에서 논의되어야 한다. 그렇다고 주희는 이런 점 자체를 부정하지 않는다. 단지 그와 같은 맥락을 기준으로 삼는다면 인간은 동물과 다를 바 없다고 볼 뿐이다.[52] 따라서 그가 상정하는 성리학적 '인간'은 가치 지향적 경향성 자체를 단지 '인지적' 차원에서가 아니라 인간됨의 조건으로 날 때부터 갖는 기본 설정값, 즉 더욱 본질적이고 지배적인 근원으로 상정하고 있을 뿐이다. 이런 맥락에서 情은

52) 『語類』 4:17 以氣言之, 則知覺運動人物若不異; 以理言之, 則仁義禮智之稟, 非物之所能全也.

性과의 관계 속에서 발현되는 모든 심적 현상 일반으로서 유표적 범주에 속하게 된다.[53)]

3) 感情들 사이에서의 상관성과 유표성

이 글에서 다루는 인지-비인지주의 구도는 情 안에서 포착되는 감정들끼리의 위상을 어떻게 설정할 것인가라는 문제이지 앞서 살펴본 性情論처럼 인간에 대한 총체적 이해 속에서 감정을 어떻게 자리매김할 것인가라는 문제와는 결이 다름을 상기할 필요가 있다. 그렇다면 주희는 情 안에서 인지 및 사고작용, 감정, 느낌 등을 분별해내는 기준을 어떻게 설정하고 있었을까?

> "가장 지혜가 탁월한 사람의 예를 말씀하셨는데, 뭐하러 다시 '사람의 마음'이 있다고 하십니까?"
> "아프면 지긋이 누르고 가려우면 긁는 짓이 사람의 마음이 아니고 무엇이겠는가? 사람에게는 '인심(人心)'과 '도심(道心)'이 있는데, 하나는 血氣에서 생기고 하나는 義理에서 생긴다. 배고픔, 추위, 통증, 가려움은 인심이고, 측은함, 부끄러움, 시비, 사양하는 마음은 도심이다. 비록 가장 지혜가 탁월한 사람이라도 역시 같다. 하나(인심)는 위태로워 안정되기 어렵고, 하나(도심)는 미묘해 드러내기 어렵다……."[54)]

주희는 통증, 가려움과 같은 느낌과 측은함, 부끄러움과 같이 사

53) 정약용의 경우는 주희와 반대로 性을 유표성, 情을 무표성 범주에 포함시키고 있다고 말할 수 있다.

54) 『語類』 62:40 問: "既云上智, 何以更有人心?" 曰: "掐著痛, 抓著癢, 此非人心而何? 人自有人心・道心, 一箇生於血氣, 一箇生於義理. 饑寒痛癢, 此人心也; 惻隱・羞惡・是非・辭遜, 此道心也. 雖上智亦同. 一則危殆而難安, 一則微妙而難見."

회화된 감정을 생리적 작용과 '가치판단'이라는 기준으로 각각 구분한다. 그런데 이것을 마치 정 안에 생리적인 느낌은 비인지주의적인 요소에, 사회화된 감정은 인지주의적인 요소에 귀속시켰다고 보기는 곤란하다는 생각이 든다. 왜냐하면 느낌이라는 생리적 변화는 그 감각적 욕구로 인해 쉽게 알아차릴 수는 있지만 측은함과 같은 감정은 義理와 같은 '가치판단'에 의해 생기기는 하지만 여전히 알아차리기 어려운 미묘한 감응이기 때문이다. 따라서 감각적 욕구로 인한 생리적 변화에는 즉각 반응하고 빠져들기 쉽지만 측은함은 드러나기 어렵다.[55] 일차적으로 감정의 발출과 관련한 氣質之性이 性 안에서 발출한다는, 그래서 그것이 喜怒哀樂이라는 情이 된다는 공간적 유비에 기댄 사고 틀은[56] 성을 기본 설정 값인 무표적인 범주로, 정을 유표적인 범주로 상정하는 전형적인 사고방식이다.

人心과 道心도 모두 마음[心]이라는 면에서 둘은 마치 性과 情처럼 동일하며 性情이 보여주는 맥락적 상관성과 정확하게 일치한다.[57] 비록 측은한 마음으로서의 道心이 '올바른 행위를 선택할 줄 아는 마음'으로 규정[58]됨으로써 인지주의적인 특질을 띤다고 하더라도 성리학자들의 눈에는 이 '측은함'이 '인간됨'을 규정하는, 우리에게 본래 주어진 지배적이며 기본적인 설정 값이다. 따라서 인

55) 『語類』 78:189 或問 "人心・道心"之別. 曰: "只是這一箇心, 知覺從耳目之欲上去, 便是人心; 知覺從義理上去, 便是道心. 人心則危而易陷, 道心則微而難著. 微, 亦微妙之義."

56) 『語類』 4:39 又曰: "喜怒哀樂未發之時, 只是渾然, 所謂氣質之性亦皆在其中. 至於喜怒哀樂, 卻只是情."
4:45 性只是理. 氣質之性, 亦只是這裏出. 若不從這裏出, 有甚歸著. 如云 "人心惟危, 道心惟微", 道心固是心, 人心亦心也. 橫渠言: "心統性情."

57) 『語類』 4:39 謂如'人心惟危, 道心惟微', 都是心, 不成只道心是心, 人心不是心!

58) 『語類』 12:157 問: "心存時也有邪處." 曰: "如何?" 泳曰: "有人心・道心. '如佛氏所謂'作用是性', 也常常心存." 曰: "人心是箇無揀擇底心, 道心是箇有揀擇底心. 佛氏也不可謂之邪, 只是箇無揀擇底心. 到心存時, 已無大段不是處了."

지주의적인 양태랄 수 있는 道心은 무표적 범주에 속하는 반면, 감각적 자극[耳目之欲]과 관련한 비인지주의적인 人心은 유표적 범주에 속한다.

또한 나는 주희가 道心을 형용하면서 사용하는 '隱微하다'는 표현을 곱씹어볼 필요가 있다고 생각한다. 『중용』의 '費隱' 개념을 설명하는 데서도 사용하는 이 표현에서 隱은 形而上者인 道가 보고 들을 수 있는 대상이 아님을 형용하는 말로 그 도의 본래 모습이 미묘하다는 뜻임을 부연하고 있다.[59] 字源상 '微妙'는 숨어 다녀서 드러나지 않는 모양새와 곱고 가늘어 보이지도 않는 미세함을 표현하는 형용어다.[60] 이런 용어의 사용은 측은함－또는 그 최초 느낌－을 쉽게 포착할 수 없는 어떤 심적 현상으로 규정하고 있음을 뜻한다. 측은함은 궁극적으로 그것이 선한 행위로 이어질 수 있는 싹이라는 점에서 '마땅한 도리[義理]'를 통해 지각되는 느낌이지만 그 느낌 자체는 여전히 애매할 뿐이다. 더구나 주희가 "惻은 애처로워하는 상념이 막 일어나는 것이며 隱은 애처로운 뒤에 아려오는 아픔"[61]이라고 풀이하는 것처럼, '惻隱' 그 자체는 육체적 통증과 다름없는 일종의 자극이다. 그런데 주희에 따르면 그런 아픔은 신체적 자극에서 비롯하는 것이 아니라 '마땅한 도리'로 인해 생긴다. 이런 '마땅한 도리'는 인지주의적으로 해석할 여지가 충분하지만 내가 보기에 이는 道心이 지닌 가치 지향적 경향성을

59) 『語類』 63:54 問: "或說形而下者爲費, 形而上者爲隱, 如何?" 曰: "形而下者甚廣, 其形而上者實行乎其間, 而無物不具, 無處不有, 故曰費. 費, 言其用之廣也. 就其中其形而上者有非視聽所及, 故曰隱. 隱, 言其體微妙也."

60) 왕필은 『老子注』에서 妙가 微의 극치를 뜻한다고 설명하고 있다.

61) 『語類』 53:43, "...惻, 是惻然有此念起; 隱, 是惻然之後隱痛, 比惻是深...."

우리가 사용하는 인위적인 언어로 설명하기 위한 장치다. 이런 언설은, 감정을 인지주의적 관점으로 들여다볼 때도 그러하듯, 사후의 분석일 뿐 그런 감정을 느끼는 바로 그 순간의 마음은 그런 도리가 또렷하게 드러나지 않는, 포착하기 어려운 느낌의 세계에 속할 뿐이다.

四端과 七情 역시 性情의 구도 속에서 성이 발현된 情일 뿐이다. 주희는 이 둘에 대한 체계적 분석을 가하고 있지는 않은 듯하다. 그는 칠정 가운데 슬픔이나 두려움 등은 측은함으로부터 발출되는 것처럼 보이고 두려움도 지나치게 놀라는 것[怵惕]일 수 있다고 말하지만 그렇다고 칠정이 사단에 분속될 수는 없다고 말한다. 그에게 칠정은 사단에 비껴서 발출되는 어떤 감정이다.[62] 이렇게 사단에 비껴서 발출되는 까닭은 그것이 대상과의 감응이라는 기의 활동 안에서 일어나는 감정이기 때문이다. 각각의 감정들이 가지는 대강의 경향을 거칠게 말할 수는 있지만, 즉 '알아차릴 수 있지만' 그것을 정확하게 어떤 것이라고 규정하기는 어렵다고 주희는 생각하고 있다.[63]

사단과 칠정을 나누어 그 위상을 정하는 기준은 그것이 중절한지의 여부에 달려 있다. 주희가 감정과 관련해 중절과 부중절을 논하는 언급 하나를 유표성 문제에 비추어 살펴보자.

> 마음[心]은 性을 주축으로 삼고 정을 행한다. 그러므로 "喜怒哀樂이 아직 발하지 않은 상태를 중이라고 일컫고 발하여 모두 절도에

62) 『語類』 87:85 問: "喜怒哀懼愛惡欲是七情, 論來亦自性發. 只是惡自羞惡發出, 如喜怒愛欲, 恰都自惻隱上發." 曰: "哀懼是那箇發? 看來也只是從惻隱發, 蓋懼亦是怵惕之甚者. 但七情不可分配四端, 七情自於四端橫貫過了."

63) 『語類』 87:87 劉圻父問七情分配四端. 曰: "喜怒愛惡是仁義, 哀懼主禮, 欲屬水, 則是智. 且粗恁地說, 但也難分."

맞은 상태를 화라고 이른다"고 하니 마음은 공부를 하는 곳이다.[64]

사실 이 글은 주희 고유의 주장이 아니라 『중용』 1장의 문장을 원용해 우리의 심적 현상의 지향을 설명하고 있는 문장이다. 여기서 '중절'은 性이 정으로 발현될 때 견지해야 할, 원래의 순선한 상태를 유지하고자 하는 노력으로서 일종의 균형감을 뜻한다. 즉, 인간에게 원래 주어진 기본적 설정 값으로서 선하지 않을 수 없는 天命인 성이 '절도에 맞느냐'의 여부에 따라 선이 결정된다.

'절도에 맞음' 혹은 '바름'의 여부[65]를 문제 삼을 때, 중절과 부중절의 유표성 구분은 사물과 감응해 일어나는 '발현' 자체를 어떻게 볼 것이냐에 달려 있다. 인간 생명체의 특성이 대상과의 교감을 필연적으로 전제하지 않을 수 없다고 말하면서도 주희는 기본적으로 인간 본성의 진면목이 참되고도 고요한 寂靜의 상태라는 데에 방점을 찍고 있다. 비유컨대 인간에게 주어진 최초의 상태는 고요한 바다와 같은 것이다. 바람이 불어 물결이 일렁이고 파도가 치는 것은 바다가 비록 그러지 않을 수 없다고 하더라도 바다의 본래 모습은 아닌 것이다. 그렇다면 '절도에 맞는다'는 말은 바다의 본래 모습이 가장 잘 드러날 수 있는 최적의 양태를 구현함을 뜻한다. 지금까지의 논의를 참고하자면 '절도에 맞은' 감정이 무표적 범주에, 중절하지 못한 감정들은 유표적인 사태에 속한다. 이는 앞서 언

64) 『語類』 5:75 心者, 主乎性而行乎情. 故"喜怒哀樂未發則謂之中, 發而皆中節則謂之和", 心是做工夫處.

65) 『語類』 16:132 問: "忿懥・恐懼・憂患・好樂, 皆不可有否?" 曰: "四者豈得皆無! 但要得其正耳, 如中庸所謂'喜怒哀樂發而中節'者也."
16:133 心有喜怒憂樂則不得其正, 非謂全欲無此, 此乃情之所不能無. 但發而中節, 則是; 發不中節, 則有偏而不得其正矣.

급한 人心-道心의 맥락과도 정확하게 그 궤를 같이한다. 하나의 마음이 표출되는 양상에 따라 道心이기도 하도 人心이기도 하듯, 정 역시 중절의 여부에 따라 사단이기도 칠정이기도 하다.

4) 中節과 不中節: 감정 이해의 성리학적 방식과 유표성

이때 중절된 감정이 인지주의적 범주에 가깝다거나 부중절한 감정은 비인지주의적 해석이 적절할 수 있다는 추정은 불필요할 뿐만 아니라 중절-부중절의 틀과는 무관한 상상이다. 왜냐면 인지-비인지주의 구도는 감정이 무엇이든 그것이 주는 메시지, 혹은 정보[느낌]들을 이해 가능한 언어로 포획해낼 수 있느냐의 여부를 감정 이해의 기준으로 삼고 있는 반면, 성리학 전통에서 감정을 이해하는 주된 방식은 그것이 올바른 감정이냐의 여부에 달려 있기 때문이다. 성리학자들에게 감정은 세계와 상호 교감하는 과정에서 생기는 무엇이어서 세계와 감응하는 방식이 '마음에서 세계'로 향할 뿐만 아니라 '세계에서 마음으로'도 향할 수 있다. 이렇듯 감응의 문제는 맥락 의존적이며 세계와 나의 상관론적 관계를 그 배면에 전제하고 있다. 즉, 감정의 이해는 적절성[appropriateness]의 문제이지 인지적인 믿음의 차원에 국한해 참-거짓을 논할 수 있는 문제가 아니다.[66)]

66) 감정을 평가적 판단이나 믿음과 동일시하는 판단주의 입장(솔로몬, The Passion, 1976)에 대하여 그린스펀은 모순되는 두 믿음-판단이 동시에 참일 수는 없지만 감정의 경우 상충하는 감정들이 공존할 수 있으며 이는 감정의 적절성(appropriateness)과 관련되는 문제라고 비판한다(Greenspan, P. 'A Case of Mixed Feeling: Ambivalence and the logic of Emotion' in Explaining Emotion, ed., A. O. Rorty, Berkeley: University of California Press, 1980. 참조).

물론 中節이라는 적절성 문제가 감정의 규범적 평가를 겨냥하고 있으므로 우리는 드 수자가 주장한 '가치론적 전체론(axiological holism)' 차원에서 인지주의적으로 재구성할 수도 있을 것이다. 드 수자는 인지주의적 차원에서 '가치론적 가설(Axiological Hypothesis)'은 다음과 같은 세 가지를 주장할 수 있다고 설명한다. 첫째, "적어도 어떤 감정들은 가치를 알아차림으로써 느끼게 되며 그때 그 가치의 내용은 다층적 양상의 요구에 부합하는 것들"이다. 둘째 "쟁점이 되는 그 가치란 단지 우리의 행위를 이끄는 동기-충동을 결정하는, 好惡와 같은 양가적 힘에 국한되지 않고 다차원적이며 다양한 색상을 띠는 무엇"이다. 셋째, "대부분의 감정들은 내재적으로 도덕적인 것은 아니다. 즉, 모든 가치가 도덕적 가치인 것은 아니다. 그러나 감정은 결국엔 어쩔 수 없이 모든 가치의 궁극적인 중재자여야만 한다."[67] 드 수자는 이런 주장들이 전체론적 관점에서 의의를 갖는다면서, "우리는 가치를 분절된 단위로 파악하지 않고 개인적 경험을 넘어서는 요인들이 빚는 복잡성의 견지에서만 이해할 수 있다"고 주장한다.[68] 그는 여기서 '개인적 경험을 넘어서는 요인들'로 '생물학적 사실들, 사회적 규범, 개인의 삶 속에 형성된 패러다임' 등을 설정하면서 감정적 평가의 정확성을 기하기 위해 이와 같은 요인들이 총체적으로 적절하게 조응할 수 있는 반성적 평형(reflective equilibrium)[69]에 이르기를 바란다. 그런데 양선이도 지적한 것처럼,[70] 드 수자가 사용하는 '반성적 평형' 개념은

67) De Sousa, R. *Emotional Truth*, Oxford: Oxford University Press, 2011. p.37.

68) De Sousa, R. Ibid., p.38.

69) 드 수자가 존 롤스의 개념에서 빌려왔다고 고백한 '반성적 평형' 개념에 대해서는, 위의 책, 146쪽 참조.

지나치게 모호하다. 이 개념이 모호함으로 인해 가치론적 전체론 역시 미덥지 못한 건축물처럼 보인다.

주희를 비롯한 도학자들은 도덕심리학적 태도로서의 중절 문제를 미시적으로 분석하기보다 그 중절의 정당함을 직관적으로 체득하기를 호소하고 있다. 왜냐면 그것이 思慮와 計較가 개입되지 않는, 인간 본성을 발현하는 순수한 상태임을 드러내는 길이라고 보았기 때문이다. 이른바 마음의 지향적 활동으로서 思慮는 희로애락 같은 감정과는 다르다. 하지만 氣의 활동[71]이라는 면에서 한편으로 주희가 "뭇사람들이 기뻐하고 노여워하는 것은 자신의 사적인 이익을 위해 잔머리를 굴리는 것으로 욕망이 들끓는 것"[72]이라고 말할 때, 思慮는 감정의 지향에 개입해 어떤 정서적 상태를 형성할 여지를 충분히 보여준다. 말하자면 思慮는 사적인 욕망으로 인해 감정이 어떤 순수한 상태에서 일탈하도록 돕는 교묘한 인지 작용일 뿐만 아니라 정서 활동의 하나로 이해될 수 있다. 따라서 주희는 感情과 思慮를 끊임없이 점검해야 할 대상으로 본다. 인지주의자들이 이른바 지향적 성격이나 명제적 태도로 규정하는 감정의 특질들은 매우 조심스럽게 주시해야 할 것들이며 성리학의 맥락에서 그것들은 절도에 맞는지 점검받아야 한다.

희로애락의 발출 양상에 관한 성리학의 논의는 감정의 인식론적 본질이나 감정 자체의 존재론적 특질을 구명하는 것과는 사실 거

---

70) 양선이, 앞의 글, 64쪽.

71) 『語類』 3:34 人之能思慮計畫者, 魂之爲也; 能記憶辯別者, 魄之爲也. 4:41 凡人之能言語動作, 思慮營爲, 皆氣也, 而理存焉.

72) 『朱子全書』 23권 「晦庵先生朱文公文集」 권67, 「定性說」(3,277쪽) 참조. "衆人之喜怒自私而用知, 人欲之盛也."

리가 있다. 喜怒哀樂의 미발상태가 지향하는 경지에 관한 견해를 수긍하며 주희가 나눈 다음과 같은 대화는 감정을 감정 자체의 문제가 아니라 우리의 삶 전반을 온전하게 장악할 수 있는 계기로써의 어떤 심적 사태에 초점을 맞추고 있음을 알 수 있다.

> 묻기를: "희로애락이 아직 일어나지 않은 (심적) 상태는 치우치거나 기울지 않아 실로 그 고요한 본래의 모습입니다. 권하고 응대하는 수만 가지 변화에 이르러서도 여기에 달려 있을 뿐이므로 '천하의 큰 뿌리다'라고 말한 것이겠지요. 발해서 모두 절도에 맞으면 그 마땅함을 얻었습니다. 서로 업신여기거나 빼앗지 않으니 실로 느껴 통하게 되는 조화로움일 것입니다. 그런데 열 가운데 그 아홉만 맞고 하나라도 절도에 맞지 않으면 조화롭지 않게 되고 곧 장애가 생겨 도에 통달하였다고 말할 수는 없을 겁니다."
> "그렇다."
> 또 물었다. "배우는 이들은 어떻게 해야 모두 절도에 맞을 수 있을까요?"
> 답하시길: "배우는 이들이 어찌 하나하나를 이렇게 하겠느냐마는 모름지기 일마다 절도에 맞도록 해야 바야흐로 터득할 수 있다. 이것이 '博學, 審問, 愼思, 明辯'에 대하여 귀하게 여기는 까닭이다. 하나라도 배우지 않음이 없어야 하며 한시라도 배우지 않음이 없어야 하며 어느 한곳이라도 배우지 않음이 없어야 하니, 각각의 사태에 그 중절을 구해야 한다는 뜻이니 이것이 바로 어려운 점이 된다."[73]

여기서 주희는 중절할 수 있는 심적 사태를 견지하는 방법으로

---

73) 『語類』 62:110 問: "喜怒哀樂之未發, 不偏不倚, 固其寂然之本體. 及其酬酢萬變, 亦在是焉, 故曰'天下之大本.' 發而皆中節, 則事得其宜, 不相凌奪, 固感而遂通之和也. 然十中其九, 一不中節, 則爲不和, 便自有礙, 不可謂之達道矣." 曰: "然."又問: "於學者如何皆得中節?" 曰: "學者安得便一一恁地! 也須且逐件使之中節, 方得. 此所以貴於'博學, 審問, 愼思, 明辨.' 無一事之不學, 無一時而不學, 無一處而不學, 各求其中節, 此所以爲難也."

써 우리가 일상에서 맞닥뜨리는 일을 끈질기게 물고 늘어져 해결해나가야 함을 제시한다. 즉, “폭넓게 배우고, 상세하게 질문하고 신중하게 사고하며 명확하게 쟁론하는” 과정을 통해 시공을 뛰어넘어 세상의 모든 것을 배워야 한다고 주장한다. 그런 노력을 통해서 중절할 수 있다고 말한다. 이런 중절함은 마치 이성의 힘으로 감정을 포함한 세상사의 모든 것을 완벽하게 장악함으로써 이루어지는 것처럼 보인다.

유표성이론을 염두에 둔다면 중절함도 무표적 범주에 든다. 性情의 유표성 논의에서도 설명한바, 부중절은 욕망에 의해 思慮와 情이 일탈할 수 있다는 면에서 유표적 범주에 속하게 되며 인간에게 주어진 기본적인 설정 값으로서의 性이 자연스럽게 발출되는 중절함은 무표적일 수밖에 없다. 왜냐하면 성리학의 문맥에서 중절함은 성의 본래적 상태, 또는 성의 가치지향적 경향을 회복하는 자연스러움을 뜻할 뿐이기 때문이다. 따라서 감정의 적절한 발로로서의 중절함은 인간 본연의 자연스러움을 회복하는 최적의 감정 활동이다.[74] ‘인지’를 어떻게 규정할 것인지 논란이 되겠지만 적어도 여기서 중절함은 어떤 의도성이나 전략적 고려 등의 인지적 양태로부터 벗어난 활동을 뜻한다. 감정의 중절 문제는 올바른 본성을 오롯이 드러내기 위해 어떻게 하면 내 감정[마음]을 순일하게 견지할 수 있을 것인가에 관한 고민이며 그로 인해 감정을 인지주의적으로 접근해야 할 것인가의 여부와는 무관하다고 말할 수 있다.

---

74) 『語類』 16:134 好・樂・憂・懼四者, 人之所不能無也, 但要所好所樂皆中理. 合當喜, 不得不喜; 合當怒, 不得不怒.

4. 결론

이 글에서 나는 유표성이론을 빌려 감정 이해의 틀이 인간됨을 설정하는 기준과 연동됨을 논하였다. 즉, 인지－비인지주의 구도는 자연주의적 관점에서 인간을 이해하고 있음을 암묵적으로 전제하고 있고 이 기준에 따라 인지주의적인 속성들은 유표적인 범주에, 비인지주의적인 속성들은 무표적인 범주에 해당됨을 보았다. 그렇지만 성리학이 지향하는 가치 지향적 인간을 전제할 경우, 오늘날 우리가 당연히 인지주의적 속성들로 여길 만한 가치 지향적 경향성이 인간됨을 구성하는 지배적인 설정 값이 됨으로써 무표적 범주에 귀속되고, 느낌을 포함한 감정의 여러 양태는 유표적 범주에 귀속된다. 감정에 대한 성리학적 이해 방식은 그것이 인지주의적이냐의 여부가 아니라 도덕적 가치를 구현하느냐가 그 기준이 되기 때문이다.

프린츠와 드 수자의 논의에서도 이미 확인할 수 있었던 것처럼, 감정 이해를 위한 '인지－비인지주의' 구도는 상호 배타적인 관계일 수는 없다. 우리가 유표성 이론을 통해 확인한 내용, 즉 인지주의와 비인지주의가 실은 동일한 감정의 다른 특질들을 부각해왔던 방식일 뿐이며, 설정하는 관점과 기준에 따라 그 둘은 상호 교차될 수 있는 상관적 관계라는 결론은 상식적으로 추론할 만한 해석이다. 그럼에도 이런 상식적 결론이 가지는 의의는 인지－비인지주의가 상정하고 있는 감정 해석의 관점이 무엇인지를 묻도록 우리를 이끄는 데 있다. 특히, 유표성 개념을 통해 주자철학의 감정론을 살펴볼 때, 이 질문은 더욱 주목할 만한 차이를 빚어낸다.

기존의 인지-비인지주의 구도를 통해 오늘날 우리가 파악하고자 하는 감정이란 나에게 주어지는 세계의 데이터에 대하여 효율적으로 반응하는 심적 활동이다. 이는 감각적 경험을 통한 인지체계를 상정하고 있는, 인간에 대한 자연과학적 이해가 암묵적으로 전제되어 있으며 이에 따라 감정에 담긴 진화론적 스펙트럼을 충실하게 반영하고 있다. 즉, 세계에 대한 이른바 '과학적 인식 구조'의 방편으로 감정을 이해함으로써 인지주의는 감정을 어떤 믿음과 판단의 체계로 해석하게 된다. 따라서 감정이 세계와 맞아드는 방식[direction of fit]은 '마음에서 세계로(mind-to-world)' 향한다.

그러나 주자철학의 지적 전통에서 인간은 전혀 다른 기준으로 그려지고 그로 인해 감정 이해의 기준 역시 달라질 수밖에 없음을 보았다. 인간됨을 도덕적 가치에 둘 경우 인간의 감정에 대한 인식론적 접근, 혹은 존재론적 이해 역시 그에 따라 달라지며 오늘날 우리가 인지-비인지주의 구도에서 직관적으로 타당하다고 여길 만한 유표-무표적 범주관계는 역전된다. 유표성 자체가 맥락 의존적 성격을 지니고 있음을 상기한다면 이는 충분히 수긍할 수 있다. 유표성 기준의 맥락 의존성은 세계를 이해하는 우리의 방식이 어떤 인식론적 프레임으로 세팅되느냐에 따라 달려 있음을 보여준다. 오늘날 우리가 인간을 이해하는 기준은 그 논의 맥락에 따라 매우 다양하다.[75]

아마도 감정 연구자들이 전제하고 있는 인간은 생명체로서의 인간 일반을 상정하고 있는 듯하다. 말하자면 "해부학적으로 대형 유

75) 온라인 브리태니커 엔사이클로피디어(Britannica Encyclopedia)에 인간(human being)을 검색할 때, 우리는 종교, 철학, 법률, 사회, 문학 등 다양한 관점에서 다루고 있는 '인간'을 만날 수 있다.

인원과 닮았지만 고도로 발달한 뇌와 그로 인해 정교한 언어능력 및 추상화된 추론능력을 갖춘 문화적인 영장류"[76]로 정의하고 있다. 성리학자들의 관점에서 보면, 이런 문화인류학적 정의에서 그들은 아마도 '인간됨'의 기준을 추상화된 고급문화 능력, 특히 도덕적 본성으로 설정했다고 말할 수 있을 것이다. 이때 감정을 이해하는 기준은 그 도덕적 본성을 올바르게 발현하고 있는 적절한 양식인가의 여부에 맞추어진다. 오늘날 우리들은 이런 기준을 쉽게 납득하기 어려운 것으로 받아들일 뿐만 아니라 인간 이해의 폭이 너무 좁다거나 고원하다고 말할 수도 있을 것이다. 하지만 그들은 그와 같은 기준을 설정하지 않으면 인간이 짐승과 다를 바가 무엇이냐고 반문할지도 모른다. 이처럼 그들에게 감정의 존재론적 위상과 인식론적 특질들은 도덕적으로 고결한 인간의 본성을 오롯이 구현할 수 있느냐는 맥락 속에서 자리매김된다.

또한 유표성 이론을 통해 감정의 제 양상들을 비대칭적인 상관성 관계로 파악하는 해석은 '이성'과 '감정'을 배타적 대립구도로 전제하면서 확대, 재생산된 '인지주의 대 비인지주의' 구도가 지나치게 도식적이라는 비판을 가능하게 한다. 예를 들어, 주희는 이성적 면모와 감정의 국면이 인간 본연의 모습에서 드러나는 두 가지 양태이며 그 중절의 맥락에 따라 비대칭적인 구도로 형성될 수 있음을 이야기하고 있다.[77] 이는 감정과 이성의 관계뿐만 아니라 사단과 칠정의 관계에서도 동일하게 이루어질 수밖에 없다. 부연하자

---

76) http://www.britannica.com/EBchecked/topic/275376/human-being

77) 『語類』 16:149 喜怒憂懼, 都是人合有底. 只是喜所當喜, 怒所當怒, 便得其正. 若欲無這喜怒憂懼, 而後可以爲道, 則無是理. 小人便只是隨這喜怒憂懼去, 所以不好了.

면 심적 현상이라는 하나의 활동[情] 안에서 그 밀도와 무게중심의 차이, 그리고 설정 값에 따라 달라진다는 말이다. 그러므로 우리가 도덕적 감정이라고 부를 만한 惻隱之心이 희로애락과 같은 즉물적 정감과 본질적으로 다르다거나 상호배타적이라고 주장할 수는 없게 된다. 요컨대, 인지주의와 비인지주의 구도가 더욱 유연하게 결합되고 맥락에 따라 역동적으로 재배열될 수 있다는 발상을 통해 우리는 감정에 접근할 때, 누구의 어떤 감정인지를 먼저 묻지 않을 수 없다. 이처럼 감정이 갖는 화용론적 실천성은 도덕심리학적 주제로 옮겨가게 되며 이런 주제들에 대해서는 후속 연구를 통해 논의하고자 한다.

참고문헌

鄭玄,『禮記正義』,『十三經注疏整理本』, 北京: 北京大學出版社, 2000

朱熹,『朱子語類』,『朱子全書』, 上海古籍出版社: 安徽教育出版社, 2002

____,『晦庵先生朱文公集』,『朱子全書』, 上海古籍出版社: 安徽教育出版社, 2002

가노우 요시미츠, 동의과학연구소 옮김,『몸으로 본 중국사상』, 서울: 소나무, 2007

마르셀 그라네, 유병태 옮김,『중국사유』, 파주: 한길사, 2010

양선이, "감정에 관한 지각이론은 양가감정의 문제를 해결할 수 있는가?: 프린츠의 '유발성(Valence)' 이론을 지지하여", 동서철학에서 보는 감정의 인식론적 성찰, 고려대학교 철학연구소, 감성의 인간학 중점사업단, 2단계 1년차 중간발표 모음집, 2012

이승환,「성리학의 수양론에 나타난 심-신관계 연구」,『중국학보』52집, 한국중국학회, 2005

홍택규,「현대러시아어 상과 화행: 언표내적 기능의 문제」, 서울대학교 박사학위논문, 1999

De Sousa, R., *The Rationality of Emotion*. Cambridge: the MIT Press, 1987

______________, "Emotions: What I know, What I'd like to think I know, and What I'd like to think", in Thinking about Feeling. Oxford: Oxford University Press, 2004

______________, *Emotional Truth*, Oxford: Oxford University Press, 2011

______________, "Emotion", *Stanford Encyclopedia of Philosophy*. (plato.stanford.edu/entries/emotion/), 2013

Goldie, P., "Introduction", *The Oxford Handbook of Philosophy of Emotion*. Oxford: Oxford University Press, 2010

Goldie, P., "Interview with Peter Goldie", *Praxis*, vol.2, no.2, Summer, 2010

Graham, A. C., *Yin-Yang and the Nature of Correlative Thinking*, Singapore: The

Institute of East Asian Philosophies, 1986

James, W., *The Principles of Psychology*, Cambridge: Harvard University Press, 1983

Nussbaum, M., "Emotions as Judgments of Value and Importance", *Thinking about Feeling*, Oxford: Oxford University Press, 2004

Oakley, J., *Morality and the Emotions*, London: Routledge and Kegan Paul, 1992

Prinz, J., *Gut Reactions: A Perceptual Theory of Emotion*. Oxford: Oxford University Press, 2004

Solomon, R., "Emotions, Thoughts, and Feelings: Emotions as Engagements with the World", 2004

Waugh, L., "Marked and Unmarked: a Choice between Unequals in Semiotic Structure", *Semiotica* 38(3/4), 1982, pp.299-318

'감정 반항'에 관한 유식학적 접근

홍성민

1. 서론
2. 감정 반항: 현대 감정이론의 주요 쟁점
3. 유식학에서 본 감정의 구조
4. 감정의 내재적 근거: 阿賴耶識 種子
5. 아뢰야식이 현상하는 세계
6. 감정 반항에 관한 유식학적 이해
7. 결론

1. 서론

현대 인식론과 윤리학 분야에서 가장 주목하는 철학적 소재는 감정이다. 근대 시기 감정은 합리적 인식을 방해하는 걸림돌로 간주되거나 명징한 도덕 판단을 저해하는 장애물로 평가되어 왔는데, 현대 철학계에 와서 그러한 상황은 역전되었다. 감정은 인간의 정신 현상을 구성하는 필수적인 것일 뿐 아니라 좋은 삶을 영위하는 데도 반드시 필요한 요소라는 점이 계속 증명되고 있다. 인간은 더 이상 이성적 동물로만 정의될 수 없고 감정이 더 이상 동물적 요소로만 규정되지 않는다. 현재 감정에 관한 연구는 다양한 분야에서 활발하게 진행 중이다. 이와 같이 감정 연구가 호황을 누리게 된 데에는 다마지오(A. Damasio) 르두(J. LeDoux)와 같은 인지과학자들의 연구도 크게 한몫을 기여했다. 인지과학의 분야에서 발견한 감정의 중요성은 다시 인문학으로 환류되어 새로운 연구에 박차를 가하는 계기가 되었다. 이 때문에 감정은 학제 간 융복합 연구를 주도하는 핵심 주제로 부각되기도 하였다.

현대 감정이론 학계에서 논의되는 테마는 매우 다양한데, 그중 하나가 감정의 인식론적 의미를 밝히는 것이다. 이 점에 대해서는 크게 두 입장으로 갈린다. 먼저 인지주의(cognitivism)에서는 감정을 세계에 대한 인식이라고 규정한다. 이들에 따르면, 감정은 대상을 지향하는 정신활동이며 대상에 대한 믿음, 평가, 판단을 드러내는 인식 활동이다. 한편 이에 반대하는 비인지주의(non-cognitivism)에서는 감정을 '신체의 느낌'이라고 규정한다. 이들에 따르면 감정은 인지적 판단보다 앞서는 본능적이고 생물학적인 육감이다. 한때에는 인지주의가 득세했다가 다시 비인지주의가 호황을 누리던 시기가 있었고, 최근의 감정 연구는 다시 인지주의로 관심이 전향되고 있다.[1)]

양자의 입장 중 어느 쪽이 더 타당한가를 가늠하는 데 중요한 이슈가 바로 '감정 반항(emotional recalcitrance)' 현상이다. 우리는 종종 자신의 인지적 믿음과 감정의 상태가 일치하지 않는 경험을 한다. 이러한 현상은 왜 생기는 것인가? 인지주의와 비인지주의는 각자의 입장에서 감정 반항 현상에 대한 합리적인 설명을 시도하고 있다. 그들의 설명은 단순히 인지와 감정 불일치에 관한 탐구가 아니라, 감정의 본질이 과연 무엇인가에 관한 심도 있는 논의를 함축하고 있다. 이러한 점에서 감정 반항의 문제는 감정의 본질 뿐 아니라 심리현상의 근원을 해명할 수 있는 중요한 소재로 간주될 만하다.

이 연구에서는 감정 반항의 문제를 유식학의 관점에서 조명해보고자 한다. 물론 유식학이 감정 반항의 문제를 직접적으로 탐구하

1) 권수현, 「감정의 지향적 합리성」, 『철학연구』 제45집, 고려대 철학연구소, 2012 참조.

지도 않았고 이 문제에 정확히 부합하는 논의를 펼쳤던 것도 아니다. 그러나 유식학으로부터 이 문제에 대한 매우 의미 있는 관점을 발굴할 수 있을 것으로 사료된다. 유식학은 인지주의와 비인지주의의 양대 진영을 포섭하는 동시에 지양하면서, 감정 반항 현상을 새롭게 이해할 수 있는 유익한 길을 제시하고 있다고 사료된다. 유식학이 분명 현대 감정이론의 논의에 적지 않게 일조할 수 있으리라는 것이 이 연구의 기대이다.

2. 감정 반항: 현대 감정이론의 주요 쟁점

주지하는 바와 같이, 비인지주의 감정이론(신체느낌 이론)의 문제점은 감정의 지향성을 밝힐 수 없다는 데 있다. 감정을 '신체의 느낌'이라고 간주할 경우, 감정이 어떤 대상을 갖는 것인지 설명할 수 없을 뿐 아니라, 이로 말미암아 감정의 정당화 또는 합리적 평가도 불가능해지기 때문이다.[2] 이 점을 보완하기 위해 제임스의 후계자 프린츠(J. J. Prinz)는 신체의 느낌도 구체적 대상과 형식적 대상을 갖는다고 주장한다.[3] 그리고 그 형식적 대상은 핵심 관련 주제(core related theme)를 가리키는 것이라는 점에서, 신체의 느낌은 일정한 판단이며 감정은 '체현된 평가(embodied appraisal)'라고 말한다.[4] 그는 신체느낌 이론을 견지하면서도 감정의 대상 지향성을

2) 양선이, 「윌리엄 제임스의 감정이론과 지향성의 문제」, 『철학연구』 제97집, 113-114쪽.

3) J. J. Prinz, *Gut Reason*, Oxford UP. 2004. p.61.

4) 위의 책, 52쪽.

포섭하기 위해 절충주의의 길을 택한 것이다. 이는 감정 문제에 있어 대상 지향성이 간과할 수 없는 중요한 문제라는 점을 시사한다.

인지주의를 강하게 주장하는 사람일수록 감정의 대상 지향성을 강조한다. 그리고 대상에 대한 판단과 감정을 상호 일치시키려 한다. 이것은 달리 말해 감정의 대상과 감정의 원인을 일치시키려 한다는 것을 뜻하기도 한다. 즉, 감정이 발생하는 원인은 전적으로 감정의 대상에 귀속된다고 보는 것이다. 이 점에 대해 강력한 인지주의자(였던[5]) 솔로몬(R. Solomon)은 다음과 같이 주장한다. 우리에게 어떤 감정이 발생한 순간 우리는 그 대상에 대한 판단 이외의 다른 것에서 그 감정의 원인을 찾을 수 없다. 예를 들어, 며칠 밤을 새우고 수십 잔의 커피를 마셔 극도로 예민해져 있는 내가 어떤 사람의 작은 실수에 버럭 화를 냈다고 해보자. 그 상황을 지켜본 제3자는 내가 화를 낸 원인이 그 사람의 작은 실수라기보다 그 외의 다른 것들(밤을 새우며 커피를 많이 마신 것)이라고 평가할 것이다. 그러나 솔로몬에 따르면, 적어도 나는 내가 화를 낸 순간에 다른 원인 때문에 화를 낸 것이라고 믿지 않는다. 1인칭의 시점에서 나의 감정은 곧 대상에 대한 판단일 뿐이고 그 외 다른 이유는 알 수가 없기 때문이다. 내가 화를 낸 것은 오직 그가 잘못했다고 믿기 때문이었다는 것이다. 이러한 점에서 솔로몬은 (1인칭의 시점에서) 감정은 대상에 대한 판단과 일치하며 감정의 원인도 그러한 것이라고 주장한다.[6]

---

5) 솔로몬은 강한 인지주의자였으나 후에 입장을 바꾸어 감정을 '지각'으로 이해하였다(R. Solomon, "Emotion, Thought, and Feeling" in *Thinking about Feeling*, Oxford UP. 2004. p.78).

6) R. Solomon, "Emotion and Choice", *The Review of Metaphysics* Vol27. 1973. p.29.

그에 대한 반론 역시 충분히 제시되고 있다. 한 대상에 대한 판단(혹은 믿음)과 실제 감정이 상충하는 경우를 우리는 쉽게 볼 수 있기 때문이다. 어떤 사람은 그 소설이 허구임을 잘 알면서도 눈물을 흘리는가 하면,[7] 또 어떤 사람은 작은 거미가 전혀 위협적이지 않다는 걸 충분히 알면서도 거미를 무서워하기도 한다.[8] 또 누구는 그 사람에 대한 오해가 다 풀렸으면서도 여전히 그 사람을 미워하는 감정을 지울 수 없다.[9] 이런 경우를 우리는 일상에서 심심찮게 볼 수 있다. 또 도덕적・종교적 삶에서는 어떤가? 성경의 말씀을 충실히 믿는다면서 왜 원수를 미워하는가? 空과 無我의 진리를 확신한다면서 왜 작은 손실에 분노하는가? 이 모든 상황은 솔로몬이 말하는 1인칭의 시점에서 충분히 발생하는 일들이다. 따라서 이러한 일상의 예시들을 통해 인지주의자들의 설명이 온당치 못하다는 것을 알 수 있다. 그렇다면 왜 우리의 감정은 대상에 대한 판단과 다르게 나타나는 것인가? 감정 반항(emotional recalcitrance), 달리 말해 감정의 아크라시아(Akrasia of Emotion)는 왜 일어나는가?

이에 대한 해답으로, 감정의 대상과 원인을 분리해서 봐야 한다는 제안은 의미가 있다. 로티(A. O. Rorty)는 감정은 대상에 대한 판단에서만 나오는 것이 아니라 그 외의 다른 원인이 복잡하게 얽

---

7) '래드포드의 퍼즐'에 관한 역대 해결방법에 대한 검토는 김세화의 「허구에 대한 감정과 래드포드의 퍼즐」(『철학연구』 57호, 2002)에 자세히 소개되어 있고, 그것에 대한 김세화의 해법은 「감정에 대한 인지주의와 그에 대한 수정」(『철학』 84호, 2005.)에 잘 나와 있다. 김세화는 월튼(K. Walton)의 유사 감정(Quasi-emotion)에 반대하면서, 유사 믿음(Quasi-belief)도 감정의 원인이 될 수 있다고 주장한다.

8) 이는 양선이가 제시한 포비아(phobia)의 예시이다. 자세한 것은 다음을 참조할 것. Sunny Yang, "Emotion, Intentionality, Appropriateness of Emotion", *Organon F,* 2009.

9) 이는 A. O. Rorty가 제시한 예시이다. 자세한 것은 다음을 참조할 것. A. O. Rorty, "Explaining Emotion", *The Journal of Philosophy* Vol.75. 1978, pp.143-146.

혀서 발생하는 것이라고 주장한다. 특히 한 개인이 가지고 있는 성향들(dispositions)이 감정을 발생시키는 중요한 근거가 된다고 말한다. 로티에 따르면, 하나의 성향은 연쇄적으로 다른 성향을 끌어오는데, 그 연쇄적인 성향들이 감정을 만들어내는 요인이라는 것이다. 이것을 그는 자화 성향(磁化 性向, Magnetizing Disposition)이라고 부른다.[10] 그에 따르면, 자화 성향들은 개인 역사적 · 사회 문화적 · 유전자적 요소가 교직(交織)되어 있는 것이다. 그의 주장대로라면, 감정의 원인은 그 대상에 대한 판단과 일치하지 않을 수 있으며, 감정의 원인을 찾기 위해 우리는 단순히 대상 판단을 점검할 것이 아니라 주체가 인지하지 못하는 넓은 무의식적 맥락을 검토해야 한다.

양선이(Sunny Yang)는 감정을 대상에 대한 판단과 동일시하는 주장을 거부하면서 감정을 지각으로 귀결시키고자 한다. 그에 따르면, 감정은 그것을 느끼는 주체 개인의 필요, 욕망, 믿음, 기대, 기분, 성향 등과 같은 것들에 의존해 있는 것이기 때문에, 정형화된 범주의 판단(프린츠의 핵심 관련 주제 같은 것)으로 귀속시킬 수 없다. 그렇게 되면 개인에 따라 나타나는 감정의 반항을 설명할 수 없기 때문이다. 그는 (선언주의자들disjunctivists이 주장하는) 실제 지각과 환각 사이의 구분 불가능성에 의존하여, 포비아(phobia)의 감정 반항 상황을 설명한다. 마치 투명한 물컵에 젓가락을 꽂는다고 해서 그 젓가락이 굽어지는 것은 아니지만 우리에게는 그것이 '사실적으로' 굽은 젓가락으로 지각되는 것(실은 착시)과 같이, 포비아의 감정 주체는 토끼가 위험하지 않다고 믿으면서도 토끼에

10) Rorty(1978), p.106.

대해 공포의 감정을 느낄 수 있다는 것이다. 토끼는 그의 믿음과 상관없이 그에게 위험한 존재로 지각되고 있기 때문이다. 그래서 양선이는 그 사람의 공포감은 대상 판단과 상충되기는 하지만 그렇다고 해서 그 감정을 불합리한 것으로 평가할 수는 없다고 주장한다. 왜냐하면 그 사람의 판단만큼은 여전히 토끼가 위험하지 않다는 것이기 때문이다. 이러한 점에서 양선이는 감정이란 그 주체가 오랜 시간 지속해온 여러 개인적 성향과 경향성 등으로부터 기인할 수 있으며, 나아가 사회문화적 맥락에 따라 다양한 평가가 존재할 수 있다고 주장한다.[11)]

이상의 주장대로라면, 양선이 역시 로티와 마찬가지로 감정의 대상과 원인을 구분하고 있으며, 감정의 원인을 개인이 소유한 넓은 정신적・신체적・문화적 맥락에서 찾고 있는 것이다. 이 두 사람의 입장은 앞의 솔로몬의 경우와 확실히 상반된다.

그러나 양선이가 로티와 다른 점도 있다. 양선이가 감정을 지각이라고 규정했다는 사실이다. 지각이란 사태를 있는 그대로 지각하는 것이지 사태를 왜곡하여 받아들이는 것이 아니다. 앞서 젓가락의 착시나 토끼 공포증의 경우 지각(감정)의 주체는 젓가락과 토끼를 그런 대상(굽은 젓가락, 위험한 토끼)으로 지각했다. 이것은 젓가락과 토끼가 그 주체에게 그렇게 모습을 드러냈기 때문이고 그것들이 그렇게 존재했기 때문이다. 그렇기 때문에 주체는 그것들을 그렇게 지각한 것이다. 이때 주체의 믿음(젓가락은 곧고, 토끼는 순하다)은 무력한 것이다. 이러한 점에서 보자면 착시(감정 반항)를

---

11) Sunny Yang, "Emotion, Intentionality, Appropriateness of Emotion", *Organon F,* 2009. pp.82-102.

겪는 주체에게 그 대상은 두 가지 의미로 나뉘고 있는 것이다. 하나는 믿음의 대상(곧은 젓가락, 순한 토끼)이고 다른 하나는 현상하는 대상(굽은 젓가락, 위험한 토끼)이라는 것이다. 지각(감정)의 상황에서 주체에게 드러난 대상은 후자였다. 여기에 입각하여 양선이의 생각을 다음과 같이 추단해볼 수 있다. 즉, 우리에게는 두 개의 세계가 허용될 수 있다는 것이다. 믿음(판단)의 세계와 감정(지각)의 세계가 그것인데, 그 양자는 서로 일치하지 않을 수 있다. 양선이의 주장에 따르면, 감정의 세계가 믿음(판단)의 세계와 다르다고 해서 그것을 오류에 빠진 불합리한 세계라고 치부해서는 안 된다. 오히려 감정만의 진리치(emotional truth)는 긍정될 수 있다. 그래서 그는 감정의 세계를 적극 옹호한다. 그러나 로티에게서는 이런 점이 발견되지 않는다. 로티에게 있어 대상은 고정적이고 단일한 대상이며, 그것을 인지하는 주체에게 다양한 요인들이 잠복해 있는 것으로 이해된 것 같다.

이상의 논의를 종합해보자면, 강력한 인지주의를 유보하는 이들로부터 두 가지 사실을 추출해볼 수 있겠다. 첫째, 감정의 원인은 대상이 아닌 주체 내부 맥락으로부터 찾아질 수 있다는 것이고, 둘째, 우리에게는 개별자의 특수한 맥락에서 재구성되는 감정의 현상세계가 따로 있다는 사실을 인정해야 한다는 것이다.

이러한 논의는 유식학의 발상과 일정한 유사성이 있어 보인다. 왜냐하면 유식학 역시 인간의 의식과 감정을 의식 세계 저변의 심층의식으로부터 찾으려 하고, 나아가 주체의 심층의식에 의해 재구성되어 현상하는 세계를 상정했기 때문이다. 이 점에 대해 다음 장에서 상세히 논의하고자 한다.

3. 유식학에서 본 감정의 구조

감정 반항 현상에 대한 유식학적 관점을 고찰하기 전에, 유식학에서 감정을 어떻게 설명하고 있는지 먼저 살펴보는 게 좋을 것이다. 『成唯識論』에서는 5位 100法이라 불리는 인식의 구조와 요소들을 설정하여 마음의 현상을 설명하고 있다. 이 중 감정은 5位 중 '마음이 가지고 있는 작용들(心所有法)'에 해당된다. 심소유법은 다시 6개의 작은 카테고리들(遍行, 別境, 善, 煩惱, 首煩惱, 不定)로 분류되고 그 안에는 총 51개의 마음의 작용들이 배치되어 있는데, 현재적 관점에서 감정이라고 분류할 수 있는 것은 20개이다. 그 목록을 나열하면 다음과 같다.

心所法 내 작은 범주	감정의 명칭과 의미
善	참(慚): 부끄러움.
	괴(愧): 수치스러움.
	무탐(無貪): 탐내지 않음.
	무진(無瞋): 화내지 않음.
	무치(無癡): 어리석지 않음.
	경안(輕安): 쾌적함.
大煩惱	탐(貪): 탐욕
	진(瞋): 성냄.
	치(痴): 어리석음.
	만(慢): 자만심
隨煩惱	분(忿): 분노
	한(恨): 원한
	복(覆): 자기의 잘못을 숨기려는 심리
	뇌(惱): 남을 매도하려는 심리
	질(嫉): 질투
	간(慳): 인색함.

	첨(諂): 비굴함, 아첨
	무참(無慚): 참회 없음, 뻔뻔함.
	무괴(無愧): 부끄러움 없음.
不定	회(悔): 후회

심소유법 중 遍行과 別境을 제외한 4개의 카테고리에 감정의 항목들이 포함된다. 물론 분류 방식에 따라서는 감정의 항목이 이보다 더 적을 수도 많을 수도 있을 것이다. 예를 들어, 別境에 속하는 欲은 유가철학적 맥락에서 七情의 하나로 포함되고, 위의 항목 중 覆이나 惱의 경우는 감정이 아니라고 할 수도 있을 것이다. 따라서 위의 20개 감정 항목이 절대적인 것은 아니다. 이보다는 유식학에서 감정을 어떻게 분류하고 있고 그 분류의 의미는 무엇인지를 이해하는 게 더 중요할 것이다. 유식학의 감정 분류에는 다음과 같은 의미가 있다고 판단된다.

유식학에서 좋은 감정(善地法)으로 분류된 것들은 주로 佛法의 수행과 관련되어 발생하는 것들이다. 예를 들어, 慚은 우리가 일상적으로 느끼는 부끄러운(shame) 감정이 아니라 賢人과 善法을 존중하여(崇重賢善) 자신의 지난 過惡에 대해 느끼는 참회의 감정을 가리키고, 愧는 난폭함과 악함을 낮게 보고 거부하는 것(輕拒暴惡)으로 자신의 지난 과악에 대해 느끼는 수치심이다. 또 輕安은 昏沈에 대치되는 것으로 禪定에 장애되는 것을 없앴을 때 느끼게 되는 편안함과 쾌적함이다.[12] 이러한 감정들 외에 우리가 일상적으로 느끼는 긍정적 감정들(예를 들어, 기쁨·즐거움·행복·안도·희망·

12) 김윤수 편역, 『(자은규기의 술기에 의한) 주석 성유식론』, 한산암, 2007, 521-532쪽 참조.

자부심·사랑 등)은 언급하지 않는다. 왜냐하면 불법과 관련이 없는 긍정적 감정들은 일시적이고 가변적인 것이어서 결국 부정적 감정들로 변해버릴 것이기 때문이다. 쾌락의 감정은 貪·瞋·痴 三毒에 의한 일시적인 만족에 불과하기 때문에 그 근원부터 잘못된 감정인 것이고, 또 그로 말미암아 결국 부정적 결과로 귀속될 것이기 때문이다. 따라서 불법과 관련된 감정만이 진정 좋은 감정이라고 간주되는 것이다.

이러한 점에서 유식학에서는 부정적 감정에 대해 더욱 자세히 언급하고 있다. 大煩惱(根本煩惱)에 속하는 감정들과 그것에 수반되어 나타나는 隨煩惱의 감정들이 유식학의 주요 관심사이다. 그렇다면 이러한 부정적 감정들이란 무엇이고 또 왜 발생하는 것일까? 『성유식론』에 따르면, 분노(忿)의 감정은 현전하는 대상이 饒益하게 느껴지지 않을 때 발생하는 감정으로, 분노는 특히 포악한 身表業을 발생시키는 원인이 된다. 이것은 대번뇌의 瞋에 수반하는 감정이다.[13] 원한(恨)의 감정은 분노로 말미암아 악한 생각을 품고 있어서 생기는 것으로 이 역시 瞋에 수반하는 감정으로 규정된다.[14] 또한 복(覆)은 스스로 죄를 짓고 난 다음 자신이 그간 얻었던 이익과 명예를 잃게 될까 두려워 감추려는 감정으로, 痴에 수반되는 감정이다.[15] 뇌(惱)는 분노와 원한이 먼저 있고 난 다음 생기는 감정으로, 타인의 지난 잘못을 추궁하고 현재의 잘못을 지적하

---

13) 『成唯識論』(T.1585, 33b08), 云何爲忿. 依對現前不饒益境憤發爲性. 能障不忿執仗爲業. 謂懷忿者多發暴惡身表業故. 此卽瞋恚一分爲體. 離瞋無別忿相用故.

14) 『成唯識論』(T.1585, 33b12), 云何爲恨. 由忿爲先懷惡不捨結怨爲性. 能障不恨熱惱爲業. 謂結恨者不能含忍恒熱惱故. 此亦瞋恚一分爲體. 離瞋無別恨相用故.

15) 『成唯識論』(T.1585, 33b12), 云何爲覆. 於自作罪恐失利譽隱藏爲性. 能障不覆悔惱爲業. 謂覆罪者後必悔惱不安隱故. 有義此覆癡一分攝. 論唯說此癡一分故.

면서 사납고 흉하고 비루한 말들로 남을 지네처럼 쏘아대는 감정이다. 이것 역시 瞋에 수반되어 나타나는 감정이다.[16] 질투(嫉)는 자신의 명예와 이익을 추구하는 과정에서 타인의 영예로움을 보면 근심하고 불안해하여 시기하는 감정으로, 이것 역시 瞋에 수반되어 나타나는 감정이다.[17] 인색함(慳)은 재물과 대상에 탐착해서 자기 것을 숨기고 아까워하는 감정으로, 마음이 비루하여 재물을 쌓아두려고만 하는 심리이다. 이것은 대번뇌의 貪에서 수반되어 나타나는 것이다.[18] 비굴함(諂)은 남을 끌어들이기 위해서 교묘한 방법으로 남의 마음을 사로잡거나 자기 허물을 감추려는 것으로, 스승과 친구의 바른 가르침에 따르지 않기 때문에 생가는 감정이다. 이것은 대번뇌의 貪과 痴에 수반되어 나타나는 것이다.[19]

이상의 부정적 감정들을 살펴보면, 그 근원이 대번뇌의 貪瞋痴 三毒으로부터 비롯된 것임을 알 수 있다. 그렇다면 三毒은 왜 발생하는 것인가? 『성유식론』에 따르면, 貪은 존재(有)와 존재의 원인(有具)에 대해 染著하는 것이 그 본성으로, 渴愛로 인해 取蘊이 생겨나기 때문이라고 한다. 또 瞋은 괴로움과 괴로움의 원인(苦具)에 대해 憎恚하는 것이 그 본성으로, 심신을 몹시 괴롭혀서 모든 악업을 일으키는 원인이라고 한다. 그리고 痴는 모든 이치와 현상

---

16) 『成唯識論』(T.1585, 33b22), 云何爲惱. 忿恨爲先追觸暴熱佷戾爲性. 能障不惱蛆螫爲業. 謂追往惡觸現違緣心便佷戾. 多發囂暴凶鄙麤言蛆螫他故. 此亦瞋恚一分爲體. 離瞋無別惱相用故.

17) 『成唯識論』(T.1585, 33b26), 云何爲嫉. 徇自名利不耐他榮妒忌爲性. 能障不嫉憂慼爲業. 謂嫉妒者聞見他榮深懷憂慼不安隱故. 此亦瞋恚一分爲體. 離瞋無別嫉相用故.

18) 『成唯識論』(T.1585, 33c01), 云何爲慳. 耽著財法不能慧捨祕吝爲性. 能障不慳鄙畜爲業. 謂慳吝者心多鄙澀畜積財法不能捨故. 此卽貪愛一分爲體. 離貪無別慳相用故.

19) 『成唯識論』(T.1585, 33c08), 云何爲諂. 爲網他故矯設異儀險曲爲性. 能障不諂教誨爲業. 謂諂曲者爲網帽他曲順時宜矯設方便爲取他意或藏己失. 不任師友正教誨故. 此亦貪癡一分爲體. 離二無別諂相用故.

에 대해 迷闇한 것이 그 본성으로, 無明에 의해 온갖 대번뇌와 수번뇌를 일으키는 원인이 된다고 한다.[20] 삼독 중 특히 痴가 가장 근원적인 것으로, 이것은 세계의 실상을 제대로 파악하지 못하게 하는 근본 원인이다. 이로 인해 존재의 허상에 물들어 貪의 감정이 생기고 苦의 실상을 파악하지 못해 瞋의 감정을 발생시키며, 나아가 다시 온갖 수번뇌의 부정적 감정들을 재생산해내는 것이다. 간단히 말해, 所知障으로 인해 煩惱障이 생겨나는 것이다. 그렇다면 유식학의 감정론을 이해하기 위해 유식의 인식론을 고찰해야 할 것이다. 인식의 구조가 감정의 구조를 파악하는 데 관건이 될 것이기 때문이다. 감정 반항의 문제 역시 유식학의 차원에서라면 인식론적 문제로 환원하여 설명될 수 있을 것으로 사료된다.

4. 감정의 내재적 근거: 阿賴耶識 種子

불교 인식론에 따르면, 의식 과정은 3가지의 기본 요소, 즉 대상(境)과 감각기관(根), 그리고 인식 활동(識)이 있어야 이루어진다. 이를 총괄하여 18界라고 하는데, 이는 6개의 대상과 6개의 감각기관, 그리고 6개의 인식 활동을 가리킨다. 五蘊說로 설명할 때는 물질(色)이 대상과 감각기관에 해당하고, 감수(受), 표상(想), 형성력(行), 인식(識)은 인식활동에 포섭된다.

---

20) 『成唯識論』(T.1585, 33c08), 云何爲貪. 於有有具染著爲性. 能障無貪生苦爲業. 謂由愛力取蘊生故. 云何爲瞋於苦苦具憎恚爲性. 能障無瞋不安隱性惡行所依爲業. 謂瞋必令身心熱惱起諸惡業. 不善性故. 云何爲癡. 於諸理事迷闇爲性. 能障無癡一切雜染所依爲業. 謂由無明起疑邪見貪等煩惱隨煩惱業.能招後生雜染法故.

眼識에서 身識까지의 前五識에서는 해당 대상의 감각자료를 수용하여 그 속성을 직접 파악(現量)한다. 그런데 진정한 의미의 대상 인식은 전오식만으로는 이루어지지 않는다. 예를 들어, 어떤 사물의 형태와 색깔 등의 속성이 안식에 표상될 수는 있지만, 그 형태와 색이 외부 사물에 속하는 것으로 인식하는 것은 안식에서 이루어질 수 없기 때문이다. 감각만으로는 주체와 객체를 분별하는 의식활동이 이루어지지 않기 때문이다. 전오식에서 표상된 것을 하나의 객관대상으로 인지하는 것은 제6식인 意識에서 이루어지는 일이다. 의식은 전오식의 감각 자료를 종합하여 전오식의 대상이 객관적 사물이라는 것을 확증한다. 그래서 제6 의식의 대상은 직접적 감각자료가 아니라 그것을 포괄하고 개념화하는 것, 즉 法境이다. 전오식 단계에서는 주체와 객체가 미분 상태에 있지만, 제6 의식은 주객의 분별을 통해 법경에 속하는 대상으로 객관화한다. 이러한 점에서 "전오식의 現量에 있어서는 現量하는 대상이 '외부의 것'이라고 집착하는 일은 아직 없다. 그 후 제6의식의 분별이 허망하게 생겨남으로써 '외부의 것'이라는 생각이 떠오른다."[21)]라고 이야기된다. 요컨대 제6의식의 단계에서 우리는 비로소 외부 사물을 외부 사물로서 제대로 인식하게 된다는 것이다.

제6 의식에서 대상을 주관과 분리된 객관 사물로 인식하는 데에는 주관화의 의식이 작동한다. 대상을 객관화하는 제6의식의 근저에는 그것을 가능하게 하는 보다 심층적인 의식, 즉 근원적 자의식인 末那識이 있다. 말나식은 자아에 대한 맹목적으로 애착하는 본

---

21) 『成唯識論』(T.1585, 39b28), 現量證時, 不執爲外, 後意分別, 妄生外想.

능적 자기의식이다. 말나식의 작용으로 말미암아 우리는 언제나 자아를 확인하고 자기중심적으로 사고하며 자기 욕구를 분출한다. 이 때문에 대상세계와 나를 대립적인 것으로 이해하고 다시 그 대상세계와 대립하고 있는 나에 대해 집착하는 것이다. 이렇게 보자면, 제6의식이 어떤 대상을 객관화하는 것도 주관 의식인 말나식이 선행하고 있기 때문에 이루어지는 것이라 할 수 있다. 이 말나식은 번뇌의 근원이라고 간주된다. 말나식으로 말미암아 我痴, 我見, 我慢, 我愛의 네 가지 근본 번뇌가 발생하기 때문이다.[22] 특히 痴가 말나식으로 인해 생겨난다는 것은, 말나식이 부정적 감정의 근원으로 작동하고 있음을 짐작케 한다.

유식학에서는 이 말나식이 또 하나의 심층의식에 기반하고 있다고 말한다. 아뢰야식이 그것이다. 아뢰야식은 무한량의 창고 같은 무의식으로, 無始 이래 억겁세월의 우리 행위와 경험들을 씨앗(種子) 형태로 저장하고 있다. 우리는 아뢰야식을 통해 모든 경험을 나의 경험으로 종합하고 경험된 세계를 나의 세계로 종합하여 알 수 있게 된다. 이러한 점에서 아뢰야식은 맹목적 자의식인 말나식보다 더 근원적인 자기의식이라 할 수 있다. 그래서 아뢰야식을 本識이라 부르기도 한다.

아뢰야식이 경험의 종자들을 차곡차곡 저장만 하고 있는 것은 아니다. 아뢰야식에 저장된 종자들은 원인과 조건(因緣)이 닿으면 언제든 모든 의식 활동의 수면 위로 자신을 떠올린다. 과거의 경험으로부터 만들어진 종자들은 계속 변화하고 現行한다. 그 모습은

22) 『唯識三十頌』, 是識名末那 依彼轉緣彼, 思量爲性相, 四煩惱常俱 謂我癡我見. 并我慢我愛.

마치 폭류가 흐르는 것처럼 과격하고 항상적으로 활동한다고 표현된다.[23] 그렇다면 아뢰야식이 우리의 의식 과정에 어떤 영향을 미치는 것일까? 종자의 활동이 어떠한지 좀 더 살펴보는 게 좋을 것이다. 『成唯識論』에서는 종자의 특성에 대해 다음과 같이 말하고 있다.

> 어떤 요소(法)를 종자라고 이름하는가?
> 아뢰야식(本識) 속에 있는 것으로, 친히 스스로 결과를 만들어낼 수 있는 功能差別[24]을 일컫는다. 이것은 본식과 함께 하고 그것에서 나오지만, 그 결과는 같지도 않고 다르지도 않다.[25]

우리가 어떤 행위를 할 때, 그 행위는 반드시 결과를 낳게 된다. 우리의 행위와 조작을 業이라고 하는데, 업은 반드시 報를 낳는다. 결과를 낳기 전까지 그 행위(業)의 여력은 없어지지 않는데, 그것이 저장된 것이 種子이다.[26] 이와 같은 업의 작용을 '現行薰種子'라 하는데, 이때 종자는 현상의 결과(果相)라고 칭해진다.

또한 종자는 현상의 원인으로 작용한다. 즉, 종자는 인식 주체의 현행 의식에 영향을 준다. 종자들은 정지해 있거나 수동적이거나 간헐적으로 작동하지 않는다. 종자들은 잔존하는 업의 세력이라는 점에서 강한 자화력(Magnetizing Power)을 가지고 활동한다. 종자는 인연을 만나기만 하면 즉시 활성화되고 또한 다른 종자들을 강력

23) 『唯識三十頌』, 初阿賴耶識 … 恒轉如瀑流.

24) 특별한 힘, 특수한 에너지라는 의미이다. sakti-visesa의 번역어로, sakti는 힘을 의미하고 visesa는 특별함을 뜻한다.

25) 『成唯識論』권2, 何法名爲種子. 謂本識中親生自果功能差別. 此與本識及所生, 果不一不異.

26) 혹은 習氣라고도 하는데, 이는 어떤 작용이 있은 다음 남겨진 힘이 나중에 작용을 일으키는 것을 가리킨다. 다카사키 지키도(高崎直道), 이지수 옮김, 『유식입문』, 시공사, 1997, 125쪽.

하게 동반하여 현행으로 드러난다. 이를 '種子生現行'이라 하는데, 이때 종자는 현상의 원인(因相)인 것이다. 우리의 의식활동에서는 매 찰나 잠장되어 있던 종자가 되살아나 영향을 준다. 그래서 一水四見의 우화[27]에서 알 수 있는 바와 같이, 어떤 업을 짓고 어떤 종자를 가지고 있느냐에 따라 같은 사물을 봐도 그것을 달리 보게 된다는 것이다.

이와 같은 종자의 활동은 다음과 같이 요약되기도 한다. 즉, 종자는 찰나에도 그 모습을 유지하지 않고 변화하고(刹那滅), 원인이 결과를 함께 갖추고 있는 것처럼 종자는 필연적으로 현행으로 드러나며(果俱有), 종자는 원래 상태로 머물지 않고 인연이 닿을 때까지 현실태가 될 준비를 하면서 자라난다(恒隨轉). 또한 종자는 현행하기 위해 반드시 그것이 현실화될 수 있는 제반 원인과 조건을 갖추어야 하고(待衆緣), 선과 악, 無記의 종자 특성은 그대로 유지되며(性決定), 각각의 종자는 각각의 특성을 갖춘 현행 결과를 만들어낸다(引自果).[28] 요컨대 종자는 현행 의식으로부터 부단히 훈습되어 저장되고, 또 끊임없이 현행 의식으로 그 결과를 생산해 낸다. 이러한 점에서 종자와 현행 의식의 관계는 바닷물과 파도의

27) 같은 물이지만 天界에 사는 神은 그것을 보배로 장식된 땅으로 보고, 인간은 물로 보고, 아귀는 피고름으로 보고, 물고기는 보금자리로 본다는 뜻이다.

28) 『成唯識論』권2, 種子義略有六種. 一刹那滅. 謂體纔生無間必滅, 有勝功力方成種子. 此遮常法常無轉變, 不可說有能生用故. 二果俱有. 謂與所生現行果法俱現和合方成種子. 此遮前後及定相離現種異類互不相違. 一身俱時有能生用. 非如種子自類相生前後相違必不俱有. 雖因與果有俱不俱. 而現在時可有因用. 未生已滅無自體故. 依生現果立種子名不依引生自類名種. 故但應說與果俱有. 三恒隨轉. 謂要長時一類相續至究竟位方成種子. 此遮轉識. 轉易間斷與種子法不相應故. 此顯種子自類相生. 四性決定. 謂隨因力生善惡等功能決定方成種子. 此遮餘部執異性因生異性果有因緣義. 五待衆緣. 謂此要待自衆緣合功能殊勝方成種子. 此遮外道執自然因不待衆緣恒頓生果. 或遮餘部緣恒非無. 顯所待緣恒有性. 故種於果非恒頓生. 六引自果.謂於別別色心等果各各引生方成種子.

관계로 비유되기도 한다.[29]

이상과 같은 유식학의 논리에 입각해보자면, 우리의 의식이란 대상을 수동적으로 기록하는 빈 서판도 아니고 외부의 자극에 일방적으로 반응하는 텅 빈 거울도 아니다. 우리의 의식은 그 심연에 이미 수많은 정보와 영향력을 담고서 스스로 움직이는 渲染된 활동체이다. 이러한 사실에 입각해볼 때 유식학에서는 감정이 단순히 대상에 대한 직접적 판단이라고 규정하지 않는다는 점을 알 수 있다. 어떤 대상에 대해 인식하는 과정에서 무수한 종자들이 개입하기 때문에, 그 인식은 대상에 대한 사실 그대로의 반영이 아니라 종자들에 의해 만들어진 인식이다. 그렇기 때문에 감정 역시 한 대상을 온전히 파악하고 판단한 결과일 수 없는 것이다.

이 사실은 하나의 대상에 대한 보편적이고 공통적인 감정이 성립할 수 없다는 점을 시사하는 것이기도 하다. 한 대상을 접할 때 개인의 업과 인연에 따라 제각각 다른 판단을 하고 다른 감정을 느낄 것이기 때문이다. 하나의 대상에 꼭 들어맞는 판단도 있을 수 없고 또 정확히 부합되는 감정도 있을 수 없다. 개인들은 저마다의 종자에 따라 대상을 달리 판단할 것이고 달리 감정을 느낄 것이기 때문이다.[30]

유식학의 논리대로라면 감정의 원인은 전적으로 개인 내부에서 찾

---

29) 『唯識三十頌』, 依止根本識 五識隨緣現 或俱或不俱 如濤波依水.

30) 종자설에 따른다고 해도, 모든 사람이 동일한 판단과 감정을 가질 수도 있다. 왜냐하면 종자에는 개인 固有의 不共相種子가 있기도 하지만, 모든 개체가 공유하는 共相種子도 있기 때문이다. 예를 들어, 유기체가 환경에 반응할 때 느끼는 핵심 관련 주제의 신체적 느낌은 전 유기체가 공유하는 공상종자라고 할 수 있다(유식학과 다위니즘의 동이점을 비교한 안성두의 글은 시사해주는 바가 있다. 안성두, 「진화론과 불교가 만나는 곳과 만나지 못하는 곳은 어디인가」, 『붓다와 다윈이 만난다면』, 서울대학교출판문화원, 2012, 27-79쪽 참조).

아져야 한다. 현행 의식으로는 인식할 수 없는, 비언어적인(non-literal sense) 심연의 근거로부터 현행의 감정이 분출되는 것이라고 할 수 있다. 개인이 기억하거나 기억하지 못하는 모든 경험, 강하거나 약한 모든 열망과 기대, 그리고 사회문화적 유전자적 윤회적 제반 요소들이 우리 감정의 기원인 것이다. 요컨대 유식학의 입장에 따른다면 감정은 대상과 맞대응하는 판단이 아니라 개인의 세계 전부를 담고 있는 것이라 할 수 있다.[31] 이러한 점에서 보자면, 로티와 양선이의 생각은 유식학과 일정 정도 공유 지점이 있을 것으로 보인다.

5. 아뢰야식이 현상하는 세계

아뢰야식 종자설에 따르자면, 주체가 인식하는 대상은 이미 대상 그 자체의 모습과는 다를 수밖에 없다. 달리 말해 주체에게 인식된 대상은 이미 대상 그 자체의 표상이 아니라 주체의 아뢰야식과 종자에 의해 형성된 대상이라는 것이다. 주체와 독립된 대상이 어떻게 실재하는가와 상관없이 우리가 인식하는 것은 오직 우리의 의식에 나타나는 대상일 뿐이다. 이것을 유식학에서는 "오직 우리의 인식만 있을 뿐 대상 세계는 없다(唯識無境)"라고 말한다.

앞 절에서는 아뢰야식의 종자가 매 찰나에 부단히 현행함으로써 인식활동에 개입한다는 점을 말하였는데, 유식학에서는 "識이 轉

31) 이러한 점에서 유식학과 분석심리학 사이의 비교 고찰이 활발히 이루어졌다. 종자를 Complex에, 말나식을 Id에, 아뢰야식을 집단무의식에 비교하기도 한다(서동혁, 「『唯識三十頌』에 나타난 아라야식과 마나스식에 대한 분석심리학적 연구」, 『심성연구』, 1998. 외 참조).

變하여 세계를 창조한다"고 말하기도 한다.

> 가상적인 것(假說)으로 인해 주체와 객체(法)가 생기고 온갖 모습이 생겨난다. 그것들은 識이 轉變하는 것에 의지하고 있다. 전변할 수 있는 것은 3가지이다. 異熟識과 思量識, 그리고 了別境識이 그것이다.[32)]

轉變[33)]이란 한 실체가 轉化하고 변화하여 그 모습을 바꾸는 것을 의미한다. 그러나 유식학에서 말하는 識轉變은 고정불변의 초월적 실체로부터 현상의 다양한 개체들로 분화되는 브라흐마니즘의 轉變說과 다르다. 식의 전변이란 아뢰야식의 종자가 현행의 의식에서 부단히 출현하고 변화하며 다시 저장되는 활동을 뜻한다. 위 인용문에서 異熟識이라는 말이 바로 종자가 현행의 의식에서 다르게 현현하는 것을 의미한다. 이숙식은 思量識으로 전변하여 주관의 집착을 이끌어내고, 이와 동시에 대상을 주관과 구별하는 인식, 즉 了別境識을 만들어낸다. 그러나 이러한 것들은 모두 실체가 아니다. 단지 종자에 의해 이루어진 가상적인 것에 불과하다.

유식학의 四分說은 이와 관련이 있다. 주체가 어떤 대상을 인식하고자 할 때 종자는 주체의 능동적 인식(見分)을 구성하는 동시에 객관 대상에 종자의 색을 덧입혀서 대상과 비슷하지만 다른 양상으로 주체의 인식에 모습을 드러낸다(相分). 따라서 주체가 대상을

---

32) 『唯識三十頌』, 由假說我法 有種種相轉 彼依識所變 此能變唯三 謂異熟思量 及了別境識.

33) 원어는 parināma로서 원래 '무너져 내린다(壞, viparināma)'는 말 속에 포함되어 있던 단어이다. 壞란 一切皆苦의 苦를 산출하는 한 주요 원인으로서, 이렇게 바뀌고 사라져버림으로 인한 苦를 壞苦라고 한다(横山紘一, 『世親の識轉變』, 158쪽, 한자경, 『유식무경: 유식불교에서의 인식과 존재』, 예문서원, 2000, 96쪽에서 재인용).

인식한다고는 하지만, 사실은 종자로부터 비롯된 견분과 상분이 서로 만나고 있는 것이다. 주체는 대상에 덧입혀진 자신의 의식 현상(相分)을 보고 있는 것일 뿐이다. 인식의 대상인 현상적 존재는 識의 변화에 의해 일어난 존재인 셈이고, 실질적으로는 識 이외에 아무 것도 존재하는 것이 없다.[34] 이 점을『解深密經』에서는 다음과 같이 말하고 있다.

> 慈氏보살이 부처님께 여쭈었다. 世尊이시여, 모든 비파사나의 삼마지에서 일어나는 영상은 이 마음과 다른 점이 있다고 해야 합니까? 없다고 해야 합니까? 부처님께서 자씨보살에게 말씀하셨다. 善男子여, 다름이 없다고 해야 한다. 왜냐하면 저 영상은 바로 오직 의식이기 때문이다. 선남자여, 내가 설하는 의식의 대상이란 오직 의식이 나타난 바이기 때문이다.[35]

나아가 사분설에서는 自證分과 證自證分에 대해 언급한다. 자증분이란 견분과 상분의 분화를 만들어내는 원천이자 견분과 상분 사이에서 일어난 인지 과정의 결과를 의미하기도 한다. 즉, 견분의 인식 결과를 종합하고 판단하며 개념화하는 것이 자증분이다. 그리고 자증분을 다시 한 번 증명하는 것이 증자증분이다. 유식학의 차원에서 설명하자면, 어떤 대상은 상분이고 그것을 인지하는 것은 견분이며 인지의 결과를 산출하는 것은 자증분인 것이다. 증자증분은 개인의 인식에 대한 사회적 동의이자 집단적 자아로서, 개인의

---

34) 박광수,「마음의 본질과 현상의 스펙트럼」,『종교연구』 제66집, 한국종교학회, 2012, 9쪽.

35)『解深密經』(T.16, 698a-c) 慈氏菩薩復白佛言, 世尊, 諸毘鉢舍那三摩地所行影像, 彼與此心當言有異當言無異? 佛告慈氏菩薩曰, 善男子, 當言無異. 何以故? 由彼影像唯是識故. 善男子, 我說識所緣唯識所現故.

인식이 타당하거나 타당하지 않음을 뒷받침해주는 인식 기반을 의미한다. 예를 들어, 허리가 잘록한 여성은 상분이고 그것을 인지하는 것은 견분이며 그 여성이 아름답다고 평가하는 것은 자증분이고 허리 잘록한 여성이 이상적 미인이라고 지지하는 사회적 인식은 증자증분이라 할 수 있다. 그러나 어느 사회에서 공유된 인식이 무조건 옳은 것일 수 없고 합리적 사고가 사회의 공동의식에 불과한 것일 수 있는 것처럼, 증자증분 역시, 마치 푸코의 에피스테메처럼, 한 시대가 만들어낸 합의된 무지의 결과일 수 있다.[36] 나중에 살펴보겠지만, 이 점은 감정 반항 문제에 관한 유식학적 해법에 접근하는 데 중요한 요소가 된다.

유식학에서는 識의 전변을 주체의 몸과 자연세계의 범주에까지 확장하여 설명하기도 한다.

> 이 아뢰야식의 활동양상(行相)과 대상은 무엇인가?
> 『唯識三十頌』에서 "(아뢰야식은) 알 수 없는 執受와 處를 了한다"라고 하였다.
> 了란 구별(了別)하는 것이니, 이것이 곧 이 식의 행위 양상이다. 아뢰야식은 요별하는 것으로 활동양상을 삼기 때문이다. 處란 장소이니 바로 자연세계(器世間)를 가리킨다. 이것은 모든 생명 있는 존재들이 의지하고 머무는 곳이다. 執受에는 두 가지가 있다. 모든 종자와 감각기관을 가진 몸(有根身)이다.[37]

36) 이것은 최연자의 설명으로, 증자증분에 대한 여타의 설명보다 탁월한 이해를 보여주고 있다고 판단된다(최연자, 「인지행동치료의 유식학적 고찰」, 『범한철학』 제16집, 범한철학회, 1998, 272-273쪽 참조).

37) 『成唯識論』권2, 此識行相所緣云何. 謂不可知執受處了. 了謂了別. 卽是行相. 識以了別爲行相故. 處謂處所. 卽器世間. 是諸有情所依處故. 執受有二. 謂諸種子及有根身.

위 인용문에 따르면, 아뢰야식에서 생성된 대상(所緣)은 종자와 신체와 자연세계이다. 어떻게 정신적 요소인 아뢰야식이 물리적 요소인 신체와 자연세계를 생성한단 말인가? 이것은 현상학적으로 이해하는 것이 바람직하다. 세계는 주체 의식의 대상으로서의 세계이며 주체 의식의 능동적 작용에 의해 구성된 세계이다. 그래서 세계가 존재한다는 것은 주체 의식의 지평에 그것이 나타난다는 것을 의미한다. 유식학은 세계가 주관과 독립하여 실재한다는 주장을 부정했을 뿐 아니라 의식이 물질세계를 창조한다는 믿음을 갖지도 않았다. 유식학은 단지 주체의 의식에 나타나는 세계에 주목했을 뿐이다. 위의 구절에서 언급된 식이 전변하여 신체와 자연세계를 산출한다는 것도 그러한 의미이다. 신체는 개체들의 개별적인 종자(不共相種子)가 반영되어 현상하는 대상들이고 자연세계는 개체들의 공통적인 종자(共相種子)가 반영되어 현상하는 대상이라는 것이다. 신체와 자연세계라 할지라도 그것들은 식의 전변에 의해 재구성되어 주체 의식에 현상하는 세계인 것이다. 이러한 점에서 유식학은 이 세계가 실재하는 것이라고 말하지도 않고 이 세계가 虛幻일 뿐이라고 말하지도 않는다. 다만 이 세계는 각자의 혹은 공통의 식의 전변에 의해 우리에게 그렇게 나타날 뿐이라고 주장한다.[38)]

이상의 분석에 입각해볼 때, 유식학에서 말하는 세계는 오직 아뢰야식이 현현한 세계일 뿐이다. 이것은 달리 말해, 세계는 오직 주

---

38) 역사적 맥락에서 볼 때, 유식학은 有部의 '一切法이 三世에 實有한다'는 주장과 中觀學派의 '一切법이 존재하지 않는다'라는 주장 사이에 위치해 있었다. 유식학파는 유부의 생각이 常見에 빠질 수 있고 중관의 생각이 단견에 빠질 수 있다는 점을 우려하였고 그 중도의 길로 식의 전변을 택했다. 그래서 유식학파는 외재적 대상의 실재성을 부정하는 동시에 식의 (연기적) 존재성은 인정하였던 것이다(『成唯識論』권1, 外境隨情而施設故非有如識. 內識必依因緣生故非無如境.).

체의 의식에 의해 구성되고 규정된 세계라는 것으로, 이것 외에 다른 세계(즉, 주관에서 독립하여 객관적으로 존재하는 실재계)는 없다는 뜻을 함축한다. 이 점은 앞서 양선이가 설명했던 감정 반항의 세계와 일정한 공유지점이 있는 것으로 사료된다. 양선이의 주장에 따르면, 감정 반항을 경험하는 주체에게는 감정의 현상 세계가 따로 존재한다는 것이었다. 그 세계는 개별자 고유의 관점과 경향성, 맥락들(비언어적이고 비표상적인 요소들)이 반영되어 재구성된 특수한 세계이고, 주관과 독립되어 존재하는 객관적 세계와는 다른 것이었다. 양선이는 감정 반항의 주체가 경험하는 그 주관적 감정 세계를 독립적으로 인정하여야 하며, 그럴 때라야 감정 반항의 현상에 대한 합리적인 설명이 가능할 것이라고 주장하였다. 이것은 유식학에서 말하는 식이 전변한 세계와 유사한 의미를 띠고 있는 것이다. 그렇다면 유식학도 감정 반항의 세계에 대해 긍정하고 있는 것일까?

6. 감정 반항에 관한 유식학적 이해

유식학에서는 감정 반항의 문제를 어떻게 간주할 것인지 추론하기에 앞서, 유식학에서 제시하는 수양론에 대해 먼저 살펴볼 필요가 있다. 유식학은 인간의 인식과 심리, 감정 현상에 대한 기술적인(descriptive) 학문이 아니라 인식과 감정의 오류를 바로잡기 위한 실천적・규범적 학문이고 지고한 인격의 완성으로 인도하는 종교적 가르침이다. 따라서 유식학에서는 수양론이 매우 중요하다. 유식학의 수양론을 살펴볼 때 감정 반항의 문제에 대한 유식학의 기본적인 입장도 정확하게 추론할 수 있을 것이다.

유식학적 수양의 기본은 止觀이다. 止(śamatha)는 주의를 집중하여 마음을 안온한 상태에 이르게 하는 것이고, 觀(vipaśyanā)은 모든 대상과 심리적 현상을 깊이 통찰하고 분석하여 그 본질을 명확히 파악하는 것이다. 이것은 正觀이라는 말로 표현하기도 한다. 지관의 수행에서는 자신의 인식에 대해 메타적으로 관찰하면서, 인식의 대상이 실은 자기 종자의 현현임을 여실하게 관찰하고 주체의 인식 역시 아뢰야식의 작용임을 통찰하는 것이다. 이를 통해 주체는 스스로 자신의 식 작용을 볼 수 있고 무의식의 부분에까지 내려가 자성적인 통찰을 수행할 수 있다. 이러한 점에서 지관의 체험은 所知法을 대상으로 해서 사색을 닦아가는 실천행이라고 부르기도 한다. 소지법을 영상으로 그려내고, 그 영상은 단지 영상일 뿐, 그것에 대응하는 사물이 실제로 존재하는 것이 아니고 영상은 다만 식에 지나지 않는다는 자각적인 체험을 자꾸 반복함으로써 마음 밑바닥까지 투철하게 이해하는 것이다.[39] 이러한 수행을 통해 자기 식의 전변에 의해 발생하는 오류적 정신현상과 자기증후적 의식을 말끔히 제거하고, 종자의 작용 없이 대상을 있는 그대로 인지하는 것이 유식학 수양론의 목표라고 할 수 있다. 이때 主客의 분별이 사라지고 주체와 객체가 하나가 된 경지를 경험할 수 있게 된다.

이러한 상태에 이르게 되면 종자의 작용을 배제할 수 있고 나아가 말나식과 痴의 작용 또한 제거할 수 있기 때문에, 대번뇌와 수

39) 최연자, 앞의 글, 277쪽.

번뇌에서 비롯되는 수많은 부정적 감정들도 일소할 수 있게 될 것이다. 또한 긍정적 감정들(善地法의 감정들)도 사라질 것이다. 왜냐하면 그러한 감정들은 수양 과정에서 필요한 단서일 뿐이어서 수양이 완성된 시점에는 더 이상 필요 없는 것이기 때문이다.

그렇다면, 유식학에서 해탈한 자는 아무런 감정이 없는 것인가? 유식학 역시 감정을 '이성의 결여'라고 치부했던 것인가? 그렇지는 않다. 유식학 더 나아가 불교에서 공유하는 유일한 참된 감정은 '자비'이다. 불교에서 보는 적절하고 타당한 감정은 오직 자비뿐이다. 중생에 대한 무차별적 공감과 연민, 사랑의 감정이 불교가 주장하는 유일한 참된 감정이다. 이 자비의 감정은 般若와 감정적 등가물(emotional equivalent)로서 인지적 차원에서 완전한 단계에 도달했을 때 비로소 얻어질 수 있는 것이다.[40] 無明과 痴에서 비롯되는 소지장이 번뇌장과 등가적인 것이라면, 자비는 그 반대인 것이다. 이러한 완성의 단계는 실상에 대한 확고한 앎과 믿음으로 이루어진다는 점에서, 자비라는 감정은 세계의 실상에 대한 인식과 믿음으로부터 비롯된다고 할 수 있다. 이렇게 볼 때 불교의 감정이론은 궁극적으로 강한 인지주의에 가깝다고 할 수 있다.[41]

감정 반항의 문제 역시 이 점에서 해결의 기반을 모색할 수 있다. 로티와 양선이에 따르면, 감정은 단순히 대상에 대한 판단이나 믿음과 동일시할 것이 아니라, 개인의 관점과 욕망, 습관과 기분, 나아가 사회문화적 유전자적 요인 등 다양한 맥락들로부터 감정의

40) Padmadiri de Silva, "Theoretical Perspectives on Emotion in Early Buddhism" *Emotion in Asian Thought*, SUNY Press, 1995, p.115.

41) 위의 책, 117쪽.

원인을 찾아야 한다. 대상에 대한 판단과 감정의 현상은 그 토대가 다를 수밖에 없기 때문이다. 그래서 감정 반항과 감정적 진리는 인정되어야 한다는 것이다. 유식학의 입장은 로티와 양선이의 주장에 근접해 있다. 유식학에서는 우리의 인식활동이 대상에 대한 단순한 반영일 수 없다고 주장한다. 왜냐하면 우리의 인식활동에는 개인적·집단적 업의 종자들이 작용하고 있기 때문이다. 인식은 대상에 대한 반영과 판단이 아니라 아뢰야식 종자에 의한 판단이고 相分에 대한 반영에 불과하며, 인식되는 세계는 객관적인 세계 그 자체가 아니라 주체의 주관적 종자에 의해 재구성된 세계에 불과하다는 것이 유식학의 입장이다. 이러한 점에서 보자면, 양선이가 주장하는 것처럼, 유식학에서도 감정 반항의 현상과 감정적 진리의 세계를 인정하고 있는 것처럼 보일 수 있다.

그러나 유식학의 궁극적 목적을 고려해보자면 사정은 전혀 그렇지 않다. 감정 반항을 일으키는 종자는 긍정되어야 할 인간의 본질이 아니라 부정되고 제거되어야 할 병리적 요소이다. 그렇기 때문에 감정 반항 현상은 감정적 진리로 인정되어야 할 사실적 세계가 아니라 개인별·집단별 종자에 의해 경험되는 허상적 세계인 것이다. 유식학에서는 감정 반항 현상을 이 점을 명확하게 통찰하기 위해 유식학은 지관의 수행을 제시하는 것이다.

그렇다면 무의식의 종자를 부정하는 유식학의 생각은 강한 인지주의와 어떻게 다른가? 전술한 바와 같이, 솔로몬은 적어도 1인칭 시점에서는 감정과 대상에 대한 판단(믿음)이 완전히 일치한다고 보았고 판단 내용 이외에 다른 원인에 대해서는 알 수 없다고 주장했다. 그렇다고 해서 솔로몬이 1인칭 시점에서의 감정이 모두 적절하다고 주장했던 것은 아니다. 1인칭의 시점에서는 타당할지언정 합당하지 못한 감정은 얼마든지 일어날 수 있다. 그래서 그는 1인칭의 시점에서 합당한 감정을 갖기 위한 방안을 제시한다. 즉, 사태에 대하여 최대한 정확하고 합리적으로 판단하기 위해 노력해야 한다는 것이다. 이를 위해 그는 우리가 어떤 대상에 대해 판단하기에 앞서, 그 대상에 대한 증거자료와 주변상황에 대해 지식정보를 넓고 신중하게 수집하고 자신의 편견을 명확히 파악하며 판단하기에 적절한 중립적 위치에 자리하고 자신을 타인과의 대화와 설득에 개방시켜야 한다고 주장한다.[42] 이것이 대상에 적합한 판단을 산출할 수 있는 조건이며, 나아가 대상에 적절한 감정을 만들어낼 수 있는 조건이기도 하다. 이것은 감정 반항 현상을 소거할 수 있는 방안이기도 한 것이다.

솔로몬의 방법이 감정 반항의 상황을 해결하는 데 일정한 기여를 할 수 있겠지만 전면적이지는 못할 것이다. 솔로몬은 합리성과 객관성에 의존하여 감정 반항의 현상을 해결할 수 있다고 주장하고 있지만, 그게 그리 쉬운 일은 아니다. 왜냐하면 무의식의 영역은 이성적 사유로 진입할 수 없는 곳이기 때문이다. 감정 반항은 무의식에서 비롯되는 것이기 때문에 이성적 인식에 의해 쉽게 교정될 수 있는 게 아니다. 그뿐만 아니라 솔로몬이 강조하는 그 합리성과 객관성 자체에 대해서도 검증해볼 필요가 있다. 솔로몬이 제시하는 감정 반항의 해법은 인지치료의 방법과 유사하다.[43] 하지만 인지치

42) R. Solomon, Op, Cit. p.32.

43) 인지행동치료는 '역할놀이 기법', '중심에서 벗어나기', '척도화 기법' 등을 통해 주체의 부적절한 사고를 바로잡으려는 데 목적이 있다. 주체의 부적절한 사고란 극단적 사고, 과잉일반화, 선택적 추상화, 임의적 추론, 과대확대, 개인화 등등을 의미하는 것으로, 위의 치료기법을 통

료에서 치료의 기준으로 삼는 객관적인 사고라는 것이 객관성 자체를 확보하기 어려운 것[44]과 마찬가지로, 솔로몬이 제시하는 합리성과 객관성이라는 것도 매우 가변적인 것일 수 있는 것이다. 또한 만일 그 합리성과 객관성이 사회적 맥락 안에 놓이는 것이라고 주장해도 역시 문제가 있다. 왜냐하면 그 사회적 맥락의 합리성이 타당한 것인지 다시 메타적으로 검증할 필요가 있기 때문이다. 사회적 맥락의 합리성이라고 해서 무조건 옳다고 말할 수는 없다.

이 문제에 관한 유식학의 입장은 매우 설득력이 있다. 전술한 바와 같이 사회적 맥락 안에 놓인 합리성과 객관성은 사분설의 증자증분에 해당한다. 증자증분은 사회적 동의이자 집단적 자아로서, 한 시대가 만들어낸 합의된 무지의 결과일 수 있다. 따라서 만일 자증분의 타당성이 증자증분에 의해 수립된다면, 개인의 판단은 집단적 무지에 의해 정당화되는 것에 불과하다. 이러한 점에서 유식학에서는 증자증분에 대하여 正觀하고 그것으로부터 자유로워질 것을 강조하고 있는 것이다. 사회 공통적 無明과 共業으로부터 초월하여 절대적으로 보편타당한 인식의 세계에 도달하는 것이 유식학의 목표이다. 이때 반야의 인식이 성취되며 자비의 감정이 이루어지는 것이다.

해 이러한 부적절한 사고 패턴을 교정하고 올바른 사고를 할 수 있게 유도하는 것이다(최연자, 앞의 글, 266-267쪽 참조).

44) 이러한 점에서 최연자는 인지행동치료에서 말하는 객관적인 사고란 옳은 것인가의 의문이 제기될 수 있다고 보고, 객관적인 사고라는 것 역시 인지행동치료의 치료자나 환자의 종자에 영향받은 객관성일지 모른다고 주장한다(최연자, 앞의 글, 267쪽).

7. 결론

감정 반항은 현대 감정이론계의 주요 쟁점 중 하나이다. 강한 인지주의에서는 감정을 대상을 지향하는 정신 현상이고 대상에 대한 판단이라고 규정하는데, 이러한 규정에 따르면 판단과 감정이 일치하지 않는 현상, 즉 감정 반항의 현상을 설명할 수 없게 된다. 이에 대해 비인지주의 계열에서는 감정을 대상에 대한 판단과 일치하지 않는 것으로 규정하면서, 감정은 개인의 내면에 잠장된 수많은 무의식적 요소들이 작동하여 발생하는 것이라고 주장한다. 이러한 입장에서는 감정 반항 현상이 타당한 것으로 인정된다. 즉, 인지적 진리와는 다른 감정적 진리가 인정되는 것이다. 그러나 비인지주의의 입장에 따른다면, 감정과 인지를 관련 없는 것이 되어버려 제반 감정현상에 대해 타당한 설명을 할 수가 없다.

감정 반항에 대하여 유식학은 인지주의와 비인지주의를 포괄하면서도 양자를 지양하는 복합적인 관점을 제시한다. 유식학은 우리의 인식이 심층적 무의식으로부터 이루어지는 것임을 밝혀내었고 우리가 인식하는 대상이 실은 무의식적 종자들의 자기 현현이라는 점을 제시하였다. 이것은 로티와 양선이가 제시하는 비인지주의적 입장과 일치하는 것이었다. 유식학과 비인지주의는 공히 감정 현상이 단순히 대상을 지향하는 인지활동이 아니라 개인적 · 사회적 내면에 잠장된 무수한 무의식적 요소들의 현현이라는 점을 주장하고 있는 것이다. 이러한 점에서 볼 때 유식학도 대상의 인지와는 다른 주관적 감정 세계를 인정하고 있는 것처럼 보인다.

그러나 유식학의 입장을 비인지주의라고 규정할 수는 없다. 왜냐하면 유식학, 더 포괄적으로는 불교가 지향하는 근본적 입장은 강한 인지주의에 가깝기 때문이다. 유식학은 주체 내면의 종자들이 활동하는 것을 낱낱이 正觀함으로써, 아뢰야식과 말나식의 활동을 지멸시키는 데 그 목표를 두고 있다. 그리고 그러한 수양 과정을 통해 주관적 요소의 간섭 없이 현전하는 대상을 있는 그대로 인지하고, 그 인지 상태에 부합하는 감정을 발현하는 것이 유식학이 지향하는 바이다. 이것은 반야와 자비의 경지이다. 이러한 점에서 유식학은 오히려 강한 인지주의에 가깝다고 할 수 있다.

유식학의 입장이 현대의 강한 인지주의 계열과 일치하는 것도 아니다. 강한 인지주의가 감정 반항 현상을 없애기 위해 대상 판단에 필요한 증거 자료와 지식 수집, 비평과 대화를 향한 자기 개방 등 합리적이고 객관적인 방법을 모색했던 데 반해, 유식학은 그러한 방법들이 가진 취약점을 간파하고 다른 방법을 찾고자 하였다. 그래서 유식학은 자기 무의식의 심연에까지 내려가 스스로 內觀하고 여러 종자로 인한 病因들을 제거함으로써 감정 반항을 일으키는 무의식적 요인들과 비언어적 맥락들을 모두 씻어내고자 하였다. 이러한 점에서 유식학의 수양 방법은 인지주의의 한계를 뛰어넘는 것이었다.

물론 유식학이 현대 감정이론의 쟁점을 직접적으로 탐구했던 것은 아니다. 그렇기 때문에 이 연구에서 제안한 유식학의 감정론은 현대 감정이론의 개념 및 논의 맥락에 적확하게 부합하지 않는 것일 수도 있다. 더욱이 유식학과 현대 감정이론이 지향하는 목표 역시 매우 다르다. 하지만 유식학이 현대 감정이론의 쟁점과 아예 무관한 것이라고 할 수도 없다. 만일 유식학을 창조적으로 활용한다면 현대 감정이론의 논의에 의미 있는 양분을 제공할 수 있을 것이라고 판단된다.

참고문헌

世親, 『成唯識論』, 『大正新修大藏經』 권31
김윤수 편역, 『(자은규기의 술기에 의한) 주석 성유식론』, 한산암, 2007
권수현, 「감정의 지향적 합리성」, 『철학연구』 제45집, 고려대 철학연구소, 2012
김세화, 「허구에 대한 감정과 래드포드의 퍼즐」, 『철학연구』 57호, 2002
______, 「감정에 대한 인지주의와 그에 대한 수정」, 『철학』 84호, 2005
박광수, 「마음의 본질과 현상의 스펙트럼」, 『종교연구』 제66집, 한국종교학회, 2012
서동혁, 「『唯識三十頌』에 나타난 아라야식과 마나스식에 대한 분석심리학적 연구」, 『심성연구』, 1998
안성두, 「진화론과 불교가 만나는 곳과 만나지 못하는 곳은 어디인가」, 『붓다와 다윈이 만난다면』, 서울대학교출판문화원, 2012
양선이, 「윌리엄 제임스의 감정이론과 지향성의 문제」, 『철학연구』 제97집
최연자, 「인지행동치료의 유식학적 고찰」, 『범한철학』 제16집, 범한철학회, 1998
한자경, 『유식무경: 유식불교에서의 인식과 존재』, 예문서원, 2000
다카사키 지키도(高崎直道), 이지수 옮김, 『유식입문』, 시공사, 1997
de Silva, Padmadiri, "Theoretical Perspectives on Emotion in Early Buddhism", *Emotion in Asian Thought*, State Univ of New York Press. 1995
Prinz, J. J., *Gut Reason*, Oxford UP. 2004
Rorty, A. O., "Explaining Emotion", *The Journal of Philosophy* Vol. 75. 1978
Solomon,, R., "Emotion and Choice", *The Review of Metaphysics* Vol 27. 1973
___________, "Emotion, Thought, and Feeling", *Thinking about Feeling,* Oxford UP. 2004
Yang, Sunny, "Emotion, Intentionality, Appropriateness of Emotion", *Organon F*, 2009

글의 출처

이승환, 「주자의 '횡설'과 '수설': 프레임으로 보는 주자의 성향과 감정 이론」, 한국동양철학회, 『동양철학』, 37집(2012), 175~205쪽.

고현범, 「감정의 병리학」, 한국헤겔학회, 『헤겔연구』, 32집(2012), 169~188쪽.

김원철, 「데카르트, 인지주의 감정이론의 기원과 한계」, 한국철학회, 『철학』, 114집(2013), 1~25쪽.

소병일, 「이성과 감정의 이원론을 넘어: 현대 감정론을 통해서 본 헤겔 감정론」, 한국헤겔학회, 『헤겔연구』, 32집(2012), 95~113쪽.

손병석, 「감정은 능동적일 수 있는가?」, 범한철학회, 『범한철학』, 73집(2014), 1~30쪽.

양선이, 「감정에 관한 지각이론은 양가감정의 문제를 해결할 수 있는가?」, 인제대학교 인간환경미래연구원, 『인간, 환경, 미래』, 11집(2013), 109~131쪽.

이찬, 「유표성 이론을 통한 인지주의와 비인지주의 재해석」, 한국동양철학회, 『동양철학』, 39집(2013), 69~104쪽.

홍성민, 「'감정 반향'에 관한 유식학적 접근」, 원광대학교 원불교사상연구원, 『원불교사상과 종교문화』, 59집(2014), 331~366쪽.

이승환

고려대학교 철학과를 졸업하고 국립대만대학교 철학연구소에서 석사학위, 미국 하와이 주립대학교에서 박사학위를 취득했으며 현재 고려대학교 철학과 교수이다. 주요 논문으로는 「주자 수양론에서 미발(未發)의 의미」, 「주자는 왜 미발체인에 실패하였는가?」, 「성리학 기호 배치방식으로 보는 조선유학의 분기」 등이 있으며, 저서로는 『유가사상의 사회철학적 재조명』(1998), 『유교 담론의 지형학』(2004), 『횡설과 수설: 4백 년을 이어온 조선유학 성리논쟁에 대한 언어분석적 해명』(2012) 등이 있다. 현재는 조선유학의 성리 논쟁을 분석철학적으로 해명하는 일에 관심을 가지고 연구를 진행하고 있다.

고현범

고려대학교 생물학과를 졸업하고 동 대학원에서 철학 박사학위를 취득했으며, 현재 고려대학교 철학연구소 연구교수이다. 주요 논문으로는 「다문화주의 속 욕망: 이데올로기 비판을 중심으로」, 「폭력과 정체성: 다문화주의를 중심으로」, 「헤겔 철학 체계에서 우연성과 주체구성의 관계: 지젝의 헤겔 철학 독해를 중심으로」, 「현대 폭력론에 관한 연구: 발터 벤야민의 "폭력비판론"에 대한 데리다의 독해를 중심으로」 등이 있으며, 저서로는 『휴대전화, 철학과 통화하다』, 번역서로는 『생각』(사이먼 블랙번), 『선』(사이먼 블랙번), 『논변의 사용』(스티븐 툴민)이 있다.

김원철

고려대학교 철학과 졸업. 벨기에 가톨릭 루뱅대학교에서 철학 석사. 파리 고등사회과학원 철학박사를 취득했다. 주요 논문으로는 「원형의 정념」, 「스피노자의 철학에 있어 신체의 문제」, 「현대인의 소비욕망은 자유의 증대를 가져오는가?—폭력의 문제를 통해 본 신(新)개인주의 논쟁의 한계」, 「아디아포라(αδιαφορα), 스토아윤리학의 새로운 도전」, 「도덕이론의 관점에서 바라본 칸트의 무관심성」 등이 있다.

소병일

고려대학교 철학과를 졸업하고 동 대학원에서 철학 박사학위를 취득했으며 현재 고려대학교 철학연구소 연구교수이다. 주요 논문으로는 「헤겔의 욕망론」(박사학위 논문), 「예나 시기 헤겔의 욕망과 인정 개념」, 「정념의 형이상학과 그 윤리학적 함의」, 「인륜성의 실현으로서 욕망의 변증법」, 「이성과 감정의 이원론을 넘어—현대 감정론을 통해서 본 헤겔의 감정론」, 「욕망과 폭력: 국가폭력을 정당화시키는 욕망의 담론구조에 관하여」, 「공감과 공감의 윤리적 확장: 흄과 막스 셸러를 중심으로」 등이 있다. 서양철학에서 욕망과 감정의 문제를 중심으로 연구 중이다.

손병석

고려대학교 철학과 졸업. 그리스 아테네대학교에서 철학 박사학위를 받았으며, 하버드대학교 철학과 방문교수, 그리스 국제학회 명예위원을 맡고 있고 현재 고려대학교 철학과 교수이다. 주요 논문으로 「부동의 원동자로서의 신은 목적인이자 작용인이 될 수 있는가?」, 「공적주의(功績主義) 정의론과 최선의 국가」 등이 있고 번역서로 『소크라테스의 비밀』 등이 있으며, 저서로는 『고대 희랍로마의 분노론』, 『동서철학 심신관계론 I-Ⅲ』(공저) 등이 있다.

양선이

한국외국어대학교 철학과 졸업. 서울대학교 철학과에서 석사학위, 영국 더럼대학교에서 박사학위를 취득했다. 현재 인제대학교 인간환경미래연구원 연구교수이다. 주요 논문으로는 「Emotion, Experiential Memory and Selfhood」, 「A Defence of the Perceptual Account of Emotion against the Alleged Problem of Ambivalent Emotion」, 「The Appropriateness of Moral Emotion and Humean Sentimentalism」, 「Emotion, Intentionality and Appropriateness of Emotion: In Defense of a Response Dependence Theory」, 「흄의 도덕감정론에 나타난 반성개념의 역할과 도덕감정의 합리성 문제」, 「흄의 인과과학과 자유와 필연의 화해 프로젝트」, 「공감의 윤리와 도덕규범: 흄의 감성주의와 관습적 규약」, 「새로운 흄 논쟁: 인과관계의 필연성을 중심으로」, 「도덕 운과 도덕적 책임」, 「윌리엄 제임스의 감정이론과 지향성의 문제」 등등이 있다. 공저로는 『서양근대철학의 열가지 쟁점』, 『서양근대윤리학』, 『서양근대 미학』, 『마음과 철학』 등이 있다. 현재는 집단의 감정문제, 감정철학을 정서치료에 적용하거나 의료 활용에 관한 일에 관심을 가지고 연구를 진행하고 있다.

이찬

고려대학교 한문학과를 졸업하고 동 대학원 철학과를 졸업했으며 미국 하와이대학교 철학과에서 주자의 덕윤리와 도덕심리학에 관한 논문으로 박사학위를 취득했다. 현재 한림대학교 철학과 교수이다. 주요 논문으로 「지행문제의 도덕심리학적 이해」, 「Zhu Xi on Moral Motivation: An Alternative Critique」, 「유표성이론을 통한 인지주의와 비인지주의 재해석」, 「맹자 독해의 정치철학적 함의와 經과 史의 긴장」 등이 있다.

홍성민

한국외국어대학교 철학과 및 중국어과를 졸업하고 고려대학교 대학원 철학과에서 석사학위 및 박사학위를 취득했다. 고려대학교 민족문화연구원 한국사상연구소 연구원, 중국사회과학원 역사연구소 방문학자, 고려대학교 철학연구소 연구교수를 거쳐 현재 숙명여자대학교 교양교육원 교수이다. 주요 논문으로 「從工夫論看朱子知識論的意義: 以身體與實踐知的關係爲中心」, 「戴震之中和論」, 「수욕달정(遂欲達情), 공감의 윤리와 욕망의 소통」, 「주자 수양론에서 기질변화설의 의미」, 「주자 미발론의 특징: 일상의 수양을 위한 마음 이론」 등이 있고, 저서와 번역서로는 『從民本走向民主: 黃宗羲思想研究』(공저)와 『성학십도(聖學十圖): 역주와 해설』(공역)이 있다.

감정의 인식론적 고찰

초판인쇄 2014년 9월 25일
초판발행 2014년 9월 25일

지은이 이승환 · 고현범 · 김원철 · 소병일 · 손병석 · 양선이 · 이찬 · 홍성민
펴낸이 채종준
펴낸곳 한국학술정보㈜
주소 경기도 파주시 회동길 230(문발동)
전화 031) 908-3181(대표)
팩스 031) 908-3189
홈페이지 http://ebook.kstudy.com
전자우편 출판사업부 publish@kstudy.com
등록 제일산-115호(2000. 6. 19)

ISBN 978-89-268-6689-4 93100